中等职业教育智能财会融合教材出版工程

总主编：徐 俊

税收基础

SHUISHOU JICHU

王莉萍 王峥◎主 编
张红军 吴烨◎副主编

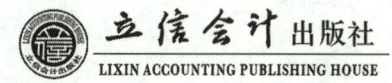
立信会计出版社
LIXIN ACCOUNTING PUBLISHING HOUSE

图书在版编目(CIP)数据

税收基础 / 王莉萍，王峥主编. -- 上海：立信会计出版社，2025.1. -- ISBN 978-7-5429-7750-2

Ⅰ. F812.423

中国国家版本馆 CIP 数据核字第 2024KL1813 号

策划编辑	华春荣
责任编辑	郭　光
助理编辑	周　诠
美术编辑	北京任燕飞工作室

税收基础

SHUISHOU JICHU

出版发行	立信会计出版社			
地　　址	上海市中山西路 2230 号	邮政编码	200235	
电　　话	(021)64411389	传　真	(021)64411325	
网　　址	www.lixinph.com	电子邮箱	lixinaph2019@126.com	
网上书店	http://lixin.jd.com		http://lxkjcbs.tmall.com	
经　　销	各地新华书店			
印　　刷	浙江天地海印刷有限公司			
开　　本	787 毫米 ×1092 毫米　1/16			
印　　张	18			
字　　数	416 千字			
版　　次	2025 年 1 月第 1 版			
印　　次	2025 年 1 月第 1 次			
书　　号	ISBN 978-7-5429-7750-2/F			
定　　价	49.90 元			

如有印订差错，请与本社联系调换

随着数字经济的飞速发展,新技术层出不穷,新业态日新月异,新岗位和新规程不断涌现,为会计职业教育带来了前所未有的挑战与机遇。人工智能、大数据、云计算等新技术的广泛应用,不仅改变了企业的商业运行模式,也重塑了传统会计工作的组织和流程,逐步形成了基于数据驱动的财务全流程自动化和智能化管理服务模式。数字赋能,极大提高了会计信息质量,提高了会计工作效率,降低了会计管理成本。在这一时代背景下,中职会计事务专业也面临着转型升级的新要求。

为适应新时代中职会计人才培养的新变化,2021年,教育部发布了中职会计事务专业简介,提出了新的专业课程体系。但一直以来,相关专业教材的建设相对滞后。为此,我们组织了一批中职学校专业教师和企业会计实务专家,编写了本套"中等职业教育智能财会融合教材出版工程"系列教材,以满足学校全面推进专业转型和教学改革需要。本套教材力求体现以下特点:

(1)系统规划统筹安排。本套教材依据新的中职会计事务专业简介和相关专业课程体系,基于新的课程标准,注意界定不同专业课程之间的内容边界,避免大量重复交叉;同时,在总体上采用项目化教材建设理念,创新人才培养模式和教学方法。

(2)对接新岗位和新业态。本套教材从职业能力出发,适应公司独立财务核算、财务共享和财税代理服务不同管理服务模式要求,主动融入新技术、新方法、新规程,服务新型会计职业人才的培养。

(3)体现业财融合和管理转型。本套教材将信息化工作环境下的业务处理流程融入会计核算过程,适应会计职能拓展要求,切实改变传统中职会计专业教材重会计核算、轻会计监督的倾向,将会计审核业务化、实操化。

(4)建设立体化教材资源。本套教材基于教育信息化改革,同步推进教材在线服务平台、数字教学资源、标准化题库和数字仿真实训等资源的建设。

(5)探索会计理论方法创新。本套教材从会计信息化管理手段出发,针对传统教材中基于手工操作的某些基本理论和基本方法,积极探索,试图在若干会计基础理论与方法上有所创新。

（6）共建双师型教材编写团队。本套教材参编人员包括中职学校专业教师和企业会计实务专家，双师型教师占比超过80%。主编老师大多具有中职学校正高级讲师职称，并全程参与国家新一轮中职会计事务专业教学标准和专业简介课题研制，熟悉会计改革方向和学校人才培养要求。

实事求是地说，开创一种新型中职会计事务专业教材体系是一项艰巨而复杂的工程，缺乏可资借鉴的现成模式和经验成果。本套教材不可避免地会存在这样或那样的问题和不足。但时代的进步、社会的发展和企业对新型人才培养的需求，促使我们无法回避作为职业教育工作者的责任和使命。我们希望通过本套教材的推出，能够为中职会计事务专业的数字化转型升级探索一条可能路径，贡献我们的一份力量，为新型教材的建设打下一定基础。

徐　俊

税收是政府财政收入、公共收入的主要形式,也是政府及其相关部门筹措资金的主要方式,正所谓,国以税为本。随着我国经济社会的快速发展,税收在市场经济中调节资源分配、调整各行为主体的功能更加凸显。随着我国税收制度改革不断深化,税收征管体制持续优化,纳税服务和税务执法的规范性、便捷性、精准性不断提升。金税四期于2022年在我国的全面上线,标志着"以数智税"时代的来临。全面数字化的电子发票是起点、是突破口,实现了税务系统的全业务、全流程、全数据全国联网,实现全国业务的通办、营商环境的优化,用大数据构建智慧税务,税收征管体制改革方向从"以票管税"转向"以数治税"。基于此,"税收基础"课程旨在培养适应现代市场需求的初级复合型财经管理类人才,引导学生具备"懂业务、会计算、晓分析、知财税、能管理"的职业能力,为后续的"税费核算与智能申报""财税代理服务"等课程学习及高职阶段学习奠定基础。

为加强落实"税收基础"新课标,将信息技术与税收理论有机融合,建设课程资源及相关数字化产品,形成课程内容与新信息技术融合的课程解决方案,在党的二十大精神、数字时代新业态、新岗位人才培养为目标的指导下,我们编写了这本《税收基础》融合教材,以数字技术赋能出版和教育,为相关专业学生学习税收基础提供便利。**本书反映我国现时税收理论、最新税务政策,并加入了《中华人民共和国增值税法》的相关内容。**本书重在体现以下四个方面特色。

1. 新起点——最新政策解读,致力德技并修

本书从多个维度,将知识、技能、方法、情感、态度与价值观等方面融为一体,将现行税收法律制度政策的解读、思政的渗透、涉税事项职业判断能力的提升和财税人员职业道德规范的养成有机融合。本书培养学生遵纪守法、依法办税、爱岗敬业、创新协作的工作作风,提高学生的综合素养,强化财税职业社会责任感,增强学生的就业能力。

2. 新标准——业财税一体,提升管理效率

本书根据现代企业税务会计岗位的工作要求,筛选出"有用的业务信息",判断信息并计算相关数据,真正做到业务数据与财务数据相融合,业务信息为财务信息提供依

据,财务信息为业务信息提供参考;要求学生在应用税收政策的基础上,形成依法办税的意识,初步具备通过查询税收政策解决税收相关问题的基本能力,从而为企业"业务活动"提供有价值的信息。

3. 新要求——落实岗位要求,赋能素养提升

本书以我国现行税收法规作为理论依据,基于现代企业税务会计岗位的工作要求,以企业案例"工作任务"为出发点,以"职业能力"为主线,以"工作顺序"为步骤,设定问题情境作为思维启发,学生通过学习企业案例中的"工作任务"及"解析",用合适的税收政策来解决税收相关问题,为增强职业变化的适应能力和继续学习能力奠定基础。

4. 新作为——政企校合作,促融合教材新生态

本书根据《关于推动现代职业教育高质量发展的意见》的相关文件要求,加强政企校合作,将税收新技术、新规范、典型案例等融入教学内容。本书收集多个中小企业案例,以任务引领为主线,按照工作步骤计算分析企业相关财税经济业务,采用"教、学、练、评"一体化的形式,培养学生"懂业务、会计算、晓分析、知财税、能管理"的职业能力。本书为方便在校生及财税工作者的线上学习,设计动画视频、拓展阅读、参考资料等数字化资源,并力求不断更新,促进融合教材服务职前职后学习的新生态发展。

本书融入税收法规新政策、新规定、新要求,根据相关税收法规政策易变化的特征采取活页教材,便于动态更新。本书设有 8 个项目,具体安排如下表所示。

序号	基本内容	具体安排
1	认识税收	项目一　认识税收
2	认识货物与劳务税类	项目二　认识增值税 项目三　认识消费税 项目四　认识关税
3	认识所得税类	项目五　认识企业所得税 项目六　认识个人所得税
4	认识其他税类	项目七　认识其他税种 (资源税类、财产税类、行为和目的税类)
5	认识税务管理	项目八　认识税务管理

本书从认识税收开始,分别介绍我国现行 18 个税种的征税对象、纳税义务人、应纳税额、税收优惠、征收管理等,以税收管理作为提升,阐述税收基础知识与技能。

本书由上海商业会计学校王莉萍、上海市经济管理学校王峥担任主编,负责本书的框架设计、编写组织、资源建设及审核修改工作;由上海商业会计学校张红军、上海市经

济管理学校吴烨担任副主编。上海商业会计学校李宇超、宋圣伊、尤海珣,上海市经济管理学校梁海菊、刘海迪参与编写。上海商业会计学校李宇超编写项目一和项目三,张红军编写项目二,宋圣伊编写项目四,尤海珣编写项目八;上海市经济管理学校吴烨编写项目五,梁海菊编写项目六,刘海迪编写项目七。

  本书适用于财经商贸类专业职业院校学生学习与参考,也适用于税务工作者或者对税收问题感兴趣的读者有选择性地阅读。

  由于编写时间有限,本书难免有不足之处,敬请读者谅解,欢迎提出修改意见与建议,以便再版时勘误和完善。

编 者
2025 年 1 月

扫描下方二维码可获取法律法规更新资料:

目录 CONTENTS

项目一　认识税收　　001

- 任务一　明确税收与税法的关系…………………………… 003
- 任务二　明确税收原则……………………………………… 005
- 任务三　明确税制要素……………………………………… 007
- 任务四　认识税收制度的运行……………………………… 010
- 任务五　认识税收分类……………………………………… 014

项目二　认识增值税　　021

- 任务一　识别征税范围……………………………………… 023
- 任务二　辨析纳税义务人…………………………………… 029
- 任务三　选择增值税税率与征收率………………………… 032
- 任务四　计算应纳增值税额………………………………… 035
- 任务五　探究税收优惠……………………………………… 051
- 任务六　明确税收征管要求………………………………… 056

项目三　认识消费税　　072

- 任务一　识别征税范围……………………………………… 074
- 任务二　辨析纳税义务人…………………………………… 080
- 任务三　选择消费税适用税率……………………………… 081
- 任务四　确定计税依据……………………………………… 084
- 任务五　计算应纳消费税额………………………………… 088
- 任务六　明确征收管理要求………………………………… 097

项目四　认识关税　　104

- 任务一　明确征税对象及纳税义务人……………………… 106
- 任务二　选择适用税率……………………………………… 107
- 任务三　确定关税计税价格计算应纳税额………………… 110

| 任务四 | 辨析减免规定 | 117 |
| 任务五 | 明确关税征收管理 | 118 |

项目五　认识企业所得税　127

任务一	判定征税对象	129
任务二	识别纳税义务人	130
任务三	确定应纳税所得额	131
任务四	计算应纳企业所得税额	142
任务五	探究税收优惠	146
任务六	明确征收管理要求	155

项目六　认识个人所得税　163

任务一	判定征税对象	165
任务二	辨别纳税义务人	168
任务三	确定税率	170
任务四	计算个人所得税	172
任务五	探究税收优惠	187
任务六	明确征收管理要求	189

项目七　认识其他税种　201

任务一	认识资源税类	203
任务二	认识财产税类	221
任务三	认识行为和目的税类	231

项目八　认识税务管理　254

任务一	认识纳税登记	256
任务二	认识税款申报缴纳	257
任务三	初探税务行政复议和税务行政诉讼	263
任务四	明确纳税人的权利、义务和法律责任	266

项目一 认识税收

项目简介

什么是税收？税有哪些种类？税收的用途是什么？……

本项目将解答这些问题，即介绍税收基础知识。通过本项目学习，学生能认知税收与税法的关系、税收原则、税收制度要素构成、税种分类以及税收制度运行方式，并对我国现行税制结构建立初步认识，为后续税收实体法和税收程序法学习奠定基础。同时，培养学生深刻认识税收对于国民经济发展和国家发展的重要性，培养自觉履行纳税义务的意识，坚决抵制偷税、欠税、抗税等违法行为，为国聚财，利国利民。

知识导航

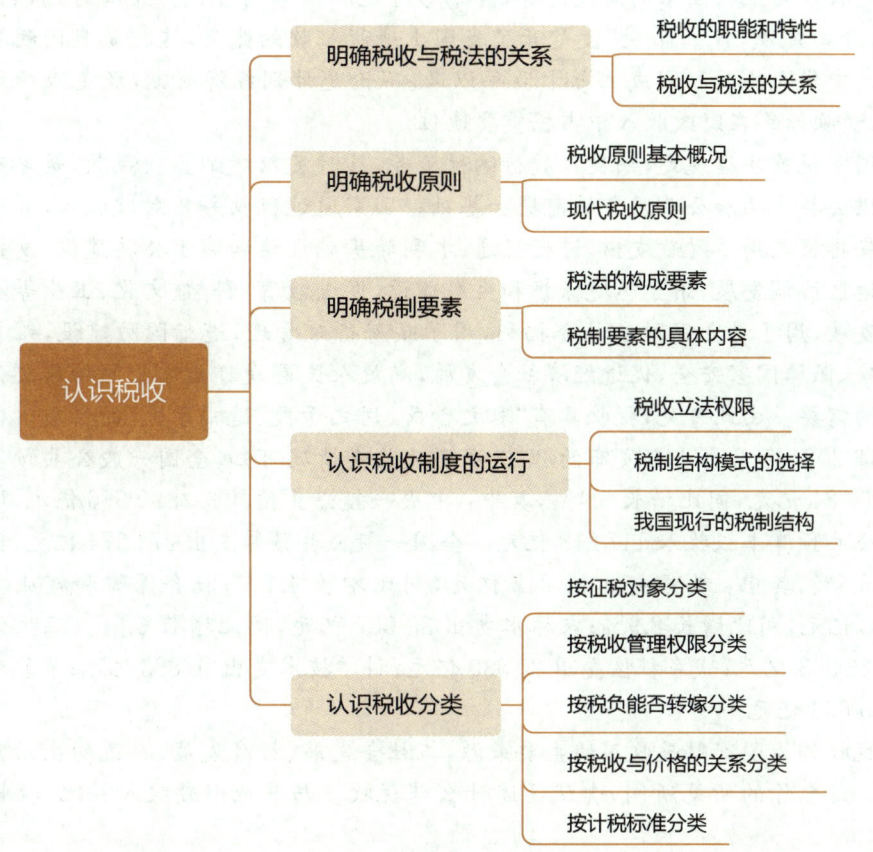

认识税收
- 明确税收与税法的关系
  - 税收的职能和特性
  - 税收与税法的关系
- 明确税收原则
  - 税收原则基本概况
  - 现代税收原则
- 明确税制要素
  - 税法的构成要素
  - 税制要素的具体内容
- 认识税收制度的运行
  - 税收立法权限
  - 税制结构模式的选择
  - 我国现行的税制结构
- 认识税收分类
  - 按征税对象分类
  - 按税收管理权限分类
  - 按税负能否转嫁分类
  - 按税收与价格的关系分类
  - 按计税标准分类

学习目标

○ **知识目标**
- 根据纳税业务,判断适用的税法原则;
- 辨认税法基本要素;
- 区分不同法律层次的税收制度。

○ **技能目标**
- 根据不同业务场景,判断选择适用的税种。

○ **情感目标**
- 通过阅读课外税收参考资料,正确认识税收对国家经济发展发挥的重要作用;
- 积极了解国家现行税收政策变化动态,主动关注税收政策对行业、企业的导向性;
- 深化依法纳税意识,提升纳税遵从度。

治国之根本与源泉——税收

税收作为主权国家的财政支撑,其雏形可追溯至中国古代。大禹时期,"任土作贡,分田定赋,什一而税"便是开了我国土地税征收的先河,这就是我国税收的雏形。中华人民共和国成立七十多年以来,不论是计划经济时期,还是市场经济时期,税收始终在财政收入中占据重要地位。

国家税收法律规定,纳税人履行纳税义务,及时足额缴纳各项税款,是享有国家提供公共产品和公共服务的前提和基础。国家通过税收筹集财政收入,并通过预算安排将之用于财政支出,进行交通、水利等基础设施和城市公共建设,支持农村和地区协调发展,用于环境保护和生态建设,促进教育、科学、文化、卫生等社会事业发展,用于社会保障和社会福利,用于政府行政管理,进行国防建设,维护社会治安,保障国家安全,促进经济社会发展,满足人民群众日益增长的物质文化等方面的需要。由此可见,税收具有"取之于民、用之于民、造福于民"的性质。根据财政部 2024 年 2 月 1 日发布的 2023 年财政收支情况可知,全国一般公共预算收入 216 784 亿元,同比增长 6.4%,其中:中央一般公共预算收入 99 566 亿元,地方一般公共预算本级收入 117 218 亿元。全国一般公共预算支出 274 574 亿元,同比增长 5.4%,其中:教育支出 41 242 亿元,同比增长 4.5%;社会保障和就业支出 39 883 亿元,同比增长 8.9%;农林水支出 23 967 亿元,同比增长 6.5%;卫生健康支出 22 393 亿元;城乡社区支出 20 530 亿元;科学技术支出 10 823 亿元;节能环保支出 5 633 亿元……

税收作为国家财政收入的主要来源,与社会发展、经济发展、人民的生活紧密相连。结合你的所见所闻,尝试阐述什么是税收。与其他财政收入相比,税收具备什么特性？税收与税法的关系是什么？我国现行税收制度由哪些基本要素构成？通过本项目的学习，相信你一定能找到合理的答案，同时进一步明确学习本课程的目的与意义。

任务一　明确税收与税法的关系

思维启发

在当今的社会生活大舞台上，税收扮演着越来越重要的角色。是税收，让万丈高楼平地而起；是税收，让交通网络连接四通八达；是税收，让我们的生活多姿多彩。也许有很多的人会抱怨："税收太麻烦了，买车、买房、吃饭和工资等都要收税。这里收一点儿，那里收一点儿，这样子一个月算下来，除了缴税还剩下多少收入啊！国家如果能取消税收，该多好！"在你的心目中，税收对你的生活产生什么影响？国家为什么向纳税人征税？从本任务起，我们一起来学习与"税"有关的知识吧。

一、税收的职能和特性

（一）税收的职能

税收是国家为了向社会提供公共产品、满足社会共同需要，依照法律的规定，参与社会产品的分配，强制、无偿取得财政收入的一种规范形式。税收是按照法律的规定，通过强制征收，将纳税人的收入转移到政府手中，形成财政收入。

税收的职能是指在一定社会制度下，税收在社会经济活动中内在固有的基本功能。它是税收本质的具体表现。在我国学术界，一般有"税收三职能"说，即税收有财政职能、经济职能和监督职能三个方面的职能。

1. 财政职能

财政职能也称为"收入手段职能"。国家为了实现其多元职能，需要大量的财政资金。税收作为国家依照法律规定参与剩余产品分配的活动，承担筹集财政收入的重要任务。税收自产生之日起，就具备了财政职能。财政职能是税收的基本职能，是经济职能和监督职能的基础条件，随着市场经济的发展，经济职能和监督职能也变得越来越重要。

2. 经济职能

经济职能也称为"调节手段职能"。国家为了执行其管理社会和干预经济的职能，除需筹集必要的财政资金作为其物质基础外，还要通过制定一系列正确的经济政策，并采取体现并执行诸政策的各种有效手段。税收作为国家强制参与社会产品分配的主要形式,在筹集财政收入的同时,也改变了各阶级、阶层、社会成员及各经济组织的经济利益。物质利益的多寡,诱导着他们的社会经济行为。因此,国家有目的地通过税收体现其有关的社会经济政策。国家对各种经济组织和社会成员的经济利益的调节,使他们的微观经济行为尽可能符合国家预期的社会经济发展方向,有助于社会经济的顺利发展,从而使税收成为国家调节社会经济活动的重要经济杠杆。税收自产生之日起,就存在了经济职能。税收的经济职能的实现,受到一定社会形态下国家政治经济状况的影响。社会主义市场经济体制下国家宏观调控体系的建立,对实现税收的经济职能,既提出了强烈要求,也提供了可能的条件。

3. 监督职能

税收政策体现着国家的意志,税收制度是纳税人必须遵守的法律准绳。税收政策约束纳税人的经济行为,使之符合国家的政治要求。因此,税收成为国家监督社会经济活动的强有力工具。监督职能是指税收在取得收入过程中,能够借助税收监督社会经济活动的广泛性与深入性。这是随商品经济发展和国家干预社会经济生活的程度而发展的。一般来说,商品经济越发达,经济生活越复杂,国家干预或调节社会经济生活的必要性就越强烈,税收监督也就越广泛而深入。

(二)税收的特性

1-1
动画视频
税收的特点

税收自产生以来,一直是国家取得财政收入的主要形式。税收与利润、信贷、利息、罚没等分配具有明显的区别,是一个特殊的分配范畴。税收的特征是区别税与非税的主要标志。一般认为,税收具有以下基本特征。

1. 强制性

强制性是指国家以社会管理者身份,用法律形式对征、纳双方权利与义务的制约。国家征税是凭借政治权力,而不是凭借财产所有权。国家征税不受财产直接所有权归属的限制,国家对不同所有者都可以行使征税权。国家与国有企业的税收关系,也具有强制性特征。这是税收形式与国有企业利润上交形式的根本区别。

2. 无偿性

无偿性是指国家征税对具体纳税人既不需要直接偿还,也不付出任何形式的直接报酬。无偿性是税收的关键特征。它使税收区别于国债等财政收入形式。无偿性决定了税收成为筹集财政收入的主要手段,并成为调节经济和矫正社会分配不公的有力工具。税收无偿性的形式特征,是对具体纳税人而言的。

3. 固定性

固定性是指国家征税必须通过法律形式,事先规定课税对象和课征额度,也可以理解为规范性。税收固定性的含义包括三个层次,即课税对象上的非惩罚性、课征时间上的连续性和课征比例上的限度性。税收的固定性特征,是税收区别于罚没等财政收入形式的重要特征,也是税收区别于财政收入其他形式的重要特征。

 实战演练

〖多选题〗下列各项中,属于税收特征的有(　　)。

A. 强制性　　　　B. 无偿性　　　　C. 流动性　　　　D. 固定性

二、税收与税法的关系

税收是国家为了向社会提供公共产品、满足社会共同需要,依照法律规定,参与社会产品的分配,强制、无偿取得财政收入的一种规范形式。税法是税收制度的法律体现形式,是国家权力机关及其授权的行政机关制定的调整国家(政府)与纳税人之间税收征纳关系的法律规范的总称。

税法贯穿立法、执法、司法和守法全过程、全方位的具有普遍指导意义的法律准则,是国家(政府)依法征税、依法治税与纳税人依法纳税、依法维权的行为准则,是保障国家利益和纳税人合法权益、维护正常的税收秩序、保证政府财政收入的法律规范。

税法是税收基本职能得以实现的法律保障;税法是调整税收关系、保护征纳双方合法权益、维护正常税收秩序的法律准则;税法是贯彻执行国家政策的重要法律形式;同时税法也是维护国家税收主权的法律依据。

1-2
拓展阅读
金銮殿上策动
的税制兴革

 实战演练

【判断题】税收基本职能是税法得以实现的法律保障,是调整税收关系、保护征纳双方合法权益、维护正常税收秩序的法律准则。(　　)

任务二　明确税收原则

---●　**思维启发**　●---

税法是税收基本职能得以实现的法律保障,国家通过制定税收制度进一步规范征纳双方的权利与义务。国家在设计和实施国家税收制度过程中,应考虑哪些内容?应遵循哪些基本原则?如何使税收制度在促进国家经济发展同时,有效制约征纳双方?

一、税收原则基本概况

税收原则是政府在设计和实施税收制度时所遵循的基本指导思想,也是评价税收制度、考核税务行政管理的基本标准。税收原则受经济理论的制约和影响,是在一定的社会经济环境下逐步形成的。经济理论的主张各不相同,因而税收原则也不相同。随着社会经济的发展,出于完善市场经济的需要、建立现代税收制度的要求,经济学家提出了多项税收原则。税收原则既是税收理论研究的重要内容,也是经济学理论的组成部分,对各国税收法规制度的制定、修订具有重要影响。

二、现代税收原则

现代税收原则是指为适应现代社会经济发展和现代国家社会政策的需要,税收所应遵循的原则。税收法定原则是指国家征税和公民纳税的行为必须严格依据法律的规定进行,是现代税收的最高原则,除此之外,还有税收公平原则、税收效率原则和税收社会政策原则。

(一)税收公平原则

税收公平原则是征税平等性的政治和宪法原则在税收法律制度中的具体体现。在现代各国的税收法律关系中,所有纳税人的地位都应该是平等的,因此,税收负担在国民之间的分配也必须公平合理。税收公平原则是指国家征税要使各个纳税人承担的负担与其经济状况相适应,并使各个纳税人之间的负担水平保持均衡。

(二)税收效率原则

税收效率原则要求国家征税有利于资源的有效配置和经济机制的有效运行,提高税务行政的管理效率。一般认为,税收效率原则要求以最低的成本(费用)取得最多的税收收入,并利用税收的经济调控作用最大限度地促进经济发展,或者最大限度地减少税收对经济发展的妨碍。税收效率原则包括税收经济效率原则和行政效率原则两个方面。

1. 经济效率原则

税收的经济效率原则是指税收应有利于资源的有效配置和经济的有效运行。检验税收经济效率的标准是税收的额外负担最小化和额外收益最大化。税收在将社会资源从纳税人手中转移到政府部门的过程中,势必会对经济产生影响。如果这种影响限于征税数额本身,则为税收的正常影响;如果除这种正常影响之外,经济活动因此受到干扰和阻碍,社会利益因此减少,便产生了税收的额外负担;如果除正常影响之外,经济活动还因此得以促进,社会利益因此增加,便产生了税收的额外收益。

2. 行政效率原则

税收的行政效率原则可以从税务机关的征管成本和纳税人的纳税成本两方面来分析:

(1)征管成本是指税务部门在征税过程中发生的各种费用支出。这些费用支出占所征税额的比重即为征税效率。征税效率的高低与税收法规制度的设计、税务人员的专业素质密切相关。税务机关也应树立成本意识,遵循成本效益原则。

(2)纳税成本是指纳税人在办理纳税事务过程中发生的费用支出。应缴税金与纳税成本之和是纳税人涉税现金总流出,降低现金总流出意味着企业实际可支配财力的提高。

(三)税收社会政策原则

税收社会政策原则指税收是国家用以推行各种社会政策的手段之一,其实质是税收经济职能的法律原则化。这一原则主要是在资本主义从自由竞争阶段进入垄断阶段以后提出的,随即被各国普遍采纳。税收社会政策原则确立后,税收公平原则受到一定的制约和影响。如何衡量税收公平,不仅要看不同纳税人的负担能力,还要考虑整体利益、贫富差距、社会正义、环境保护、可持续发展等。税收社会政策原则的确定及其对税收公平原则的影响,是税收原则适应现代社会环境的重大变化。

实战演练

〖多选题〗下列各项中,属于现代税收原则的有(　　　　)。
A. 税收公平原则　　　　　　　B. 税收效率原则
C. 税收社会政策原则　　　　　D. 税收制度化原则

任务三　明确税制要素

思维启发

　　会计核算是以货币为主要计量单位,对特定主体的经济活动进行确认、计量和报告。会计核算的对象包括资产、负债、所有者权益、收入、费用、利润,这些要素是会计核算对象的具体化,也是会计对象的基本分类。那么,现行税法的构成要素是什么呢?

一、税法的构成要素

　　税法的构成要素又称课税要素、税收制度的构成要素(以下简称税制要素),是指各种单行税法共有的基本要素的总称。这一概念有以下基本含义:一是税法的构成要素既包括实体性的,也包括程序性的;二是税法的构成要素是所有完善的单行税法都共同具备的,仅为某一税法所单独具有而非普遍性的内容,不是税法的构成要素,如扣缴义务人。税法的构成要素包括总则、纳税义务人、征税对象、税目、税率、纳税期限、减税免税、纳税环节、纳税地点、罚则、附则等。

二、税制要素的具体内容

(一) 征税对象

　　征税对象是指对什么征税。它是税法规定的征税的目的物,又称征税客体。

　　征税对象反映了一个税种征税的基本范围和界限。一般来说,凡列为某税种征税范围的征税对象均要征税。国家对哪些项目征税,对哪些项目不征税,都可以通过征税对象进行明确规定。在整个国民经济运行中,征税对象的选择可以是多方面的。

　　征税对象是一个税种区别于另一个税种的主要标志,是税收制度的基本要素之一。国家为了筹集财政资金和调节经济,可以根据客观的经济需要选择多种多样的征税对象。

　　对征税对象规定的具体项目被称为税目,它是与征税对象相联系的税种要素,两者的关系是种概念与属概念的关系。税目是征税对象的具体项目,它具体地规定了一个税种的征税范围，体现了征税的度。

> **实战演练**
>
> 〖单选题〗（　　）是区分税种的主要标志。
> A. 纳税人　　　B. 征税对象　　　C. 税率　　　D. 纳税环节

（二）纳税义务人

纳税义务人包括纳税人和扣缴义务人。

纳税人是指税法规定的直接负有纳税义务的单位和个人，它规定了税款的直接承担者。每一税种都有关于纳税人的规定。纳税人一般分为法人和自然人两类。法人依法对国家负有纳税义务，我国的纳税法人是指企业法人。我国税法中的纳税自然人具体是指我国公民、居住在我国的外国人和无国籍人以及属于自然人范畴的企业，如个体工商户、私营独资企业、农村经营承包户、个人合伙企业和其他不属于法人性质的企业等。

扣缴义务人则是指法律、行政法规规定负有代扣代缴、代收代缴税款义务的单位和个人。

纳税人与纳税义务人既有联系，又有区别。纳税人是指在税法上负有纳税责任的个体或组织，而纳税义务人则是指这些个体或组织在税法上需要履行的具体义务。虽然纳税人和纳税义务人在实际应用中是相互关联的，但前者更侧重于具体的个体或组织，强调的是谁在税法上负有纳税的责任；后者则更侧重于描述这些个体或组织在税法上的具体义务，包括登记、申报、缴纳税款等行为，纳税义务人不仅包括了纳税人在内的所有负有纳税义务的主体，还包括了扣缴义务人。

> **实战演练**
>
> 〖单选题〗（　　）指税法规定的直接负有纳税义务的单位和个人。
> A. 纳税人　　　B. 征税对象　　　C. 税率　　　D. 纳税环节
>
> 〖单选题〗（　　）不仅包括了纳税人在内的所有负有纳税义务的主体，还包括了扣缴义务人。
> A. 纳税人　　　B. 征税对象　　　C. 纳税义务人　　　D. 纳税环节

（三）税率

1. 税率的概念及意义

税率是指应征税额与计税依据（金额或数量单位）之间的比例。它是计算税额的尺度。税率的高低直接体现国家的政策要求，直接关系到国家财政收入和纳税人的负担程度。

2. 税率的形式

税率的形式主要有比例税率、累进税率和定额税率三种。

（1）比例税率。比例税率是指对同一征税对象，不论其数额大小，均按同一个比例征税的税率。税率本身是应征税额与计税金额之间的比例。在比例税率中根据不同的情况又可划分为不同的征税比例,有行业比例税率、产品比例税率、地区差别比例税率;有免征额的比例税率、分档比例税率和幅度比例税率等。我国税收法律制度大量采取比例税率。

(2) 累进税率。累进税率是根据征税对象数额的逐渐增大,按不同等级逐步提高的税率。即征税对象数额越大,税率越高。累进税率又分为全额累进税率、超额累进税率和超率累进税率三种。

全额累进税率是按征税对象数额的逐步递增划分若干等级,并按等级规定逐步提高的税率。征税对象的金额达到哪一个等级,全部按相应的税率征税。目前,我国的税收法律制度中已不采用这种税率。

超额累进税率是将征税对象数额的逐步递增划分为若干等级,按等级规定相应的递增税率,对每个等级分别计算税额。我国个人所得税对综合所得和经营所得采取超额累进税率。

超率累进税率是按征税对象的某种递增比例划分若干等级,按等级规定相应的递增税率,对每个等级分别计算税额。我国的土地增值税采用超率累进税率。

(3) 定额税率。定额税率又称固定税额,是指按征税对象的一定单位直接规定固定的税额,而不采取百分比的形式。我国的车船税、城镇土地使用税、耕地占用税等税种采取定额税率。

实战演练

〖单选题〗(　　)是计算税额的尺度。
A. 纳税人　　　　　　　　　　B. 征税对象
C. 税率　　　　　　　　　　　D. 纳税环节

(四) 纳税环节

纳税环节是指税法规定的征税对象在生产到消费的流转过程中应当缴纳税款的环节。我国的增值税对流转的每一个环节都征税,具有不同于其他税种的特点。我国的消费税主要在生产销售和进口环节征收,个别应税消费品在批发销售和零售销售环节征收。

(五) 纳税期限

纳税期限是指纳税人的纳税义务发生后应依法缴纳税款的期限。它包括纳税义务发生时间、纳税期限和缴库期限。规定纳税期限是为了保证国家财政收入的及时实现,也是税收强制性和固定性的体现。税法中,根据不同的情况规定不同的纳税期限,纳税人必须在规定的纳税期限内缴纳税款。

(六) 纳税地点

纳税地点是指税法根据各税种的纳税环节和有利于税款的源泉控制而规定的纳税人(包括代征、代扣、代缴义务人)具体申报缴纳税款的地点。比较常见的纳税地点有纳税人住所地、纳税人经营地、不动产所在地等。

实战演练

【判断题】纳税地点是指税法根据各税种的纳税环节和有利于税款的源泉控制而规定的纳税人(包括代征、代扣、代缴义务人)具体申报缴纳税款的地点。( )

(七) 税收优惠

1. 税收优惠的概念与目的

税收优惠是指国家对某些纳税人和征税对象给予鼓励和减免的一种特殊规定。制定这种特殊规定的目的,一方面是鼓励和支持某些行业或项目的发展,另一方面是照顾某些纳税人的特殊困难。

2. 税收优惠的主要形式

(1) 减税和免税。减税是指对应征税款进行部分免税。免税是对按规定应征收的税款给予免除。减税和免税具体又分两种情况,一种是税法直接规定的长期减免税项目,另一种是依法给予的一定期限内的减免税措施,期满之后仍按规定纳税。我国税收法律制度大量采取减税和免税的税收优惠形式。

(2) 起征点。起征点也称"征税起点",是指对征税对象开始征税的数额界限。征税对象的数额没有达到规定起征点的不征税;达到或超过起征点的,就其全部数额征税。我国增值税采取了起征点的税收优惠形式。

(3) 免征额。免征额是指对征税对象总额中免予征税的数额,即对纳税对象中的一部分给予减免,只就减除后的剩余部分计征税款。我国个人所得税采取了免征额的税收优惠形式。

实战演练

【多选题】税收优惠的主要形式包括(   )。
A. 减税和免税   B. 起征点   C. 免征额   D. 退税额

【多选题】下列属于税制构成要素的有(   )。
A. 纳税义务人   B. 征税对象   C. 税收优惠   D. 税率

任务四 认识税收制度的运行

思维启发

税收制度的确立总是以法律形式来加以体现的,这种法律就是税法,它是国家与纳税人之间权利和义务关系的规范。只有通过运行税收制度才能实现税收基本职能。税收制度运行包括税收立法、税收执法和税收司法。那么,有权制定税收制度的国家机关有哪些?税收收入如何划分?让我们进一步学习!

一、税收立法权限

(一)全国人大和全国人大常委会制定税收法律

《中华人民共和国宪法》(以下简称《宪法》)第五十八条规定:"全国人民代表大会和全国人民代表大会常务委员会行使国家立法权。"上述规定确定了我国税收法律的立法权由全国人民代表大会和全国人民代表大会常务委员会(以下简称全国人大及其常委会)行使,其他任何机关都没有制定税收法律的权力。在国家税收中,凡是基本的、全局性的问题,例如,国家税收的性质,税收法律关系中征纳双方权利与义务的确定,税种的设置,税目、税率的确定等,都需要由全国人大及其常委会以税收法律的形式制定实施,并且在全国范围内,无论对居民纳税人,还是非居民纳税人都普遍适用。在现行税法中,例如,《中华人民共和国企业所得税法》(以下简称《企业所得税法》)、《中华人民共和国个人所得税法》(以下简称《个人所得税法》)、《中华人民共和国增值税法》(以下简称《增值税法》)、《中华人民共和国税收征收管理法》(以下简称《税收征收管理法》)等都是税收法律。除《宪法》外,在税法体系中,税收法律具有最高的法律效力,其他各级有权机关制定的税收法规、规章,都不得与《宪法》和税收法律相抵触。

(二)全国人大及其常委会授权立法

授权立法是指全国人大及其常委会根据需要授权国务院制定某些具有法律效力的暂行规定或者条例。授权立法与制定行政法规不同。国务院经授权立法所制定的规定或条例等,具有国家法律的性质和地位,它的法律效力高于行政法规,在立法程序上还需报全国人大常委会备案。国务院在1994年1月1日起实施的工商税制改革中,制定实施了增值税、营业税、消费税、资源税、土地增值税、企业所得税6个税种的暂行条例。授权立法,在一定程度上解决了我国经济体制改革和对外开放工作急需法律保障的当务之急。税收暂行条例的制定和公布施行,为全国人大及其常委会的立法工作提供了有益的经验和条件,也为将这些条例在条件成熟时上升为法律做好了准备。

(三)国务院制定税收行政法规

国务院作为最高国家权力机关的执行机关,是最高的国家行政机关,拥有广泛的行政立法权。《宪法》第八十九条第(一)项规定,国务院可"根据宪法和法律,规定行政措施,制定行政法规,发布决定和命令"。行政法规作为一种法律形式,在中国法律形式中处于低于宪法、法律和高于地方性法规、部门规章、地方规章的地位,也是在全国范围内普遍适用的。行政法规的立法目的在于保证宪法和法律的实施,行政法规不得与宪法、法律相抵触,否则无效。国务院2007年颁布的《中华人民共和国企业所得税法实施条例》、2002年颁布的《中华人民共和国税收征收管理法实施细则》等,都是税收行政法规。

(四)地方人民代表大会及其常委会制定税收地方性法规

根据《中华人民共和国地方各级人民代表大会和地方各级人民政府组织法》的规定,省、自治区、直辖市的人民代表大会和设区市的人民代表大会有制定地方性法规的权力。我国在税收立法上坚持"统一税法"的原则,因此地方权力机关制定税收地方性法规不是无限制的,而是要严格按照税收法律的授权行事。目前,除了海南省、民族自治地区按照全国人大授权立法规定,在遵循宪法、法律和行政法规的原则基础上,可以制定有关税收的地方性法规外,其他省、市一般都无权制定税收地方性法规。

(五)国务院税务主管部门制定税收部门规章

《宪法》第九十条第二款规定,国务院"各部、各委员会根据法律和国务院的行政法规、决定、命令,在本部门的权限内,发布命令、指示和规章"。有权制定税收部门规章的税务主管机关是财政部、国家税务总局及海关总署。其制定规章的范围包括对有关税收法律、法规的具体解释、税收征收管理的具体规定、办法等,税收部门规章在全国范围内具有普遍适用效力,但不得与税收法律、行政法规相抵触。例如,财政部、国家税务总局1993年颁布的《中华人民共和国增值税暂行条例实施细则》、国家税务总局1994年颁布的《税务代理试行办法》等都属于税收部门规章。

(六)地方政府制定税收地方规章

《中华人民共和国地方各级人民代表大会和地方各级人民政府组织法》规定:"省、自治区、直辖市的人民政府可以根据法律、行政法规和本省、自治区、直辖市的地方性法规,制定规章,报国务院和本级人民代表大会常务委员会备案。设区的市的人民政府可以根据法律、行政法规和本省、自治区的地方性法规,制定规章,报国务院和省、自治区的人民代表大会常务委员会、人民政府以及本级人民代表大会常务委员会备案。"按照"统一税法"的原则,上述地方政府制定税收规章,都必须在税收法律、法规明确授权的前提下进行,并且不得与税收法律、行政法规相抵触。没有税收法律、法规的授权,地方政府是无权自定税收规章的,凡是越权自定的税收规章没有法律效力。例如,国务院发布实施的城市维护建设税、房产税等地方性税种暂行条例,都规定了省、自治区、直辖市人民政府可根据条例制定实施细则。

二、税制结构模式的选择

税制结构是税收制度整体内部的分类、层次、构成、比例以及相互关系的总和。它是社会经济制度及其变化在税收领域中的反映,是社会经济现象在税收制度上的具体体现。一般地说,税制结构主要包括:税制中税收分类及构成;税类中税种的布局及构成;税制要素的构成以及税收征管层次;地区间的税收关系和部门间的协调机制。合理设置各类税种,形成一个相互协调、相互补充的税制体系,是有效发挥税收职能作用的前提,也是充分体现税收公平与效率原则的有力保证。

税制结构模式是指由主体税特征所决定的税制结构类型,主要有以下三种模式。

(一)以货物劳务税为主体的税制结构模式

货物劳务税是以货物或劳务流转额为征税对象的税种的统称。这类税制体系的特征是:在税制体系中,货物劳务税居主体地位,在整个税制中发挥主导作用,其他税居次要地位,在整个税制中只起辅助作用。货物劳务税以货物和劳务为征税对象,只要有货物和劳务的流转额发生,就能课征到税款,所以货物劳务税具有征税范围广、税源充裕、取得税收收入及时和稳定以及征管简便等优点。在实行价内税的情况下,该类税的税额是价格的组成部分,能够与价格杠杆配合,调节生产、消费和在一定程度上调节企业的盈利水平。该类税制体系只是在生产与流通领域形成收入的过程中对国民收入进行调节,所以其调节功能相对较弱,而且容易产生税负转嫁,其中有些税种还存在累退性以及重复征税等缺陷。

(二) 以所得税为主体的税制结构模式

所得税是以所得额为征税对象的税种的统称。这类税制体系的特征是:在税制体系中,所得税居主导地位,在整个税制中发挥主体作用。这类税制体系以纳税人的所得额为计税依据,对社会所有成员普遍征收,即不仅对生产经营者征税,而且对非生产经营但有收入的人征税;与此同时,所得税还可与累进税率配合,具有按负担能力大小征收、自动调节经济和公平分配的优点。但它存在收入不稳定、计算复杂、要求与之相适应的社会核算程度较高、征管难度较大等缺陷。

(三) 以资源税为主体的税制结构模式

资源税是以资源的绝对收益和级差收益为征税对象的税种的统称。这类税制体系的特征是:在税制体系中,资源税居于主体地位,在整个税制中发挥主导作用。资源税是对土地、矿产、水利、滩涂、森林等所有资源征税,所以这类税制体系具有保护资源、促进合理配置资源、调节资源级差收入和课税一般不受成本、费用变化影响等特点。世界上大多数国家的资源分布都有不均匀的现象,所以除少数中东石油资源丰富的国家外,其他国家很少采用这种税制体系。

当前,世界上的经济发达国家大多实行以所得税为主体税种的税制结构。这一税制结构的形成与完善建立在经济的高度商品化、货币化、社会化的基础之上,并经历了一个长期的演变过程。大多数发展中国家受条件限制实行以货物劳务税为主、所得税和其他税为辅的税制结构。

三、我国现行的税制结构

自中华人民共和国成立以来,我国税制体系经历了从计划经济到有计划的商品经济,再到社会主义市场经济的调整与变革过程。其中,1994年的税制改革是自中华人民共和国成立以来范围最广、程度最深、影响最大的一次税制改革。这次税制改革是适应建立社会主义市场经济体制的要求,按照"统一税法、公平税负、简化税制、合理分权、理顺分配关系、保证财政收入"的指导思想,选择以货物劳务税制及所得税制为重点,建立一个多税种、多次征、主次分明的复合式税制体系。目前我国的税制结构与多数低收入国家的税制结构相似,均表现出以货物劳务税为主体的税制结构特征。因此,增值税所占比重较大,而对经济具有内在稳定功能的所得税比重较低,尤其是个人所得税的比重过低。伴随着经济的发展变化,税制结构必然要进行相应的调整,而这种调整必须依托于本国的基本国情,适应现实的经济发展状况和政府的政策目标以及税收征管水平等主客观因素。调整和完善我国税制结构的关键在于利用合理的税种布局及其主辅税种的相互配合,保证及时、足额地取得财政收入,促进社会资源的有效配置。

目前,我国实际开征的税种共有18种,按其性质和作用大致可以分为五类:

(1) 货物和劳务税类:包括增值税、消费税、关税。

(2) 所得税类:包括企业所得税、个人所得税。

(3) 资源税类:包括资源税、城镇土地使用税、土地增值税和耕地占用税。

(4) 财产税类：包括房产税、车船税和契税。
(5) 行为税类：包括城市维护建设税、印花税、车辆购置税、烟叶税、船舶吨税和环境保护税。

> **实战演练**
>
> 【单选题】目前我国的税制结构表现出以（　　）为主体的税制结构特征。
> A. 货物劳务税　　　B. 所得税　　　C. 资源税　　　D. 行为税

任务五　认识税收分类

思维启发

国家在税制设计时，应根据国情将不同功能的税种进行组合设置，形成主体税种明确，辅助税种各具特色、作用和功能互补的税种体系。根据我国目前现行的税制，应如何对现行税种进行分类？你能想到几种分类标准？

一、按征税对象分类

按征税对象的性质划分，税种可划分为货物和劳务税、所得税、资源税、财产税和行为税五大类。以下着重介绍这种税收分类方式。

（一）对货物劳务征税

对货物、劳务征税，称为"货物和劳务税"，简称"货劳税类"，是以货物或劳务流转额为征税对象的税种的统称。货物和劳务税的经济前提是存在货物的交换或劳务的提供，其计税依据是货物流转额或劳务流转额。货物和劳务税的课征既可以以全部流转额为征税对象，也可以以部分流转额为征税对象，如增值税就是以全部流转额中新增加的那一部分流转额为征税对象的。我国现行税制中的增值税、消费税、关税等都属于货物和劳务税。货物和劳务税属于间接税，具有税源稳定、征收及时便利、税负隐蔽等特点。

（二）对所得征税

对所得征税，称为"所得税类"，是以所得额为征税对象的税种的统称。纳税人的应税所得通常是指自然人或法人在一定期间内，由于劳动、经营、投资或把财产提供给他人使用而获得的收入，扣除为取得收入所支出费用后的余额。因此，纳税人的应税所得总体上可以分为经营所得、财产所得、劳动所得、投资所得和其他所得。我国现行税制中的企业所得税和个人所得税属于所得税。所得税为直接税，税负不易转嫁。个人所得税采用累进税率，税负具有弹性，具有"内在稳定器"的特征。

（三）对资源征税

对资源征税，称为"资源税类"，是以资源的绝对收益和级差收益为征税对象的税种的统称。作为征税对象的资源是指那些具有商品属性的自然资源，即具有交换价值和使用价值的资源。资源税可分为一般资源税和级差资源税两种类型。一般资源税是以自然资源的开发和利用为前提，无论资源的好坏和收益的多少，都对开发利用者所获取的绝对收益进行征税；级差资源税是以开发和使用自然资源的等级以及收益所形成的级差收入为征税对象进行征税。资源税具有征税范围固定和采用差别税额征收的特点。我国现行税制中的资源税、城镇土地使用税、土地增值税、耕地占用税都属于资源税类。

（四）对财产征税

对财产征税，称为"财产税类"，是以财产价值为征税对象的税种的统称。作为征税对象的财产包括不动产和动产两类。不动产是指不能移动或移动后会损失其经济价值的财产，如土地和地上附着物；动产是指除不动产以外的各种能够移动的财产，包括有形动产和无形动产。有形动产包括车辆、船舶等，无形动产包括股票、债券、银行存款等。一般来说，各国的财产税并不是对所有的财产都征税，而只是选择某些特定的财产进行征税，主要是以对不动产征税为主。财产税具有征税范围固定、税负难以转嫁的特征。我国现行税制中的房产税和车船税等都属于财产税。

（五）对行为征税

对行为征税，称为"行为税类"，是以某些特定的行为作为征税对象的税种的统称。行为税具有征税对象单一、税源分散、税种灵活的特点。开征行为税，主要是为了加强对某些特定行为的监督、限制和管理，或者是对某些特定行为的认可，从而实现政治或经济上的特定目的或管理上的需要；同时，也可开辟财源，增加财政收入。从世界范围来看，各国开征的行为税名目繁多，如一些国家开征的赌博税、彩票税、狩猎税等。在我国，行为税类包括城市维护建设税、印花税、车辆购置税、烟叶税、船舶吨税和环境保护税等。

二、按税收管理权限分类

按税收管理权限的不同，可将税种划分为中央税、地方税及中央与地方共享税。通过这种划分，可以使各级财政有相应的收入来源和一定范围的税收管理权限，从而有利于调动各级财政组织收入的积极性，更好地完成一级财政的任务。

一般将税源集中、收入大、涉及面广，由全国统一立法和统一管理的税种，划作中央税，中央税属于中央财政固定收入，归中央政府支配和使用的税种，如关税、消费税、车辆购置税、船舶吨税和海关代征的增值税。

将与地方经济联系紧密，税源比较分散的税种，列为地方税。地方税属于地方财政固定收入，归地方政府支配和使用的税种，如房产税、契税、城镇土地使用税、耕地占用税、土地增值税、车船税、烟叶税、环境保护税。

将一些既能兼顾中央和地方经济利益，又有利于调动地方组织收入积极性的税种，列为中央与地方共享税。中央与地方共享税由中央政府与地方政府共同享有，按一定比例分成的税种，见表1-1。

表 1-1　中央与地方共享税比例分配表

税种	细分	中央	地方
增值税	海关代征部分	100%	
	非海关代征部分	50%	50%
企业所得税	中国铁路总公司、各银行总行及海洋石油企业缴纳的部分	100%	
	其他企业缴纳部分	60%	40%
个人所得税		60%	40%
资源税	海洋石油企业缴纳的部分	100%	
	非海洋石油企业缴纳的部分		100%
城市维护建设税	中国铁路总公司、各银行总行、各保险总公司缴纳的部分	100%	
印花税	证券交易印花税收入	94%	6%
	非证券交易印花税		100%

上述各项税收中,关税、船舶吨税、代征进口环节的增值税和消费税由海关系统负责征收和管理,其他税收由税务机关负责征收和管理。

三、按税负能否转嫁分类

按税收负担能否转嫁,税收可分为直接税和间接税两种。直接税是指纳税人就是税收的实际负担人(负税人),纳税人不能或不便于把税收负担转嫁给他人的各种税,如企业所得税、个人所得税、车辆购置税等。直接税的纳税人不仅在形式上有纳税义务,实际上也是税收负担者,即纳税人与负税人是一致的。间接税是指纳税人不是税收的实际负担人(负税人),纳税人能够通过销售商品来把税收负担转嫁给他人的各种税,如关税、消费税、增值税等。间接税的纳税人虽然在形式上负有纳税义务,但实际上已将自己需要缴纳的税款加入所销售商品的价格中而由购买方负担或用其他方式转嫁给他人,即纳税人与负税人是不一致的。

四、按税收与价格的关系分类

按税收与价格关系不同,税收可分为价内税和价外税。价内税是指税款包含在应税商品价格内,作为商品价格组成部分的税收,如消费税、关税等。价外税是指税款独立于商品价格之外,不作为商品价格的组成部分,如增值税。

假设某商场销售某高档口红,不含增值税售价为 1 000 元,增值税税率为 13%,消费税税率为 15%。

问题一:暂且不考虑进项税额,增值税销项税额怎么算?

销项税额 = 1 000 × 13% = 130(元)

问题二:含增值税的销售额如何计算?

含增值税的销售额 = 1 000 + 130 = 1 130(元)

问题三：假设已知含税价是1 130元，此时要进行换算，把含税价换算成不含税价，此过程为"价税分离"。

不含税价＝1 130÷(1＋13％)＝1 000(元)

问题四：此高档口红的消费税是多少？

消费税＝1 000×15％＝150(元)

需注意的是：计算消费税的计税依据依然是1 000元，是不含增值税的销售额。

问题五：李女士打算去商场买这支口红，请问她一共要支付多少钱？是1 000元，还是1 130元，还是1 280元？

李女士购买口红实际支付1 130元。

> **实战演练**
>
> 〖思考填空题〗根据以上案例，将相关金额填入以下空格，并思考价内税和价外税的区别。
>
> 李女士购买口红实际支付_____元，即1 000＋130＝1 130元，支付金额含价款、增值税和消费税。其中，不含增值税销售额为_____元，增值税_____元；1 000元中含消费税_____元。由此可见，增值税是在1 000元不含税销售额以外的，我们称之为价__税(填"内"或"外")；消费税是在1 000元不含税销售额以内的，我们称之为价__税(填"内"或"外")。

五、按计税标准分类

根据计税标准的不同，税收可以分为从价税和从量税两大类。从价税是以征税对象的计税价值为计税依据计算而征收的税，其特点是计税依据直接受价格变动的影响，如增值税、企业所得税等。从量税是以征税对象的实物量(如数量、重量、容量等)作为计税依据计算而征收的税，其特点是税负不受征税对象价格变动的影响，计算简便，税负水平较为固定，如车船税、城镇土地使用税、消费税中的啤酒和黄酒等。此外，还有一种复合税，它既征收从价税，又征收从量税，如消费税中的白酒。这种税种结合了从价税和从量税的特点，旨在更全面地反映征税对象的经济价值。

> **实战演练**
>
> 〖连线题〗请将左侧具体税种与右侧税种分类结果使用连线进行配对。
>
> | 税种 | 税类 |
> | --- | --- |
> | 增值税 | 所得税类 |
> | 消费税 | 中央与地方共享税 |
> | 个人所得税 | 中央税 |
> | 企业所得税 | 地方税 |
> | 城镇土地使用税 | 财产税 |
> | 房产税 | 资源税 |

【多选题】税种按税负是否能转嫁可分为（　　　　）。
A. 直接税　　　　B. 间接税　　　　C. 地方税　　　　D. 中央税

【多选题】在下列税种中,属于中央政府固定收入的有（　　　　）。
A. 增值税　　　　B. 房产税　　　　C. 消费税　　　　D. 车辆购置税

项目小结

　　税法是税制的核心,是税收的法律体现。税法是由国家权力机关或其授权的行政机关制定的调整税收关系的法律规范的总称,是国家税务征管机关和纳税人从事税收征收管理与缴纳活动的法律依据。税法的基本构成要素包括纳税人、征税对象和税率。税制是指一国在进行税制设置时,根据本国的具体情况,将不同功能的税种进行组合配置,形成主体税种明确、辅助税种各具特色、作用和功能互补的税种体系。社会经济发展水平、国家政策取向、税收管理水平影响一个国家的税制体系。税收管理体制是指在中央与地方以及地方各级政府之间划分税收管理权限的一种制度,是税收管理制度的重要组成部分。税收管理权限包括税收立法权和税收管理权两个方面。

项 目 测 试

一、单项选择题（将答案填入括号内）

（　　）1. 下列各项中,不属于税收特征的是_____。
　　　　A. 强制性　　　B. 无偿性　　　C. 流动性　　　D. 固定性

（　　）2. 以下各项中不属于税收作用的是_____。
　　　　A. 税收是国家组织财政收入的主要工具
　　　　B. 税收是国家调节经济行为的杠杆
　　　　C. 税收是监督社会经济活动的重要保障
　　　　D. 税收是财产所有权或支配权的单向转移

（　　）3. 税收制度的三个基本要素不包括_____。
　　　　A. 纳税人　　　B. 征税对象　　　C. 税目　　　D. 税率

（　　）4. 实际负担税款的单位和个人是_____。
　　　　A. 纳税人　　　B. 负税人　　　C. 消费者　　　D. 扣缴义务人

（　　）5. 关于个人所得税,税法规定,以支付所得的单位和个人为_____。
　　　　A. 纳税人　　　B. 扣缴义务人　　　C. 负税人　　　D. 以上都不是

（　　）6. 一种税区别于另一种税的主要标志是_____。
　　　　A. 纳税人　　　B. 征税对象　　　C. 税目　　　D. 税率

（　　）7. 反映征税对象具体内容的是_____。
　　　　A. 税率　　　B. 税源　　　C. 税目　　　D. 计税依据

（　　）8. _____是对同一征税对象或同一税目,不论数额大小,只规定一个比例的税率征收的税率。

  A. 比例税率 B. 幅度比例税率 C. 累进税率 D. 定额税率

( ) 9. _____是指同一征税对象,随数量的增大,征收比例也随之增高的税率。

  A. 比例税率 B. 累进税率 C. 差别比率税率 D. 幅度比例税率

( ) 10. 以下属于中央地方共享税的是_____。

  A. 关税 B. 企业所得税 C. 消费税 D. 土地增值税

二、多项选择题(将答案填入括号内)

( ) 1. 下列各项中,属于税收特征的有_____。

  A. 强制性 B. 无偿性 C. 固定性 D. 政策性

( ) 2. 以下各项中属于税收作用的有_____。

  A. 税收是国家组织财政收入的主要工具

  B. 税收是促进产业结构、消费结构的合理配置

  C. 税收是监督社会经济活动的重要保障

  D. 税收是国家调节经济行为的杠杆

( ) 3. 税收制度的三个基本要素有_____。

  A. 纳税地点 B. 纳税人 C. 征税对象 D. 税率

( ) 4. 纳税人一般有_____。

  A. 自然人 B. 负税人 C. 扣缴义务人 D. 法人

( ) 5. 与纳税人有关的概念有_____。

  A. 征税对象   B. 负税人

  C. 税率   D. 扣缴义务人

三、判断题(判断正确的在括号内标记"√",错误的在括号内标记"×")

( ) 1. 我国的财政收入绝大部分来自税收收入。

( ) 2. 税收伴随着国家的产生而产生,国家为了实现其职能,向纳税人征收实物以取得物质财富。

( ) 3. 从本质上看,税收反映的是国家与纳税人之间的一种分配关系。

( ) 4. 税收的无偿性是指国家征税时,不需要对纳税人支付任何报酬,也不以任何形式归还给纳税人。

( ) 5. 税收的无偿性是国家财政支出的无偿性决定的。

( ) 6. 税收的强制性是指国家依据法律征税,纳税人必须依法纳税,否则就要受到法律的制裁。

( ) 7. 税收的强制性只要求纳税人(包括单位和个人)必须依法纳税。

( ) 8. 税收的固定性强调了征税机关只能按预定标准征收,而不能无限度地征收。

( ) 9. 税收的固定性强调了纳税人取得了应税收入或发生了应税行为,必须按预定标准如数缴纳。

( ) 10. 税收的固定性是征税标准确定后永远不能改变。

四、拓展题

请扫描二维码1-3、1-4获取数字资源,并用思维导图形式归纳总结我国税收制度的发展与展望,按小组交流互动,推选出小组代表进行汇报展示。

1-3 动画视频
我国税收历史与发展

1-4 拓展阅读
我国税收制度的发展

项 目 评 价

根据本项目学习情况，在表1-2中进行评价，"A"为优良，"B"为一般，"C"为需要帮助。

表1-2 项目一学习评价表

序号	学习重点	自我评价 （在方框内打勾）	教师反馈与评价
1	明确税收职能与特点	A□ B□ C□	
2	辨析税法基本要素	A□ B□ C□	
3	识别税收分类	A□ B□ C□	
	总体评价	A□ B□ C□	

项目二 认识增值税

 项目简介

本项目主要介绍增值税的纳税义务人、税目、税率、计税依据、税额以及征收管理要求。通过本项目的学习,学生能全面了解增值税具体征税规定,感悟我国多项优惠政策惠及各行各业,对减轻企业负担,激发市场活力,推动经济高质量发展具有重要意义;并能应用增值税税收政策对增值税涉税业务进行税务处理。做一个懂法、遵法、守法的依法办事好公民。

 知识导航

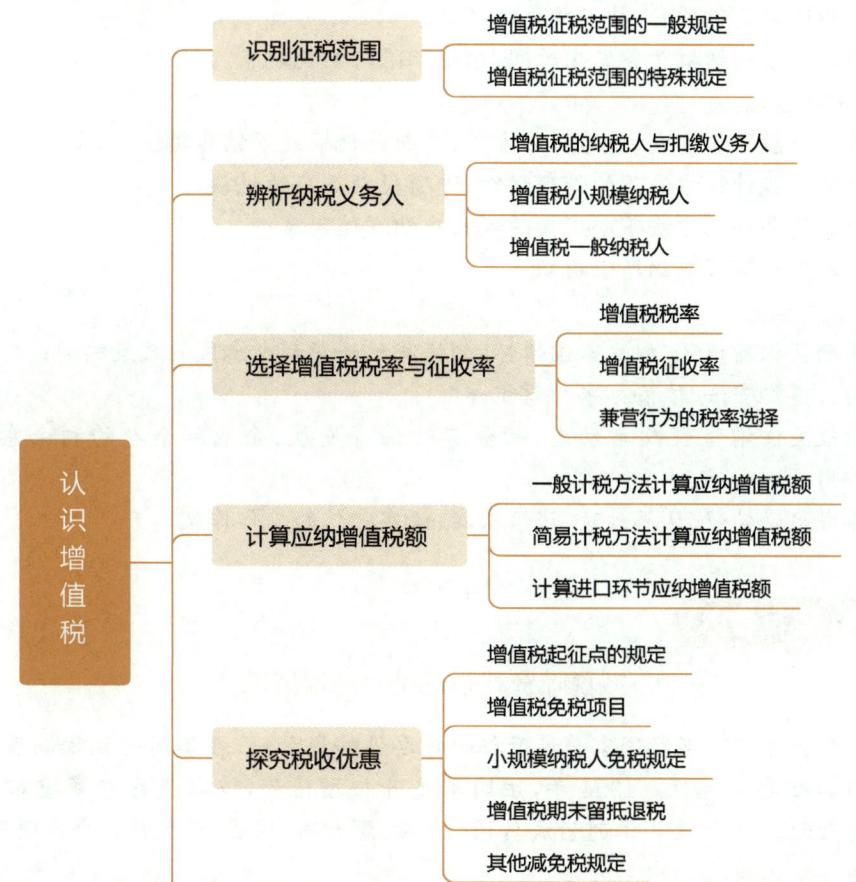

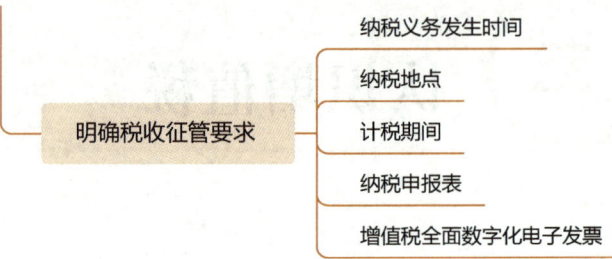

知识目标

- 识别增值税的征税范围；
- 分辨不同类型的视同销售行为；
- 辨认增值税纳税义务人；
- 识别增值税一般纳税人与小规模纳税人；
- 分辨增值税税率及适用范围、与增值税征收率及适用范围；
- 列举一般销售方式下销售额及特殊方式下销售额；
- 辨别准予抵扣和不得抵扣进项税额；
- 分辨法定免税项目、特定减免税项目；
- 确认增值税纳税义务发生时间、纳税期限与纳税地点。

技能目标

- 计算一般销售方式、特殊销售方式、差额计税模式下销售额；
- 计算一般计税方法下的销项税额、进项税额及应纳税额；
- 计算简易征税方法下小规模纳税人应纳增值税额；
- 计算进口环节应纳增值税额。

情感目标

- 正确认识增值税，树立家国情怀，领悟减税降费利企惠民的政策福利；
- 树立遵纪守法、依法办事的意识；
- 积极关注增值税改革动态，领会其对经济发展、企业和个人的利企惠民调节作用；
- 养成主动学习、认真细致、谨慎求实、诚实守信的工作作风。

减税降费利企惠民——增值税

增值税是世界多数国家普遍开征的重要流转税之一，在各国的税收制度中都占有极其重要的地位。1954 年，法国率先开征增值税，以取代存在多重征税问题的营业税。其余欧共体创始成员国（德国、意大利、荷兰、比利时和卢森堡等）于

20世纪60年代末70年代初紧随其后,纷纷引入并开征增值税。增值税征税范围相对广泛,税率设计灵活,计税方式合理,一定程度上避免重复征税,并能显著增加财政收入,因此,很快在世界范围内受到重视并被采纳。20世纪70年代至80年代,拉丁美洲、亚洲等地区的国家,尤其是其中的发展中国家和新兴经济体逐渐开征增值税。目前,世界上已有约170个国家(地区)开征增值税。除美国以外,经济合作与发展组织(OECD)成员均已开征增值税。随着经济发展模式变革和电子商务实践的兴起,各国为应对数字经济带来的税收挑战,对增值税制度加以改进。

我国自开征增值税近四十年以来,根据国情持续对增值税制度进行改革。从1979年开始在部分城市试行生产性增值税直至当下的消费型增值税;从《中华人民共和国增值税暂行条例》(以下简称《增值税暂行条例》)、《中华人民共和国增值税暂行条例实施细则》(以下简称《增值税暂行条例实施细则》)的出台到增加《关于全面推开营业税改征增值税试点的通知》(以下简称《营改增通知》),到2024年12月《中华人民共和国增值税法》(以下简称《增值税法》)的发布,均体现了我国增值税改革始终倡导减税降费利企惠民的原则;从开征增值税、全面营改增、税率简并、增值税留抵退税到进项税额加计抵减等政策陆续出台给企业注入了新鲜血液,激发企业的动力,作用直接、效应明显,纳税人的获得感得到实实在在提升,受到社会各界的高度关注和普遍好评。

你知道我们日常生活中购买的物品、企业生产的货物、提供的服务等需要缴增值税吗?如何计算应纳增值税额?如何享受增值税税收优惠政策?相信通过本项目的学习,能全面了解增值税,将所学知识解决你心中的疑惑。

(注:国际增值税发展历程引自于《国际税收》2021年第3期"中国人民大学财税研究所胡天龙:增值税历史沿革与改革动向——基于国际实践和国内发展的研究"。)

任务一 识别征税范围

思维启发

我们生活中购买的每件物品,如各种箱包、书刊、家具用具、蔬菜水果等;企业及个体工商户或个人为我们提供的服务,如理发、美容、快递、自来水、电等;各种商品成千上万,各种服务应接不暇,是否都要缴增值税呢?企业与企业之间的购买商品与服务是否要缴增值税呢?如果缴纳增值税,税金是否含在价格内呢……

晓君母亲加盟了一个蛋糕店,企业性质是个体工商户。本月购进10 000元牛奶、白糖、面粉等原料加工成蛋糕,以15 000元价格卖出这批蛋糕,晓君帮着妈妈在

> 计算应缴纳的增值税,在不考虑其他因素下,按照税收相关法规要针对这增值的5 000元(15 000—10 000)征税,在流转过程中对增值额缴纳的税叫增值税。我们一起学习吧……

一、增值税征税范围的一般规定

我国增值税是以在中华人民共和国境内销售货物、服务、无形资产、不动产过程中产生的增值额作为征税对象,而征收的一种流转税。销售货物、服务、无形资产、不动产,是指有偿转让货物、不动产的所有权,有偿提供服务,有偿转让无形资产的所有权或者使用权。在境内发生应税交易,是指下列情形:① 销售货物的,货物的起运地或者所在地在境内。② 销售或者租赁不动产、转让自然资源使用权的,不动产、自然资源所在地在境内。③ 销售金融商品的,金融商品在境内发行,或者销售方为境内单位和个人。除②③规定外,销售服务、无形资产的,服务、无形资产在境内消费,或者销售方为境内单位和个人。增值税征税范围的一般规定具体如下。

(一)销售货物

在中国境内销售货物是指销售货物的起运地或者所在地在境内。销售货物指有偿转让货物的所有权。有偿是指从购买方取得货币、货物或者其他经济利益。货物是指有形动产,包括电力、热力、气体在内。

(二)销售服务

销售服务指交通运输服务,邮政服务,电信服务,建筑服务,金融服务,现代服务,生活服务,提供加工、修理修配服务等。

1. 交通运输服务

交通运输服务是指利用运输工具将货物或者旅客送达目的地,使其空间位置得到转移的业务活动。它包括陆路运输服务、水路运输服务、航空运输服务、管道运输服务和无运输工具承运业务。

(1)陆路运输服务是指通过陆路(即地上或者地下)运送货物或者旅客的运输业务活动,包括铁路运输服务和其他陆路运输服务。其他陆路运输服务包括公路运输、缆车运输、索道运输、地铁运输、城市轻轨运输等。

出租车公司向使用本公司自有出租车的出租车司机收取的管理费用按照陆路运输服务缴纳增值税。

(2)水路运输服务是指通过江、河、湖、川等天然、人工水道或者海洋航道运送货物或者旅客的运输业务活动。水路运输的程租、期租业务属于水路运输服务。

程租业务是指运输企业为租船人完成某一特定航次的运输任务并收取租赁费的业务。

期租业务是指运输企业将配备有操作人员的船舶承租给他人使用一定期限,在承租期内所配备的操作人员受承租方调遣,承租方无论是否经营均按天收取租赁费,发生的固定费用均由船东负担的业务。

(3)航空运输服务是指通过空中航线运送货物或者旅客的运输业务活动。航空运输的湿租业务属于航空运输服务。

湿租业务是指航空运输企业将配备有机组人员的飞机租赁给承租方使用一定期限,在承租期内所配备的机组人员受承租方调遣,承租方无论是否经营均按一定标准收取租赁费,发生的固定费用均由承租方承担的业务。

航天运输服务是指利用火箭等载体将卫星、空间探测器等空间飞行器发射到空间轨道的业务活动,按照航空运输服务缴纳增值税。

(4) 管道运输服务是指通过管道设施输送气体、液体、固体物质等的运输业务活动。如通过管道运输到各家各户的自来水、天然气等。

(5) 无运输工具承运业务是指经营者以承运人身份与托运人签订运输服务合同,收取运费并承担承运人责任,然后委托实际承运人完成运输服务的经营活动,按照交通运输服务缴纳增值税。

2. 邮政服务

邮政服务是指中国邮政集团公司及其所属邮政企业提供邮件寄递、邮政汇兑和机要通信等邮政基本服务的业务活动。它包括邮政普遍服务、邮政特殊服务和其他邮政服务。

(1) 邮政普通服务是指函件、包裹等邮件寄递,邮票发行,报刊发行和邮政汇兑等业务活动。

(2) 邮政特殊服务是指义务兵平常信函、机要通信、盲人读物和革命烈士遗物的寄递等业务活动。

(3) 其他邮政服务是指邮册等邮品销售、邮政代理等业务活动。

3. 电信服务

电信服务是指利用有线、无线的电磁系统或者光电系统等各种通信网络资源,提供语音通话服务,传送、发射、接收或者应用图像、短信等电子数据和信息的业务活动。它包括基础电信服务和增值电信服务。

(1) 基础电信服务是指利用固网、移动网、卫星、互联网,提供语音通话服务的业务活动,以及出租或者出售带宽、波长等网络元素的业务活动。

(2) 增值电信服务是指利用固网、移动网、卫星、互联网,有线电视网络,提供短信和彩信服务、电子数据和信息的传输及应用服务、互联网接入服务等业务活动。卫星电视信号落地转接服务,按照增值电信服务缴纳增值税。

4. 建筑服务

建筑服务是指各类建筑物、构筑物及其附属设施的建造、修缮、装饰,线路、管道、设备、设施等的安装以及其他工程作业的业务活动。它包括工程服务、安装服务、修缮服务、装饰服务和其他建筑服务。

(1) 工程服务是指新建、改建各种建筑物、构筑物的工程作业,包括与建筑物相连的各种设备或者支柱、操作平台的安装或者装设工程作业,以及各种窑炉和金属结构工程作业。

(2) 安装服务是指生产设备、动力设备、起重设备、运输设备、传动设备、医疗实验设备以及其他各种设备、设施的装配、安置工程作业,包括与被安装设备相连的工作台、梯子、栏杆的装设工程作业,及被安装设备的绝缘、防腐、保温、油漆等工程作业。

固定电话、有线电视、宽带、水、电、燃气、暖气等经营者向用户收取的安装费、初装费、开户费、扩容费及类似收费,按照安装服务缴纳增值税。

(3) 修缮服务是指对建筑物、构筑物进行修补、加固、养护、改善，使之恢复原来的使用价值或者延长其使用期限的工程作业。

(4) 装饰服务是指对建筑物、构筑物进行修饰装修，使之美观或者具有特定用途的工程作业。

(5) 其他建筑服务是指除上列工程作业之外的各种工程作业服务。如钻井（打井）、拆除建筑物或者构筑物、平整土地、园林绿化、疏浚（不包括航道疏浚）、建筑物平移、搭脚手架、爆破、矿山穿孔、表面附着物（包括岩层、土层、沙层等）剥离和清理等工程作业。

5. 金融服务

金融服务是指经营金融保险的业务活动，包括贷款服务、直接收费金融服务、保险服务和金融商品转让。

(1) 贷款服务是指将资金贷与他人使用而取得利息收入的业务活动。各种占用、拆借资金取得的收入，包括金融商品持有期间（含到期）利息（保本收益、报酬、资金占用费、补偿金等）收入、信用卡透支利息收入、买入返售金融商品利息收入、融资融券收取的利息收入，及融资性售后回租、押汇、罚息、票据贴现、转贷等业务取得的利息及利息性质的收入，按照贷款服务缴纳增值税。

融资性售后回租是指承租方以融资为目的，将资产出售给从事融资性售后回租业务的企业后，从事融资性售后回租业务的企业将该资产出租给承租方的业务活动。

以货币资金投资收取的固定利润或者保底利润，按照贷款服务缴纳增值税。

(2) 直接收费金融服务是指为货币资金融通及其他金融业务提供相关服务并且收取费用的业务活动。它包括提供货币兑换、账户管理、电子银行、信用卡、信用证、财务担保、资产管理、信托管理、基金管理、金融交易场所（平台）管理、资金结算、资金清算、金融支付等服务。

(3) 保险服务是指投保人根据合同约定，向保险人支付保险费，保险人对合同约定可能发生的事故，因其发生所造成的财产损失承担赔偿保险金责任，或者当被保险人死亡、伤残、疾病或者达到合同约定的年龄、期限等条件时承担给付保险金责任的商业保险行为。保险服务包括人身保险服务和财产保险服务。

(4) 金融商品转让是指转让外汇、有价证券、非货物期货和其他金融商品所有权的业务活动。其他金融商品转让包括基金、信托、理财产品等各类资产管理产品和各种金融衍生品的转让。

6. 现代服务

现代服务是指围绕制造业、文化产业、现代物流产业等提供技术性、知识性服务的业务活动，包括研发和技术服务、信息技术服务、文化创意服务、物流辅助服务、租赁服务、鉴证咨询服务、广播影视服务、商务辅助服务和其他现代服务。

(1) 研发和技术服务包括研发服务、合同能源管理服务、工程勘察勘探服务、专业技术服务。

(2) 信息技术服务包括软件服务、电路设计及测试服务、信息系统服务、业务流程管理服务和信息系统增值服务。

(3) 文化创意服务包括设计服务、知识产权服务、广告服务和会议展览服务。

(4) 物流辅助服务包括航空服务、港口码头服务、货运客运场站服务、打捞救助服务、装卸搬运服务、仓服务和收派服务。

(5) 租赁服务包括融资租赁服务和经营租赁服务。

融资租赁服务是指出租人根据承租人所要求的规格、型号、性能等条件购入有形动产或者不动产租赁给承租人，合同期内租赁物所有权属于出租人，承租人只拥有使用权，合同期满付清租金后，承租人有权按照残值购入租赁物，以拥有其所有权。不论出租人是否将租赁物销售给承租人，均属于融资租赁。按照标的物的不同，融资租赁服务可分为有形动产融资租赁服务和不动产融资租赁服务。

经营租赁服务是指在约定时间内将有形动产或者不动产转让他人使用且租赁物所有权不变更的业务活动。按照标的物的不同，可分为有形动产经营租赁服务和不动产经营租赁服务。

融资性售后回租，不按照租赁服务缴纳增值税。将建筑物、构筑物等不动产或者飞机、车辆等有形动产的广告位出租给其他单位或者个人用于发布广告，按照经营租赁服务缴纳增值税。车辆停放服务、道路通行服务（包括过路费、过桥费、过闸费等）等，按照不动产经营租赁服务缴纳增值税。

(6) 鉴证咨询服务包括认证服务、鉴证服务和咨询服务。翻译服务和市场调查服务，按照咨询服务缴纳增值税。

(7) 广播影视服务包括广播影视节目（作品）的制作服务、发行服务和播映（含放映下同）服务。

(8) 商务辅助服务包括企业管理服务、经纪代理服务、人力资源服务、安全保护服务。

(9) 其他现代服务是指除研发和技术服务、信息技术服务、文化创意服务、物流辅助服务、租赁服务、鉴证咨询服务、广播影视服务和商务辅助服务以外的现代服务。

7. 生活服务

生活服务是指为满足城乡居民日常生活需求提供的各类服务活动，包括文化体育服务、教育医疗服务、旅游娱乐服务、餐饮住宿服务、居民日需服务和其他生活服务。

(1) 文化体育服务包括文化服务和体育服务。

(2) 教育医疗服务包括教育服务和医疗服务。

(3) 旅游娱乐服务包括旅游服务和娱乐服务。

(4) 餐饮住宿服务包括餐饮服务和住宿服务。

(5) 居民日常服务是指主要为满足居民个人及其家庭日常生活需求提供的服务，包括市容市政管理、家政、婚庆、养老、殡葬、照料和护理、救助救济、美容美发、按摩、桑拿、氧吧、足疗、沐浴、洗染、摄影扩印等服务。

(6) 其他生活服务，是指除文化体育服务、教育医疗服务、旅游娱乐服务、餐饮住宿服务和居民日常服务之外的生活服务。例如，为安装运行后的机器设备提供维修保养服务，为客户办理退票而向客户收取退票费、手续费等服务。

8. 提供加工、修理修配服务

提供加工、修理修配服务是指提供的服务发生地在境内且有偿提供的加工、修理修配服务。例如，委托方提供原料及主要材料，受托方对货物加工修理或提供辅助材料。单位或者个体工商户聘用的员工为本单位或者雇主提供加工、修理修配服务不包括在内。

（三）销售无形资产

销售无形资产是指转让无形资产所有权或者使用权的业务活动。无形资产是指不具有实物形态，但能带来经济利益的资产，包括技术、商标、著作权、商誉、自然资源使用权和其他权益性无形资产。技术包括专利技术和非专利技术。

自然资源使用权包括土地使用权、海域使用权、探矿权、采矿权等自然资源使用权。

其他权益性无形资产包括基础设施资产经营权、公共事业特许权、配额、经营权（包括特许经营权、连锁经营权、其他经营权）、经销权、分销权、代理权、会员权、席位权、网络游戏虚拟道具、域名、名称权、肖像权、冠名权、转会费等。

（四）销售不动产

销售不动产是转让不动产所有权的业务活动。不动产是指不能移动或者移动后会引起性质、形状改变的财产，包括建筑物、构筑物等。建筑物包括住宅、商业营业用房、办公楼等可供居住、工作或者进行其他活动的建造物。构筑物包括道路、桥梁、隧道、水坝等建造物。转让建筑物有限产权或者永久使用权的，转让在建的建筑物或者构筑物所有权的，及在转让建筑物或者构筑物时一并转让其所占土地的使用权的，按照销售不动产缴纳增值税。

（五）进口货物

在中国境内进口货物是指申报进入我国海关境内的货物。根据《增值税法》的规定，凡进入我国国境或关境的货物，在报关进口环节，除享受免税政策外的货物，依法缴纳关税外必须缴纳增值税。

> **实战演练**
>
> 〖多选题〗下列服务项目中，属现代服务应当缴纳增值税的有（　　　　）。
> A．某旅游公司的德文翻译服务　　　　B．某快递公司的快递服务
> C．某公司的施工设备租赁（配备人员）服务　　D．某公司的互联网接入服务

2-1
动画视频
增值税混合销售与兼营行为、视同销售行为的区别

二、增值税征税范围的特殊规定

增值税的征税范围除了上述的一般规定以外，还对经济实务中某些特殊行为或特殊项目是否属于增值税的征税范围，作出了具体规定。

（一）视同销售

有下列情形之一的，视同应税交易，应当依照《增值税法》规定缴纳增值税：
(1) 单位和个体工商户将自产或者委托加工的货物用于集体福利或者个人消费。
(2) 单位和个体工商户无偿转让货物。
(3) 单位和个人无偿转让无形资产、不动产或者金融商品。

（二）混合销售行为

混合销售是指一项销售行为既涉及服务又涉及货物的销售行为。从事货物的生产、批发或者零售的单位和个体工商户的混合销售行为，按照销售货物缴纳增值税；其他单位和个体工商户的混合销售行为，按照销售服务缴纳增值税。如某私立医院提供

医疗服务并销售药品,就属于混合销售行为,一并按主业医疗服务计税。

(三) 兼营行为

纳税人兼营销售货物、劳务、服务、无形资产或者不动产,适用不同税率或者征收率的,应当分别核算适用不同税率或者征收率的销售额;未分别核算的,从高适用税率。

此处所称从事货物的生产、批发或者零售的单位和个体工商户,包括以从事货物的生产、批发或者零售为主,并兼营销售服务的单位和个体工商户在内。

纳税人兼营免税、减税项目的,应当分别核算免税、减税项目的销售额;未分别核算的,不得免税、减税。如某饭店提供就餐服务并销售自制食品及外购酒,就餐服务并销售自制食品属于混合销售,一并按主业餐饮服务计税;销售外购酒属于兼营业务,按不同税率分别计算销售额并分别计税。

 实战演练

〖单选题〗下列服务属于增值税现代服务征收范围的有(　　)。
A. 信息技术服务　B. 居民日常服务　C. 餐饮住宿服务　D. 教育医疗服务

(四) 不征收增值税项目

下列情形之一的,不属于应税交易,不征收增值税:
(1) 员工为受雇单位或者雇主提供取得工资、薪金的服务。
(2) 收取行政事业性收费、政府性基金。
(3) 依照法律规定被征收、征用而取得补偿。
(4) 取得存款利息收入。

 实战演练

〖多选题〗下列情形不征收增值税的有(　　)。
A. 某公司取得与销售收入直接挂钩的财政补贴收入
B. 某公司为聘用员工提供服务
C. 小萍的银行存款利息
D. 某公司保险人获得的保险赔款

2-2
拓展阅读
罚没物品是否征增值税的界定

任务二　辨析纳税义务人

● 思维启发 ●

晓君母亲加盟的蛋糕店生意越来越好,晓君经常去帮忙,同学们也经常光顾。

2-3
动画视频
增值税的纳税人及征税范围

> 同班同学小丽问她可不可以合伙在市中心再开一家店。她们认为这个想法好，但是，开设什么样的企业呢？个体工商户还是公司制的企业呢？一般纳税人还是小规模纳税人呢？我们一起学习吧……

一、增值税的纳税人与扣缴义务人

（一）增值税纳税人

根据《增值税法》的规定，在中华人民共和国境内销售货物、服务、无形资产、不动产以及进口货物的单位和个人，为增值税的纳税人。单位，是指企业、行政单位、事业单位、军事单位、社会团体及其他单位。个人，是指个体工商户及其他个人。

单位以承包、承租、挂靠方式经营的，承包人、承租人、挂靠人（以下统称承包人）以发包人、出租人、被挂靠人（以下统称发包人）名义对外经营并由发包人承担相关法律责任的，以该发包人为纳税人；否则，以承包人为纳税人。

资管产品运营过程中发生的增值税应税行为，以资管产品管理人为增值税纳税人。

（二）增值税的扣缴义务人

中华人民共和国境外的单位或者个人在境内销售劳务，在境内未设有经营机构的以其境内代理人为扣缴义务人；在境内没有代理人的，以购买方为扣缴义务人。财政部和国家税务总局另有规定的除外。

为了加强增值税的征收与管理，税法按照纳税人的经营规模及会计核算健全程度的不同，将增值税的纳税人划分为小规模纳税人和一般纳税人。小规模纳税人采用简易计税法，按征收率计算增值税；一般纳税人采用一般计税方法，按照购入扣税法计算增值税，准予抵扣进项税额。

二、增值税小规模纳税人

增值税小规模纳税人是指年应征增值税销售额在规定标准以下，并且会计核算不健全，不能按规定报送相关税务资料的增值税纳税人。小规模纳税人的具体认定标准是指年应税销售额500万元及以下纳税人。年应税销售额是指纳税人在连续12个月（以1个月为一个纳税期）或4个季度（以1个季度为1个纳税期）的经营期内累计应征增值税销售额。累计应征增值税销售额包括纳税申报销售额、稽查查补销售额、纳税评估调整销售额。

小规模纳税人会计核算健全，能够提供准确税务资料的，可以向税务机关申请登记为一般纳税人，不再作为小规模纳税人纳税。会计核算健全，是指能够按照国家统一的会计制度规定设置账簿，根据合法、有效凭证核算。

为持续推进"放管服"（即简政放权、放管结合、优化服务）改革，全面推行小规模纳税人自行开具增值税专用发票。小规模纳税人（其他个人除外）发生增值税应税行为、需要开具增值税专用发票的，可以自愿使用增值税发票管理系统自行开具。

三、增值税一般纳税人

增值税一般纳税人，是指年应税销售额超过财政部、国家税务总局规定的小规模纳税人标准的企业和企业性单位。根据《增值税一般纳税人登记管理办法》的规定,增值税纳税人年应税销售额超过财政部、国家税务总局规定的小规模纳税人标准的、除按规定选择按照小规模纳税人纳税的以外,应当向主管税务机关办理一般纳税人登记。判断增值税一般纳税人与小规模纳税人的认定标准,见表2-1。

表2-1 一般纳税人与小规模纳税人认定标准

纳税人经营规模及核算程度	认定标准
年应征增值税销售额超过财政部、国家税务总局规定的小规模纳税人标准的,除按规定选择按照小规模纳税人纳税的以外	一般纳税人,应当向机构所在地主管税务机关办理纳税人登记
年应征增值税销售额超过规定标准,但不经营发生应税行为的单位和个体工商户	可选择按小规模纳税人纳税
非企业性单位、不经常发生应税行为的企业	可选择按小规模纳税人纳税
年应征增值税销售额超过规定标准的其他个人(含自然人)	按小规模纳税人纳税
年应征增值税销售额500万元及以下	小规模纳税人

一般纳税人向主管税务机关办理一般纳税人登记办法如下。

(一) 一般纳税人的登记

一般纳税人实行登记制,除另有规定外,应当向税务机关办理登记手续。下面为不得办理一般纳税人登记的情形:

(1) 按照政策规定,选择按小规模纳税人纳税的。

(2) 年应税销售额超过规定标准的其他个人。

纳税人自一般纳税人生效之日起,按照增值税一般计税方法计算应纳税额,并可以按照规定领用增值税专用发票,财政部、国家税务总局另有规定的除外。

纳税人登记为一般纳税人后,不得转为小规模纳税人,国家税务总局另有规定的除外。

(二) 一般纳税人的登记程序

(1) 纳税人向主管税务机关填报《增值税一般纳税人登记表》,如实填写固定生产经营场所等信息,并提供税务登记证件。

(2) 纳税人填报内容与税务登记信息一致的,主管税务机关当场登记。

(3) 纳税人填报内容与税务登记信息不一致的,或者不符合填列要求的,税务机关应当场告知纳税人需要补正的内容。

(三) 办理登记的地点和时限

(1) 纳税人应当向其机构所在地主管税务机关办理一般纳税人登记手续。

(2) 纳税人自一般纳税人生效之日起,按照增值税一般计税方法计算应纳税额,并可按规定领用增值税专用发票。

(3) 生效之日是指办理登记的当月1日或者次月1日。

> **实战演练**
>
> 【多选题】根据《增值税法》规定,下列各项中应计入增值税年应税销售额的有(　　)。
>
> A. 稽查查补的销售额　　　　　　B. 纳税评估调整的销售额
> C. 偶尔发生的销售无形资产销售额　D. 税务机关代开发票销售额
>
> 【思考题】如果企业成为一般纳税人时未登记,企业可能遇到的税务风险有哪些?企业应该怎样做才能降低税务风险?

任务三　选择增值税税率与征收率

思维启发

> 晓君和小丽合伙在市中心再开一家蛋糕店,采用个体工商户还是公司制,办理一般纳税人还是小规模纳税人呢?其增值税税率或征收率有什么区别?我们一起学习吧。

一、增值税税率

我国增值税的税率分别为 13％、9％、6％和 0(零税率)。

(一) 适用 13％税率的税目

纳税人销售货物、加工修理修配服务、有形动产租赁服务、进口货物,除按规定适用 9％税率的货物以外,适用 13％的基本税率。

采取填埋、焚烧等方式进行专业化处理后产生货物,且货物归属委托方的,受托方属于提供"加工劳务",其收取的处理费用适用 13％的税率。

(二) 适用 9％税率的税目

纳税人销售交通运输、邮政、基础电信、建筑、不动产租赁服务,销售不动产,转让土地使用权,销售或者进口下列货物,税率为 9％;其中,适用 9％税率的货物按《农业产品征税范围注释》(财税字〔1995〕52 号)《增值税部分货物征税范围注释》(国税发〔1993〕151 号)及其他相关规定执行。具体执行 9％税率的税目如下:

(1) 粮食等农产品、食用植物油、食用盐。

① 农产品。农产品是指种植业、养殖业、林业、牧业、水产业生产的各种植物、动物的初级产品。具体征税范围按照《农业产品征税范围注释》及现行相关规定执行,包括挂面、干姜、姜黄、玉米胚芽、动物骨粒等。

② 食用植物油。花椒油、橄榄油、核桃油、杏仁油、葡萄籽油和牡丹籽油按照食用植物油适用 9％的税率征收增值税。环氧大豆油、氢化植物油不属于食用植物油征收

范围、适用13%的增值税税率。

(2) 自来水、暖气、冷气、热水、煤气、石油液化气、天然气、二甲醚、沼气、居民用煤炭制品。

(3) 图书、报纸、杂志、音像制品、电子出版物。

(4) 饲料、化肥、农药、农机、农膜。

(5) 国务院规定的其他货物。

(三) 适用6%税率的税目

纳税人销售增值电信服务、金融服务、现代服务(不动产租赁除外)、生活服务及销售无形资产(转让土地使用权除外),适用6%的增值税税率。

下列情形也按6%的税率征收增值税：

(1) 纳税人通过省级土地行政主管部门设立的交易平台转让补充耕地指标,按照"销售无形资产"缴纳增值税,适用6%的增值税税率。

(2) 纳税人受托对垃圾、污泥、污水、废气等废弃物进行专业化处理,采取填埋、焚烧等方式进行专业化处理后未产生货物的,受托方属于提供"现代服务"中的"专业技术服务",其收取的处理费用适用6%的增值税税率。

(3) 纳税人受托对垃圾、河泥、河水、废气等废弃物进行专业化处理,采取填埋、焚烧等方式进行专业化处理后产生货物,且货物归属受托方的,受托方属于提供"专业技术服务",其收取的处理费用适用6%的增值税税率;受托方将产生的货物用于销售时适用货物的增值税税率。

(四) 适用零税率的税目

(1) 纳税人出口货物,税率为0;但是国务院另有规定的除外。

(2) 境内单位和个人跨境销售国务院规定范围内的服务、无形资产,税率为0。这些服务包括国际运输服务、航天运输服务、向境外单位提供的完全在境外消费的服务,以及财政部和国家税务总局规定的其他服务。

向境外单位提供的完全在境外消费的服务包含研发服务、合同能源管理服务、设计服务、广播影视节目(作品)的制作和发行服务、软件服务、电路设计及测试服务、信息系统服务、业务流程管理服务、离岸服务外包业务、转让技术。

二、增值税征收率

增值税征收率是指特定纳税人发生应税销售行为在某一生产流通环节应纳税额与销售额的比率。按照《增值税法》的规定,对小规模纳税人实行按销售额与征收率计算应纳税额的简易办法。一般纳税人发生应税销售行为按规定可以选择简易计税方法计税。

按照《增值税法》的规定,自2009年1月1日起,小规模纳税人增值税征收率统一调整为3%。财政部和国家税务总局另有规定的除外。

(一) 小规模纳税人征收率

小规模纳税人不划分行业和类别,征税率均为3%。

(1) 小规模纳税人销售自己使用过的固定资产减按2%征收率;销售自己使用过的其他物品按3%征收率。

(2) 小规模纳税人销售不动产、出租不动产按5%征收率。

（二）一般纳税人采用简易办法征收增值税

(1) 一般纳税人采用简易办法征收率为3%。销售自己使用过的、未抵扣进项税额的固定资产，减按2%征收率。

(2) 2016年5月1日起，销售、出租其2016年4月30日前取得的不动产，房企销售的老项目，可以选择适用简易计税方法，依5%征收率计算应纳税额。

（三）特殊情况

(1) 非不动产项目按5%征收率。

纳税人提供劳务派遣服务，选择差额纳税；纳税人提供安全保护服务，选择差额纳税；一般纳税人提供人力资源外包服务。

(2) 个人出租住房，应按5%的征收率减按1.5%计算应纳税额。

(3) 纳税人销售旧货，按照简易办法依照3%征收率减按2%征收增值税。旧货是指进入二次流通的具有部分使用价值的货物（含旧汽车、旧摩托车和旧游艇），但不包括自己使用过的物品。

上述纳税人销售自己使用过的固定资产、物品和旧货（不包括二手车经销业务）适用按照简易办法依照3%征收率减按2%征收增值税的，按下列公式确定销售额和应纳税额：

$$销售额 = 含税销售额 \div (1 + 3\%)$$

$$应纳税额 = 销售额 \times 2\%$$

根据《财政部 税务总局关于延续实施二手车经销有关增值税政策的公告》（财政部 税务总局公告2023年第63号）规定，对从事二手车经销的纳税人销售其收购的二手车，按照简易办法依3%征收率减按0.5%征收增值税，延续执行至2027年12月31日。按下列公式确定销售额和应纳税额：

$$销售额 = 含税销售额 \div (1 + 0.5\%)$$

$$应纳税额 = 销售额 \times 0.5\%$$

三、兼营行为的税率选择

试点纳税人发生应税销售行为适用不同税率或者征收率的，应当分别核算适用不同税率或者征收率的销售额，未分别核算销售额的，按照以下方法适用税率或者征收率：

(1) 兼有不同税率的应税销售行为，从高适用税率。

(2) 兼有不同征收率的应税销售行为，从高适用征收率。

(3) 兼有不同税率和征收率的应税销售行为，从高适用税率。

(4) 纳税人销售活动板房、机器设备、钢结构件等自产货物的同时提供建筑、安装服务，不属于《营改增通知》规定的混合销售，应分别核算货物和建筑服务的销售额，分别适用不同的税率或征收率。

实战演练

【多选题】上海利华超市为增值税一般纳税人，2024年6月销售大米、食用油取得零售收入400 000元，销售音像制品收入30 000元，销售烟酒收入100 000元，该超市销售大米、食用油取得零售收入适用税率（　　），音像制品收入适用税率（　　），销售烟酒收入适用税率（　　）。

A. 3%　　　　B. 9%　　　　C. 6%　　　　D. 13%

任务四　计算应纳增值税额

● 思维启发 ●

晓君和小丽合伙在市中心新开的蛋糕店，办理一般纳税人和办理小规模纳税人的增值税的计算与缴纳有什么区别？您会给出怎样的建议呢……

一、一般计税方法计算应纳增值税额

我国增值税一般纳税人采用一般计税方法。一般计税方法是间接计算法，即先按当期销售额和适用税率计算出销项税额，然后将当期准予抵扣的进项税额进行抵扣，从而间接计算出当期增值额部分应纳的税额。

增值税一般纳税人发生应税销售行为的应纳税额，除适用简易计税方法外的，其金额等于当期销项税额扣除当期进项税额后的余额。计算公式为：

$$当期应纳增值税税额＝当期销项税额－当期进项税额$$

纳税人购进货物或者接受应税劳务，所支付或者负担的增值税额，为进项税额。当期销项税额小于当期进项税额不足抵扣时，其不足部分可结转下期继续抵扣。

2-4
动画视频
生活服务业的
增值税税率及
应纳税额的计算

（一）销项税额的计算

销项税额是指纳税人发生应税交易，按照销售额乘以规定的税率计算的增值税额，其计算公式是：

$$销项税额＝销售额×税率$$

从公式看，销项税额的多少取决于销售额和适用税率两个因素；在适用税率既定的前提下，销项税额的大小主要取决于销售额的大小。

1. 一般销售方式下销售额的确定

销售额是指纳税人发生应税交易取得的与之相关的价款，包括货币和非货币形式的经济利益对应的全部价款，不包括按照一般计税方法计算的销项税额和按照简易计税方法计算的应纳税额。

纳税人发生应税交易，开具增值税专用发票后，发生开票有误或者销售折让、中止、退回等情形的，应当按照国家税务总局的规定开具红字增值税专用发票；未按照规定开

具红字增值税专用发票的,不得扣减销项税额或者销售额。

【例2-1】 上海云航有限公司为增值税一般纳税人,2024年6月1日销售给杭州天雨有限公司一批遮阳伞共计15 000件,每件不含税售价为200元,交由上海沪利运输公司运输,代垫运输费用6 800元,运费发票已转交给杭州天雨有限公司。

要求: 请计算本月该公司的应税销售额及销项税额。

解析: 销售额＝15 000×200＝3 000 000(元)

销项税额＝15 000×200×13％＝390 000(元)

2. 特殊销售方式下销售额的确定

(1) 采取折扣方式销售。纳税人在销售活动中有多种销售方式,不同销售方式下取得的销售额有所不同。根据增值税法律法规的规定,有以下几种特殊折扣销售方式。

① 商业折扣。商业折扣是指销货方在销售货物或服务时,因购货方购货数量较大等原因而给予购货方的价格优惠。根据增值税法律法规的规定,纳税人销售货物并向购买方开具增值税专用发票后,由于购货方在一定时期内累计购买货物达到一定数量,或者由于市场价格下降等原因,销货方给予购货方相应的价格优惠或补偿等折扣、折让行为,销货方可按有关规定开具红字增值税专用发票。常见如,在购销合同中规定,购买1 000件商品给予销售价格的5％折扣;购买5 000件商品,给予销售价格的10％折扣等。

② 现金折扣。现金折扣是指为了鼓励购货方早日偿还货款而给予的折扣。由于销售折扣是发生在销货之后,实质是一种融资性质的理财费用,因此,销售折扣不得从销售额中减除。常见如,在购销合同中规定,以10天之内付款的给予货款折扣的2％;20天内付款的给予货款折扣的1％;60天内全额付款。

③ 销售折让。销售折让是指企业因售出商品的质量不合格、品种不符等原因而在售价上给予的减让。其实质是纳税人发生应税销售行为后因货物质量、品种不合格等原因引起的销售额减少,因此,销售折让应该以折让后的货款为销售额。

需注意的是:纳税人发生应税交易,将价款和折扣额在同一张发票上分别注明的,以折扣后的价款为销售额;未在同一张发票上分别注明的,以价款为销售额,不得扣减折扣额;销售折让与销售折扣相比较虽然都是在应税销售行为销售后发生的,但因为销售折让是由于应税销售行为的品种和质量引起的销售额减少,销售折让应该以折让后的货款为销售额。商业折扣、现金折扣与销售折让的不同税务处理,见表2-2。

表2-2 商业折扣、现金折扣与销售折让的不同税务处理

折扣方式	折扣目的	税务处理
商业折扣	为促销对购买数量大等原因而给予的价格优惠;该折扣在销售实现时发生并确定(发生在销售货物之前)	只要开具的票据符合要求,折扣额可以从销售额中扣除(即:扣除折扣后确认销售额)
现金折扣	为鼓励购买方及早偿还货款而给予的价格优惠;该折扣只有在收到货款时才能确定(发生在销售货物之后)	折扣额不得从销售额中扣除(即:全额确认销售额)

续　表

折扣方式	折扣目的	税务处理
销售折让	为保商业信誉,对已售商品存在质量、品种不符等问题而给予购买方的价格补偿(发生在销售货物之后)	折让额从折让当期销售额中扣除(即:销售折让通过开具红字专用发票扣除折让后确认销售额)

【例 2-2】 苏州佳吉服装有限公司为增值税一般纳税人,2024 年 8 月销售给上海第一时代商场女装一批,由于货款回笼及时,根据合同规定,给予上海第一时代商场 2% 折扣,苏州佳吉服装有限公司实际取得不含税销售额 2 450 000 元。

要求:请计算该公司本月的应税销售额及销项税额。

解析:销售额 = 2 450 000 ÷ (1 - 2%) = 2 500 000(元)

销项税额 = 2 500 000 × 13% = 325 000(元)

(2) 采取以旧换新方式销售。以旧换新是指纳税人在销售自己的货物时,有偿收回旧货物的行为。根据增值税法律法规的规定,采取以旧换新方式销售货物的(除金银首饰外),应按新货物的同期销售价格确定销售额,不得扣减旧货物的收购价格;以旧换新方式销售金银首饰的,可以按销售方实际收取的不含增值税的全部价款征收增值税。以旧换新方式销售货物的不同税务处理,见表 2-3。

表 2-3　以旧换新方式销售货物的不同税务处理

货物	税务处理
金银首饰	按实际收到货物的销售价格确定销售额,即:新货物的同期销售价格允许扣减旧货物的收购价格。
除金银首饰以外的货物	按新货物的同期销售价格确定销售额,不得扣减旧货物的收购价格。

【例 2-3】 上海凤翔首饰店为增值税一般纳税人,2024 年 5 月 12 日以旧换新方式销售玉石首饰,旧玉石首饰作价 8 000 元,实际收取新旧首饰差价款共计 2 000 元;采取以旧换新方式销售原价为 3 500 元的金项链 100 件,每件收取差价款 2 000 元。

要求:请计算该公司本月的应税销售额及销项税额。

解析:销售额 = (8 000 + 2 000 + 100 × 2 000) ÷ (1 + 13%) ≈ 185 840.71(元)

销项税额 = 185 840.71 × 13% ≈ 24 159.29(元)

(3) 采用以物易物方式销售。以物易物双方都应该作购销处理,以各自发出的货物核算销售额并计算销项税额,以各自收到的货物按有关规定核算购货额并计算进项税额。

【例 2-4】 上海利华商贸有限公司 2024 年 8 月以每台不含税售价 3 000 元销售手机 100 台,其中采用以旧换新方式销售 30 台,每台实收 2 600 元(旧手机每台作价 400 元)。

要求:请计算该公司本月的应税销售额及销项税额。

解析:销售额 = 100 × 3 000 = 300 000(元)

销项税额 = 300 000 × 13% = 39 000(元)

(4) 采用还本销售方式销售。还本销售是指纳税人在销售货物后一定期限,由销售方一次或分次退还给购货方全部或部分价款。根据增值税法律法规规定,采取还本销售方式销售货物,其销售额就是货物的销售价格,不得从销售额中减除还本支出。

(5) 包装物押金的税务处理。根据增值税法律法规规定,纳税人为销售货物而出租、出借包装物收取的押金,单独记账核算的,不并入销售额征税。但对因逾期未收回包装物而不再退还的押金,应按所包装货物的适用税率计算销项税额。其中,逾期以1年为期限,对收取的逾期1年以上(含1年)的押金,无论是否退还,均应并入销售额征税。

【例 2-5】 昆山银月啤酒有限公司为增值税一般纳税人,2024 年 6 月生产销售啤酒,开具增值税专用发票上的销售额 8 000 000 元,已收取包装物押金 234 000 元;本月逾期未退还包装物押金 585 000 元。

要求: 请计算该公司本月增值税的销项税额。

解析: 增值税销项税额 $= 8\,000\,000 \times 13\% + 585\,000 \div (1+13\%) \times 13\%$
$\approx 1\,107\,300.88(元)$

(6) 直销的销售额。直销企业先将货物销售给直销员,直销员再将货物销售给消费者的,直销企业的销售额为其向直销员收取的全部价款和价外费用。直销员将货物销售给消费者时,应按照现行规定缴纳增值税。直销企业通过直销员向消费者销售货物,直接向消费者收取货款,直销企业的销售额为其向消费者收取的全部价款和价外费用。

(7) 贷款服务的销售额。贷款服务以提供贷款服务取得的全部利息及利息性质的收入为销售额。银行提供贷款服务按期计收利息的,结息日当日计收的全部利息收入均应计入结息日所属期的销售额,按照现行规定计算缴纳增值税。证券公司、保险公司、金融租赁公司、证券基金管理公司、证券投资基金以及其他经人民银行、银保监会、证监会批准成立且经营金融保险业务的机构发放贷款后,自结息日起 90 天内发生的应收未收利息按现行规定缴纳增值税,自结息日起 90 天后发生的应收未收利息暂不缴纳增值税,待实际收到利息时按规定缴纳增值税。自 2018 年 1 月 1 日起,资管产品管理人运营资管产品提供的贷款服务以 2018 年 1 月 1 日起产生的利息及利息性质的收入为销售额。

(8) 直接收费金融服务的销售额。直接收费金融服务以提供直接收费金融服务收取的手续费、佣金、酬金、管理费、服务费、经手费、开户费、过户费、结算费、转托管费等各类费用为销售额。

3. 按差额确定的销售额

虽然原营业税的征税范围全行业均纳入了增值税的征收范围,但是目前仍然存在无法通过抵扣机制避免重复征税的情况,因此引入差额征税的办法以解决纳税人税收负担增加问题。以下项目属于按差额确定销售额:

(1) 金融商品转让的销售额。金融商品转让,按照卖出价扣除买入价后的余额为销售额。转让金融商品出现的正负差,按盈亏相抵后的余额为销售额。若相抵后出现负差,可结转下一纳税期与下期转让金融商品销售额相抵,但年末时仍出现负差的,不得转入下一个会计年度。金融商品的买入价,可以选择按照加权平均法或者移动加权平均法进行核算,选择后 36 个月内不得变更。金融商品转让不得开具增值税专用发票。

【例 2-6】 上海某经营金融业务的证券公司是增值税一般纳税人,2023 年第四季度转让债券卖出价含税价为 1 000 000 元,该债券是 2022 年 9 月购入的,买入价为 800 000 元。该公司 2023 年第四季度之前转让金融商品亏损 150 000 元。

要求:计算该公司转让债券的销售额及销项税额。

解析:销售额＝1 000 000－800 000－150 000＝50 000(元)

销项税额＝50 000÷(1＋6%)×6%≈2 830.19(元)

(2) 经纪代理服务的销售额。经纪代理服务以取得的全部价款和价外费用,扣除向委托方收取并代为支付的政府性基金或者行政事业性收费后的余额为销售额。向委托方收取的政府性基金或者行政事业性收费,不得开具增值税专用发票。

(3) 融资租赁的销售额。融资租赁的销售额,经人民银行、银保监会或者商务部批准从事融资租赁业务的试点纳税人,提供融资租赁服务,以取得的全部价款和价外费用,扣除支付的借款利息(包括外汇借款和人民币借款利息)、发行债券利息和车辆购置税后的余额为销售额。

(4) 融资性售后回租的销售额。融资性售后回租的销售额,经人民银行、银保监会(现为国家金融监督管理总局)或者商务部批准从事融资租赁服务的试点纳税人,提供融资性售后回租服务,以收取的全部价款和价外费用(不含本金)扣除对外支付的借款利息(包括外汇借款和人民币借款利息)、发行债券利息后的余额为销售额。

(5) 航空运输企业的销售额。航空运输企业的销售额,不包括代收的机场建设费和代售其他航空运输企业客票而代收转付的价款。

(6) 一般纳税人提供客运场站服务的销售额。一般纳税人提供客运场站服务,以其取得的全部价款和价外费用,扣除支付给承运方运费后的余额为销售额。

(7) 纳税人提供旅游服务的销售额。纳税人提供旅游服务,可以选择以取得的全部价款和价外费用,扣除向旅游服务买方收取并支付给其他单位或者个人的住宿费、餐饮费、交通费、签证费、门票费和支付给其他接团旅游企业的旅游费用后的余额为销售额。选择上述办法计算销售额的纳税人,向旅游服务购买方收取并支付的上述费用,不得开具增值税专用发票,可以开具普通发票。

4. 价税合计情况下销售额的确定

因为增值税税率和征收率是按价外税设计的,所以计算增值税应纳税额时,计税依据是不含增值税额的价格。一般纳税人发生应税销售行为,采用销售额和销项税额合并定价方法,就会发生价税合并的情况,而增值税的计税依据是不含税销售额,这就涉及含税销售额的换算问题。一般纳税人销售额换算公式:

$$不含税销售额＝含税销售额÷(1＋税率)$$

公式中的税率为销售的货物或者提供应税劳务按《增值税暂行条例》规定所适用的税率。

【例 2-7】 上海联亿劳务有限公司为增值税一般纳税人,2024 年 8 月份给某学校提供设计服务,学校支付劳务费 300 000 元,增值税税率为 6%。

要求：请计算该公司 8 月份增值税销售额及销项税额。

解析：不含税销售额＝300 000÷(1＋6％)≈283 018.87(元)；

销项税额＝283 018.87×6％＝16 981.13(元)

5. 视同发生应税交易销售额的确定

根据《增值税法》规定，发生视同应税交易及销售额为非货币形式的，纳税人应当按照市场价格确定销售额。

纳税人销售货物或服务的价格明显偏低或者偏高，且不具有合理商业目的的，或者发生视同销售货物以及提供应税服务而无销售额的，主管税务机关有权按照下列顺序确定销售额：

(1) 按照纳税人最近时期销售货物或提供同类应税服务的平均价格确定。

(2) 按照其他纳税人最近时期销售货物或提供同类应税服务的平均价格确定。

(3) 按照组成计税价格确定。组成计税价格的公式为：

$$组成计税价格＝成本×(1＋成本利润率)$$

成本利润率由国家税务总局规定。

【**例 2-8**】 上海乔兰山食品公司为增值税一般纳税人，2024 年 9 月研制一种新型食品，为了进行市场推广和宣传，无偿赠送 300 件给消费者品尝。该食品无同类产品市场价，生产成本为 100 元/件，成本利润率为 10％。

要求：请计算该公司本月增值税销项税额。

解析：组成计税价格＝300×100×(1＋10％)＝33 000(元)

销项税额＝33 000×13％＝4 290(元)

(二) 进项税额的计算

进项税额是指纳税人购进与应税交易相关的货物、服务、无形资产、不动产支付或者负担的增值税额。进项税额是与销项税额相对应的另一个概念。在开具增值税专用发票的情况下，销售方收取的销项税额，就是购买方支付的进项税额。对于任何一般纳税人，其在经营活动中，既会发生销售货物或提供应税劳务的行为，又会发生购进货物或接受应税劳务的行为，因此，每一个一般纳税人都会有收取销项税额、支付进项税额的业务。增值税的核心就是用纳税人收取的销项税额抵扣其支付的进项税额，其余额为纳税人实际应缴纳的增值税。但是，并不是纳税人支付的所有进项税额都可以从销项税额中抵扣。

1. 准予从销项税额中抵扣的进项税额

(1) 从销售方取得的增值税专用发票(含机动车销售统一发票，下同)上注明的增值税额。

(2) 从海关取得的海关进口增值税专用缴款书上注明的增值税额。

(3) 从境外单位或者个人购进劳务、服务、无形资产或者境内的不动产，自税务机关或者扣缴义务人取得的解缴税款的完税凭证上注明的增值税额。

(4) 购进农产品，按照下列规定抵扣进项税额：

① 纳税人购进农产品，取得一般纳税人开具的增值税专用发票或者海关进口增值税专用缴款书的，以增值税专用发票或者海关进口增值税专用缴款书上注明的增值

税额为进项税额。

② 从依照3%的征收率计算缴纳增值税的小规模纳税人购进的农产品,取得的增值税专用发票,以增值税专用发票上注明的金额和9%的扣除率计算进项税额。进项税额计算公式为:

$$进项税额=发票金额\times 扣除率$$

③ 取得农产品销售发票或开具收购发票的,按照农产品销售发票或者收购发票上注明的农产品买价和9%的扣除率计算进项税额。进项税额计算公式为:

$$进项税额=买价\times 扣除率$$

④ 纳税人购进用于生产销售或者委托加工13%税率货物的农产品,按照10%的扣除率计算进项税额。国务院另有规定的除外。进项税额计算公式为:

$$进项税额=买价\times 扣除率$$

在购进农产品当期,所有纳税人按照购进农产品抵扣进项税额的一般规定,凭票据实抵扣或凭票计算抵扣(即购入农产品时抵扣9%)。将购进农产品用于生产销售或委托加工13%税率货物的纳税人,在生产领用农产品当期,根据领用的农产品加计抵扣1%的进项税额。

⑤ 纳税人购进农产品既用于生产销售或委托受托加工13%税率货物又用于生产销售其他货物服务的,应当分别核算用于生产销售或委托受托加工13%税率货物和其他货物服务的农产品进项税额。未分别核算的,统一按照增值税专用发票或海关进口增值税专用缴款书上注明的增值税额为进项税额,或按照农产品收购发票或销售发票上注明的农产品买价和9%的扣除率计算进项税额。

⑥ 对烟叶税纳税人按规定缴纳的烟叶税,准予并入烟叶产品的买价计算增值税的进项税额(即纳税人购进烟叶,在烟叶收购发票或者销售发票上注明的价款和按规定缴纳的烟叶税应纳税额),并在计算缴纳增值税时予以抵扣。购进烟叶准予抵扣的增值税进项税额,按照收购烟叶实际支付的价款总额和烟叶税及法定扣除率计算。计算公式为:

$$烟叶税应纳税额=收购烟叶实际支付的价款总额\times 税率(20\%)$$

$$准予抵扣的进项税额=(收购烟叶实际支付的价款总额+烟叶税应纳税额)\times 扣除率$$

⑦ 纳税人从批发、零售环节购进适用免征增值税政策的蔬菜、部分鲜活肉蛋而取得的普通发票,不得作为计算抵扣进项税额的凭证。上述购进农产品抵扣进项税额的办法,不适用于《农产品增值税进项税额核定扣除试点实施办法》中购进的农产品。

(5) 按照规定不得抵扣且未抵扣进项税额的固定资产、无形资产、不动产,发生用途改变,用于允许抵扣进项税额的应税项目,可在用途改变的次月按照下列公式计算可以抵扣的进项税额:

$$可以抵扣的进项税额=固定资产、无形资产、不动产净值\div(1+适用税率)\times 适用税率$$

(6) 纳税人租入固定资产、不动产,既用于一般计税方法计税项目,又用于简易计税方法计税项目、免征增值税项目、集体福利或者个人消费的,其进项税额准予从销项税额中全额抵扣。

(7) 提供保险服务的纳税人以实物赔付方式承担机动车辆保险责任的,自行向车辆修理劳务提供方购进的车辆修理劳务,其进项税额可以按规定从保险公司销项税额中抵扣。纳税人提供的其他财产保险服务,比照上述规定执行。

(8) 纳税人支付的道路、桥、闸通行费,按照下列规定抵扣进项税额。通行费是指有关单位依法或者依规设立并收取的过路、过桥和过闸费用。

① 纳税人支付的道路通行费,按照收费公路通行费增值税电子普通发票上注明的增值税额抵扣进项税额。

② 纳税人支付的桥、闸通行费,暂凭取得的通行费发票上注明的收费金额按照下列公式计算可抵扣的进项税额:

$$桥、闸通行费可抵扣进项税额 = 桥、闸通行费发票上注明的金额 \div (1+5\%) \times 5\%$$

(9) 纳税人允许抵扣的国内旅客运输服务进项税额,是指纳税人于2019年4月1日及以后实际发生,并取得合法有效增值税扣税凭证注明的或依据其计算的增值税税额。根据增值税专用发票或增值税电子普通发票为增值税扣税凭证的,为2019年4月1日及以后开具的增值税专用发票或增值税电子普通发票。国内旅客运输服务,指仅限于与本单位签订了劳动合同的员工,以及本单位作为用工单位接受的劳务派遣员工发生的国内旅客运输服务。纳税人未取得增值税专用发票的,暂按以下规定确定进项税额:

① 纳税人购进国内旅客运输服务,以取得的增值税电子普通发票上注明的税额为进项税额的,增值税电子普通发票上注明的购买方"名称""纳税人识别号"等信息,应当与实际抵扣税款的纳税人一致,否则不予抵扣。

② 取得注明旅客身份信息的航空运输电子客票行程单的,按照下列公式计算进项税额:

$$航空旅客运输进项税额 = (票价 + 燃油附加费) \div (1+9\%) \times 9\%$$

③ 取得注明旅客身份信息的铁路电子客票,通过税务数字账户对符合规定的电子发票进行用途确认,符合进项税额抵扣规定的,办理增值税进项税额抵扣,按照下列公式计算进项税额:

$$铁路旅客运输进项税额 = 票面金额 \div (1+9\%) \times 9\%$$

④ 取得注明旅客身份信息的公路、水路等其他客票的,按照下列公式计算进项税额:

$$公路、水路等其他旅客运输进项税额 = 票面金额 \div (1+3\%) \times 3\%$$

【例2-9】 上海咏月超市为增值税一般纳税人,2024年8月经理李华报销本月出差费用,李华取得高速公路电子普通发票金额为500元,取得过桥、过闸通行费为1 000元,开具的汽油费专用发票金额为5 000元,税额为650元。

要求：请计算本月该公司此项业务允许抵扣的进项税额。

解析：允许抵扣的进项税额＝500÷(1＋3%)×3%＋1 000÷(1＋5%)×5%＋650
≈712.18(元)

(10) 增值税一般纳税人在资产重组过程中，将全部资产、负债和劳动力一并转让给其他增值税一般纳税人，并按程序办理注销税务登记的，其在办理注销登记前尚未抵扣的进项税额可结转至新纳税人处继续抵扣。

2. 不得从销项税额中抵扣的进项税额

纳税人购进货物、服务、无形资产、不动产，取得的增值税扣税凭证不符合法律、行政法规或者国务院税务主管部门有关规定的，其进项税额不得从销项税额中抵扣。增值税扣税凭证是指增值税专用发票、海关进口增值税专用缴款书、农产品收购发票和农产品销售发票、从税务机关或者境内代理人取得的解缴税款的税收缴款凭证及增值税法律法规允许抵扣的其他扣税凭证。

按照增值税法律法规的规定，下列项目的进项税额不得从销项税额中抵扣：

(1) 适用简易计税方法计税项目对应的进项税额。

(2) 免征增值税项目对应的进项税额。

(3) 非正常损失项目对应的进项税额。

(4) 购进并用于集体福利或者个人消费的货物、服务、无形资产、不动产对应的进项税额。

(5) 购进并直接用于消费的餐饮服务、居民日常服务和娱乐服务对应的进项税额。

(6) 国务院规定的其他进项税额。

3. 抵扣进项税额的特殊规定

纳税人有下列情形之一的，应当按照销售额和增值税税率计算应纳税额，不得抵扣进项税额，且不得使用增值税专用发票：

(1) 一般纳税人会计核算不健全，或者不能够提供准确税务资料的。

(2) 应当办理一般纳税人资格登记而未办理的。

抵扣进项税额的其他特殊规定有：

① 适用一般计税方法的纳税人，兼营简易计税方法计税项目、免征增值税项目而无法划分不得抵扣的进项税额，按照下列公式计算不得抵扣的进项税额：

$$\text{不得抵扣的进项税额} = \text{当期无法划分的全部进项税额} \times (\text{当期简易计税方法计税项目销售额} + \text{免征增值税项目销售额}) \div \text{当期全部销售额}$$

主管税务机关可以按照上述公式依据年度数据对不得抵扣的进项税额进行清算。

② 一般纳税人已抵扣进项税额的固定资产，发生不得从销项税额中抵扣情形的，应在当月按照下列公式计算不得抵扣的进项税额：

$$\text{不得抵扣的进项税额} = \text{固定资产净值} \times \text{适用税率}$$

固定资产净值，是指纳税人按照财务会计制度计提折旧后计算的固定资产净值。

③ 一般纳税人已抵扣进项税额的无形资产，发生不得从销项税额中抵扣情形的，应在当月按照下列公式计算不得抵扣的进项税额：

$$不得抵扣的进项税额 = 无形资产净值 \times 适用税率$$

无形资产净值,是指纳税人根据财务会计制度摊销后的余额。

④ 一般纳税人已抵扣进项税额的不动产,发生非正常损失,或者改变用途,专用于简易计税方法、免征增值税项目、集体福利或者个人消费的,应在当月按照下列公式计算不得抵扣的进项税额:

$$不得抵扣的进项税额 = 已抵扣的进项税额 \times 不动产净值率$$
$$不动产净值率 = 不动产净值 \div 不动产原值 \times 100\%$$

⑤ 一般纳税人已抵扣进项税额的购进服务,发生不得从销项税额中抵扣情形(简易计税方法计税项目、免征增值税项目除外)的,应当将该进项税额从当期进项税额中扣减;无法确定该进项税额的,按照当期实际成本计算应扣减的进项税额。

⑥ 一般纳税人当期购进的货物或劳务用于生产经营,其进项税额在当期销项税额中允许抵扣;但已抵扣进项税额的购进货物或劳务事后又改变用途,用于集体福利或者个人消费,购进货物发生非正常损失、在产品或产成品发生非正常损失等,应当将该项购进货物或者劳务的进项税额从当期的进项税额中扣减;无法确定该项进项税额的,按当期外购项目的实际成本计算应扣减的进项税额。

⑦ 纳税人适用一般计税方法计税的,因销售折让、中止或者退回而退还给购买方的增值税额、应当从当期的销项税额中扣减;因销售折让、中止或者退回而收回的增值税额、应当从当期的进项税额中扣减。

⑧ 自2019年4月1日起,增值税一般纳税人取得不动产或者不动产在建工程的进项税额不再分2年抵扣。此前按照规定尚未抵扣完毕的待抵扣进项税额,可自2019年4月税款所属期起从销项税额中抵扣。取得不动产,包括以直接购买、接受捐赠、接受投资入股、自建以及抵债等各种形式取得不动产。

⑨ 不得抵扣且未抵扣进项税额的固定资产、无形资产,发生用途改变,用于允许抵扣进项税额的应税项目,可在用途改变的次月按照下列公式,计算可以抵扣的进项税额:

$$可以抵扣的进项税额 = 固定资产、无形资产净值 \div (1 + 适用税率) \times 适用税率$$

上述可以抵扣的进项税额应取得合法有效的增值税扣税凭证。

⑩ 按照规定不得抵扣进项税额的不动产,发生改变用途,用于允许抵扣进项税额项目的,按照下列公式在改变用途的次月计算可抵扣进项税额:

$$可抵扣进项税额 = 增值税扣税凭证注明或计算的进项税额 \times 不动产净值率$$

实战演练

〔单选题〕根据增值税法律制度的规定,下列各项中,不得从销项税额中抵扣进项税额的是(   )。

A. 一般纳税人购进生产用材料的增值税款
B. 一般纳税人生产的不合格产品耗用材料的增值税款
C. 一般纳税人购进不动产耗用装修材料的增值税款
D. 一般纳税人因管理不善造成霉烂变质材料的增值税款

(三) 应纳税额的计算

增值税一般纳税人采用一般计税法。根据增值税相关法律法规的规定,应纳税额为当期销项税额扣除当期进项税额后的余额。当期销项税额小于当期进项税额不足抵扣时,其不足部分可结转下期继续抵扣。计算公式如下:

$$当期应纳增值税税额＝当期销项税额－当期进项税额$$

如果纳税人有不符合进项税额抵扣的,并在之前已做进项税额抵扣的,根据增值税相关法律法规的规定做进项税额转出处理。计算公式如下:

$$当期应纳增值税税额＝当期销项税额－当期进项税额＋当期进项税额转出$$

【例2-10】 上海华林电子科技制造企业为增值税一般纳税人,该企业取得增值税专用发票均符合抵扣规定,购进和销售产品适用的增值税税率为13%。2024年8月发生经济业务如下:

(1) 购进一批原材料,取得增值税专用发票注明的金额为100万元,增值税为13万元;支付运费,取得增值税普通发票注明的金额为2万元、税额为0.18万元。

(2) 接受其他企业投资转入原材料一批,取得增值税专用发票注明的金额为40万元,税额为5.2万元。

(3) 购进低值易耗品,取得增值税专用发票注明的金额为6万元,税额为0.78万元。

(4) 销售产品一批,取得不含税销售额200万元,另外收取包装物租金1.13万元。

(5) 采取以旧换新方式销售产品,新产品含税售价为5.65万元,旧产品作价1万元。

(6) 因仓库管理不善,2月购进的一批材料腐烂变质无法使用,该批材料的不含税价为2万元,购进材料的进项税额已于购进时抵扣。

要求:计算该企业当月应纳增值税税额。

解析:根据增值税法律制度的规定:(1) 购进材料的进项税额允许抵扣,支付运费未取得增值税专用发票,进项税额不允许抵扣;(2) 接受投资的材料的进项税额允许抵扣;(3) 购进低值易耗品的进项税额允许抵扣;(4) 包装物租金属于价外费用,应当按照含税价换算为不含税价计算增值税销项税额;(5) 以旧换新方式应按照新产品的价格计算增值税销项税额;(6) 购进材料因管理不善腐烂变质,按照规定应将进项税额转出。

所以,
进项税额＝13＋5.2＋0.78＝18.98(万元)
销项税额＝200×13%＋1.13÷(1＋13%)×13%＋5.65÷(1＋13%)×13%
　　　　＝26＋0.13＋0.65＝26.78(万元)
进项税额转出＝2×13%＝0.26(万元)
当期应纳增值税税额＝26.78－18.98＋0.26＝8.06(万元)

🎯 实战演练

〖计算题〗上海某科技制造企业为增值税一般纳税人,2024年6月发生以下业务:

(1) 购进零食礼盒一批用于发放端午节福利,取得增值税专用发票上注明价税合计60 000元。

(2)从某企业(小规模纳税人)购进原材料,取得普通发票价税合计 50 000 元;支付运费并取得增值税专用发票,注明不含税运费 1 000 元。

(3)销售某汽车电子产品,取得不含税收入 200 000 元,出租一台机器设备取得不含税租金收入 50 000 元,均给对方开具增值税专用发票。

(4)将本企业使用过的 2005 年购入的一台机器设备销售,该机器设备购入时不予抵扣且未抵扣进项税额,取得含税销售收入 20 000 元。

要求:根据上述资料计算该企业当月准予抵扣的进项税额、该企业当月的增值税销项税额、该企业当月增值税应纳税额。

二、简易计税方法计算应纳增值税额

(一)小规模纳税人应纳税额的计算

根据增值税法律法规规定,对小规模纳税人采用简易计税方法,不实行税款抵扣制,按照销售额和《增值税法》规定的征收率计算应纳税额,不得抵扣进项税额。但是一般纳税人发生税法规定的应税交易可以选择适用简易计税方法。

纳税人发生应税交易适用简易计税方法的,应该按照销售额和征收率计算应增值税税额,并且不得抵扣进项税额。其应纳增值税额的计算公式为:

$$当期应纳增值税额=销售额\times征收率$$

这里的销售额为不含税销售额。由于按简易计税方法计税的销售额不包括其应纳的增值税税额,纳税人采用销售额和应纳增值税税额合并定价方法,计算不含税销售额的换算公式为:

$$不含税销售额=含税销售额\div(1+征收率)$$

纳税人将含税销售额换算不含税销售额后,才能计算当期应纳增值税额。

【例 2-11】 某快餐店为增值税小规模纳税人,主要经营面食。2024 年第一季度取得含增值税的餐饮收入总额为 30.9 万元。

要求:计算该餐馆第一季度应缴纳的增值税税额。

解析:第一季度取得的不含税销售额=30.9÷(1+3%)=30(万元)

第一季度应缴纳增值税税额=30×3%=0.9(万元)

需注意的是:

(1) 纳税人适用简易计税方法计税的,因销售折让、中止或者退回而退还给购买方的销售额,应当从当期销售额中扣减。扣减当期销售额后仍有余额造成多缴的税款,可以从以后的应纳税额中扣减。

(2) 对小规模纳税人发生上述情况而退还销售额给购买方,依照规定将所退的款项扣减当期销售额的,如果小规模纳税人已就该项业务委托税务机关为其代开了增值税专用发票的,应按规定申请开具红字专用发票。

(二) 特殊事项简易计税方法

根据增值税法律法规规定,纳税人销售自己使用过的固定资产、物品和旧货(不包括二手车经销业务)适用按照简易办法依照3%征收率减按2%征收增值税的,按下列公式确定销售额和应纳税额:

(1) 纳税人销售旧货和使用过的固定资产,按照简易计税方法计税的,其计算公式为:

$$不含税销售额 = 含税销售额 \div (1+3\%)$$
$$应纳税额 = 销售额 \times 2\%$$

【例2-12】 某科技公司是增值税小规模纳税人,适用3%征收率。2019年购入一辆小汽车,2024年2月销售给某旧机动车交易市场,收到销售小汽车价税合计金额为20 600元,取得增值税普通发票。假设该公司按月度申报纳税,本月销售软件与服务收入已享受1%征收率。

要求: 计算该科技公司销售小汽车应纳增值税税额。

解析: 根据增值税法律制度的规定,增值税小规模纳税人(除其他个人外)销售自己使用过的固定资产以及销售旧货,按照简易办法依照3%征收率减按2%征收增值税。

销售额 = 20 600 ÷ (1+3%) = 20 000(元)

应纳税额 = 20 000 × 2% = 400(元)

(2) 从事二手车经销业务的纳税人销售其收购的二手车,适用按照简易办法依照3%征收率,自2020年5月1日至2027年12月31日减按0.5%的征收率征收增值税,纳税人应当开具二手车销售统一发票。购买方索取增值税专用发票的,应当再开具征收率为0.5%的增值税专用发票。其计算公式为:

$$不含税销售额 = 含税销售额 \div (1+0.5\%)$$
$$应纳税额 = 销售额 \times 0.5\%$$

【例2-13】 二手车贸易公司2024年10月购入一辆旧小汽车,2024年12月销售给某公司,收到销售小汽车价税合计金额为100 600元,并开具二手车销售统一发票,不开具增值税专用发票。

要求: 计算该二手车贸易公司销售小汽车应纳增值税税额。

解析: 根据增值税法律制度的规定,从事二手车经销业务的纳税人销售其收购的二手车,适用按照简易办法依照3%征收率,自2020年5月1日至2027年12月31日减按0.5%的征收率征收增值税。

销售额 = 100 600 ÷ (1+0.5%) ≈ 100 099.50(元)

应纳税额 = 100 099.50 × 0.5% ≈ 500.50(元)

(三) 一般纳税人选择简易计税方法

一般纳税人选择适用简易计税方法计税，不允许抵扣进项税额。其计算公式为：

$$应纳税额 = 销售额 \times 征收率$$

纳税人采用销售额和应纳税额合并定价方法的，按照下列公式计算销售额：

$$销售额 = 含税销售额 \div (1 + 征收率)$$

一般纳税人发生下列应税行为可以选择适用简易计税方法计税：

(1) 公共交通运输服务，包括轮客渡、公交客运、地铁、城市轻轨、出租车、长途客运、班车。

(2) 经认定的动漫企业为开发动漫产品提供的动漫脚本编撰、形象设计、背景设计、动画设计、分镜、动画制作、摄制、描线、上色、画面合成、配音、配乐、音效合成、剪辑、字幕制作、压缩转码（面向网络动漫、手机动漫格式适配）服务，以及在境内转让动漫版权（包括动漫品牌、形象或者内容的授权及再授权）。

(3) 电影放映服务、仓储服务、装卸搬运服务、收派服务和文化体育服务。

(4) 以纳入"营改增"试点之日前取得的有形动产为标的物提供的经营租赁服务。

(5) 在纳入"营改增"试点之日前签订的尚未执行完毕的有形动产租赁合同。

一般纳税人发生财政部和国家税务总局规定的特定应税行为，可以选择适用简易计税方法计税，但一经选择，36个月内不得变更。

实战演练

【多选题】根据增值税法律法规的规定，"营改增"试点一般纳税人发生的下列应税行为中，可以选择简易计税方法计税的有（　　　）。

A. 电影放映服务　　　　　　　　B. 动画设计服务
C. 收派服务　　　　　　　　　　D. 装卸搬运服务

【计算题】某企业管理咨询公司为增值税小规模纳税人，专门从事商业咨询、代理记账等服务，适用3%的增值税征收率。2024年6月发生以下业务：

(1) 2日，向某一般纳税人企业提供资讯信息及咨询服务，取得含增值税咨询收入20万元，并开具增值税数电发票。

(2) 8日，向60家客户提供代理记账服务，取得含增值税服务收入3万元，并开具增值税数电发票。

(3) 25日，购进扫描复印一体机2台，支付价税合计金额2.06万元，并取得增值税数电发票。

要求：计算该企业当月应纳增值税税额。

三、计算进口环节应纳增值税额

根据增值税法律法规的规定,申报进入中华人民共和国海关境内的货物,均应缴纳增值税。确定一项货物是否属于进口,看其是否有报关进口手续。只要是报关进口应税货物,不论其是国外生产还是我国已出口而转销国内的货物,是进口者自行采购还是国外捐赠的货物,是进口者自用还是作为贸易或其他用途等,除另有规定外,均应按照规定缴纳进口环节的增值税。

(一) 关税计税价格的计算

根据《中华人民共和国海关法》(以下简称《海关法》)和《中华人民共和国关税法》(以下简称《关税法》)的规定,一般贸易下进口货物的关税计税价格以海关审定的成交价格为基础的到岸价格作为完税价格。

成交价格是指一般贸易项下进口货物的买方为购买该项货物向卖方实际支付或应当支付的价格。到岸价格是货价加上货物运抵我国关境内输入地点起卸前的包装费、运费、保险费和其他劳务费等费用构成的价格。特殊贸易下进口的货物,进口没有"成交价格"可作依据,为此,《关税法》对这些进口货物制定了确定其计税价格的具体办法。

需注意的是:纳税人进口货物取得的海关进口增值税专用缴款书,是计算增值税进项税额的依据,其价格差额部分以及从境外供应商取得的退还或返还的资金,不作进项税额转出处理。跨境电子商务零售进口商品按照货物征收关税和进口环节增值税、消费税,以实际交易价格(包括货物零售价格、运费和保险费)作为计税价格。跨境电子商务零售进口商品的进口环节增值税、消费税取消免征税额,暂按法定应纳税额的70%征收。

(二) 组成计税价格的计算

纳税人进口货物,无论是一般纳税人还是小规模纳税人,均应按照组成计税价格和规定的税率计算应纳税额,不允许抵扣发生在境外的任何税金。在计算增值税销项税额时直接用销售额作为计税依据,但在进口产品计算增值税时不能直接得到类似的销售额作为计税依据,需要通过计算组成计税价格作为销售额。组成计税价格是指在没有实际销售价格时,按照税法规定计算出作为计税依据的价格。进口货物计算增值税的组成计税价格和应纳税额的计算公式为:

$$组成计税价格 = 关税计税价格 + 关税 + 消费税$$
$$应纳税额 = 组成计税价格 \times 税率$$

上述公式中,组成计税价格的构成分两种情况:

(1) 不征消费税时组成计税价格的计算公式。如果进口货物不征收消费税,则上述公式中组成计税价格的计算公式为:

$$组成计税价格 = 关税计税价格 + 关税$$
$$= 关税计税价格 \times (1 + 关税税率)$$

(2) 征收消费税时组成计税价格的计算公式。如果进口货物征收消费税,则上述公式中组成计税价格的计算公式为:

组成计税价格＝关税计税价格＋关税＋消费税

＝关税计税价格×(1＋关税税率)÷(1－消费税税率)

纳税人在计算进口货物的增值税时应注意以下问题：

① 进口货物增值税的组成计税价格中包括已纳关税税额，如果进口货物属于消费税应税消费品，其组成计税价格中还应包括进口环节已纳的消费税税额。

② 在计算进口环节的应纳增值税税额时不得抵扣任何税额，即在计算进口环节的应纳增值税税额时，不得抵扣发生在我国境外的各种税金。

(三) 应纳税额的计算

纳税人进口货物，无论是一般纳税人还是小规模纳税人，均应按照组成计税价格和规定的税率计算应纳税额，所以在计算过程中先确定关税完税价格、再确定组成计税价格，从而计算应纳税额。

【例2－14】 上海华立进口贸易公司为增值税一般纳税人，2024年7月从国外进口电饭锅1 200个，每个电饭锅关税计税价为2 000元，本月售出110个，每个含税售价为4 000元，进口关税税率为5%。

要求： 请计算该公司本月应纳增值税税额。

解析： 电饭锅的组成计税价格＝(2 000＋2 000×5%)×1 200＝2 520 000(元)

电饭锅的增值税进项税额＝2 520 000×13%＝327 600(元)

本月销项税额＝[4 000÷(1＋13%)]×13%×110≈50 619.47(元)

本月应纳税额＝50 619.47－327 600＝－276 980.53(元)

【例2－15】 上海某进出口贸易公司为增值税一般纳税人，2024年10月从国外进口一批高档化妆品，海关核定的关税计税价格为300万元，已交关税150万元。假设消费税税率为15%，增值税税率为13%。

要求： 计算该公司进口环节应纳增值税税额。

解析： 根据增值税法律制度的规定，进口货物如果缴纳消费税，则计算增值税应纳税额时，组成的计税价格中应含有消费税税款。

(1) 进口环节应纳消费税税额＝(300＋150)÷(1－15%)×15%≈79.41(万元)

(2) 组成计税价格＝300＋150＋79.41＝529.41(万元)

(3) 进口环节应纳增值税税额＝529.41×13%＝68.82(万元)

实战演练

【计算题】某外贸公司为增值税一般纳税人，2025年1月从国外进口一批普通商品，海关核定的关税计税价格为500万元。已知进口关税税率为10%，增值税税率为13%。计算该公司进口环节应纳增值税税额。

【计算题】上海某进出口贸易公司为增值税一般纳税人，12月进口一批货物。该批货物在国外买价为50万元，另该批货物运抵我国海关前发生的包装费、运输费、保险费等共计20万元。货物报关后，按规定缴纳了进口环节的增值税，并取得了海关开具的增值税专用缴款书。假定该批进口货物在国内全部销售,取得不含税销售额 100 万元。货物进口关税税率为 15%,增值税税率为 13%。

要求:请按顺序回答下列问题。
(1) 计算关税计税价格。
(2) 计算进口环节应纳的进口关税。
(3) 计算进口环节应纳增值税的组成计税价格。
(4) 计算进口环节应缴纳增值税税额。
(5) 计算国内销售环节的销项税额。
(6) 计算国内销售环节应缴纳增值税税额。

(四) 应扣缴税额的计算

境外单位或者个人在境内发生应税销售行为,在境内未设有经营机构的,扣缴义务人按照下列公式计算应扣缴税额:

$$应扣缴税额 = 购买方支付的价款 \div (1 + 税率) \times 税率$$

任务五 探究税收优惠

思维启发

晓君和小丽合伙新开的蛋糕店,如果办理一般纳税人能否享受增值税优惠政策?如果办理小规模纳税人能否享受增值税优惠政策?请通过税收优惠学习提供合理化建议。

根据我国增值税法律法规的规定,有符合税收优惠条件的可以享受税收优惠。优惠主要涉及增值税的起征点、免税项目,《营改增通知》及相关部门规定税收优惠,财政部、国家税务总局规定的其他部分征免税项目,其他减免税规定。

一、增值税起征点的规定

纳税人发生应税销售行为的销售额未达到增值税起征点的,免征增值税;达到起征点的,全额计算缴纳增值税。

增值税的起征点适用于个人,包括个体工商户和其他个人,且不适用于登记为一般纳税人的个体工商户。也就是说,增值税起征点仅适用于按照小规模纳税人纳税的个体工商户和其他个人。

增值税起征点幅度规定如下:

(1) 按期纳税的,为月销售额 5 000~20 000 元(含本数)。

(2) 按次纳税的,为每次(日)销售额 300~500 元(含本数)。

另外,对增值税月销售额 10 万元以下(含本数)的增值税小规模纳税人,免征增值税。

起征点的调整由财政部和国家税务总局规定。省、自治区、直辖市财政厅(局)和税务局应当在规定的幅度内,根据实际情况确定本地区适用的起征点,并报财政部和国家税务总局备案。

二、增值税免税项目

(1) 农业生产者销售的自产农产品,农业机耕、排灌、病虫害防治、植物保护、农牧保险以及相关技术培训业务,家禽、牲畜、水生动物的配种和疾病防治。

(2) 医疗机构提供的医疗服务。

(3) 古旧图书,自然人销售的自己使用过的物品。

(4) 直接用于科学研究、科学试验和教学的进口仪器、设备。

(5) 外国政府、国际组织无偿援助的进口物资和设备。

(6) 由残疾人的组织直接进口供残疾人专用的物品,残疾人个人提供的服务。

(7) 托儿所、幼儿园、养老机构、残疾人服务机构提供的育养服务,婚姻介绍服务,殡葬服务。

(8) 学校提供的学历教育服务,学生勤工俭学提供的服务。

(9) 纪念馆、博物馆、文化馆、文物保护单位管理机构、美术馆、展览馆、书画院、图书馆举办文化活动的门票收入,宗教场所举办文化、宗教活动的门票收入。

以上免税项目具体标准由国务院规定。根据国民经济和社会发展的需要,国务院对支持小微企业发展、扶持重点产业、鼓励创新创业就业、公益事业捐赠等情形可以制定增值税专项优惠政策,报全国人民代表大会常务委员会备案。国务院应当对增值税优惠政策适时开展评估、调整。

三、小规模纳税人免税规定

小规模纳税人发生应税交易,销售额未达到起征点的,免征增值税;达到起征点的,依照本法规定全额计算缴纳增值税。

自 2023 年 1 月 1 日至 2027 年 12 月 31 日,对月销售额 10 万元以下(以 1 个季度为 1 个纳税期的,季度销售额未超过 30 万元,下同)的增值税小规模纳税人,免征增值税。适用上述免征增值税政策的,纳税人可就该笔销售收入选择放弃免税并开具增值税专用发票。增值税小规模纳税人适用 3% 征收率的应税销售收入,减按 1% 征收率征收增值税;适用 3% 预征率的预缴增值税项目,减按 1% 预征率预缴增值税。减按 1% 征收

率征收增值税的,应按照1%征收率开具增值税发票,纳税人也可就该笔销售收入选择放弃减税并开具增值税专用发票。需注意的是:

(1) 小规模纳税人发生增值税应税销售行为,合计月销售额超过10万元,但扣除本期发生的销售不动产的销售额后未超过10万元的,其销售货物、服务、无形资产取得的销售额免征增值税。

(2) 适用增值税差额征税政策的小规模纳税人,以差额后的销售额确定是否可以享受该项免征增值税政策。

(3) 其他个人采取一次性收取租金形式出租不动产取得的租金收入,可在对应的租赁期内平均分摊,分摊后的月租金收入未超过10万元的,免征增值税。

(4) 按照现行规定应当预缴增值税税款的小规模纳税人,凡在预缴地实现的月销售额未超过10万元的,当期无需预缴税款。在预缴地实现的月销售额超过10万元的、适用3%预征率的预缴增值税项目,减按1%预征率预缴增值税。

【例2-16】 上海某建筑业企业是小规模纳税人,按照法规规定采用季度纳税申报的方式。该企业在2024年4月销售货物取得收入10万元,5月提供建筑服务取得收入25万元,同时向其他建筑企业支付分包款15万元,6月销售自建的不动产取得收入400万元。

要求:按照下列顺序回答问题:
(1) 计算该企业2024年第二季度应纳增值税销售额。
(2) 该企业2024年第二季度的增值税销售额能否享受免税政策。
(3) 假设该企业享受小规模纳税人免税政策,应该怎样操作。

解析:
(1) 该企业2024年第二季度应纳增值税销售额为420万元(10+25-15+400)。

(2) 该企业2024年第二季度应纳增值税销售额为420万元,超过"以1个季度为1个纳税期的,季度销售额未超过30万元"的法规政策,同时规定"小规模纳税人发生增值税应税销售行为,合计月销售额超过10万元,但扣除本期发生的销售不动产的销售额后未超过10万元的,其销售货物、服务、无形资产取得的销售额免征增值税。"因此,用于判断是否能够享受免税政策的销售额为20万元(10+25-15),不超过30万元,该企业可以享受小规模纳税人免税政策。

(3) 纳税人销售不动产400万元单独依法纳税,剩余的20万元销售额享受免税政策。

四、增值税期末留抵退税

(一) 试行增值税期末留抵税额退税

自2019年4月1日起,试行增值税期末留抵税额退税制度。同时符合以下条件的纳税人,可以向主管税务机关申请退还增量留抵税额:

(1) 自2019年4月税款所属期起,连续6个月(按季纳税的,连续2个季度)增量留抵税额均大于零,且第6个月增量留抵税额不低于50万元。

(2) 纳税信用等级为A级或B级。

(3) 申请退税前36个月未发生骗取留抵退税、出口退税或虚开增值税专用发票情形的。

(4) 申请退税前36个月未因偷税被税务机关处罚两次及以上的。

(5) 自2019年4月1日起未享受即征即退、先征后返(退)政策的。

增量留抵税额,是指与2019年3月底相比新增加的期末留抵税额。纳税人当期允许退还的增量留抵税额,按照下列公式计算:

$$允许退还的增量留抵税额=增量留抵税额×进项构成比例×60\%$$

其中,进项构成比例为2019年4月至申请退税前一税款所属期内已抵扣的增值税专用发票(含税控机动车销售统一发票)、海关进口增值税专用缴款书、解缴税款完税凭证注明的增值税占同期全部已抵扣进项税额的比重。

(二) 先进制造业期末留抵退税

自2019年6月1日起,同时符合以下条件的部分先进制造业纳税人,可以自2019年7月及以后纳税申报期向主管税务机关申请退还增量留抵税额:

(1) 增量留抵税额大于0。

(2) 纳税信用等级为A级或B级。

(3) 申请退税前36个月未发生骗取留抵退税、出口退税或虚开增值税专用发票情形的。

(4) 申请退税前36个月未因偷税被税务机关处罚两次及以上的。

(5) 自2019年4月1日起未享受即征即退、先征后返(退)政策。

部分先进制造业纳税人,是指按照《国民经济行业分类》,生产并销售非金属矿物制品、通用设备、专用设备及计算机、通信和其他电子设备销售额占全部销售额比重超过50%的纳税人。

销售额比重根据纳税人申请退税前连续12个月的销售额计算确定;申请退税前经营期不满12个月但满3个月的,按照实际经营期的销售额计算确定。增量留抵税额,是指与2019年3月31日相比新增加的期末留抵税额。

部分先进制造业纳税人当期允许退还的增量留抵税额,按照下列公式计算:

$$允许退还的增量留抵税额=增量留抵税额×进项构成比例$$

进项构成比例为2019年4月至申请退税前一税款所属期内已抵扣的增值税专用发票(含税控机动车销售统一发票)、海关进口增值税专用缴款书、解缴税款完税凭证注明的增值税额占同期全部已抵扣进项税额的比重。

自2021年4月1日起,将部分先进制造业纳税人退还增量留抵税额有关政策扩大至先进制造业,增加医药、化学纤维、铁路、船舶、航空航天和其他运输设备、电气机械和器材、仪器仪表销售额占全部销售额的比重超过50%的纳税人。

(三) 小微企业和制造业等行业期末留抵退税

(1) 2021年4月1日起,加大小微企业增值税期末留抵退税政策力度,将先进制造业按月全额退还增值税增量留抵税额政策范围扩大至符合条件的小微企业(含个体工商户,下同),并一次性退还小微企业存量留抵税额。

(2) 自2021年4月1日起,加大"制造业""科学研究和技术服务业""电力、热力、燃气及水生产和供应业""软件和信息技术服务业""生态保护和环境治理业"和"交通运输、仓储和邮政业"(以下简称制造业等行业)增值税期末留抵退税政策力度,将先进制造业按月全额退还增值税增量留抵税额政策范围扩大至符合条件的制造业等行业企业（含个体工商户，下同），并一次性退还制造业等行业企业存量留抵税额。

（3）小微企业和制造业等行业纳税人办理期末留抵退税，需同时符合以下条件：

① 纳税信用等级为 A 级或 B 级。

② 申请退税前 36 个月未发生骗取留抵退税、骗取出口退税或虚开增值税专用发票情形。

③ 申请退税前 36 个月未因偷税被税务机关处罚两次及以上。

④ 2019 年 4 月 1 日起未享受即征即退、先征后返（退）政策。

（4）增量留抵税额的确定。

纳税人获得一次性存量留抵退税前，增量留抵税额为当期期末留抵税额与 2019 年 3 月 31 日相比新增加的留抵税额。纳税人获得一次性存量留抵退税后，增量留抵税额为当期期末留抵税额。

（5）存量留抵税额的确定。

纳税人获得一次性存量留抵退税前，当期期末留抵税额大于或等于 2019 年 3 月 31 日期末留抵税额的，存量留抵税额为 2019 年 3 月 31 日期末留抵税额；当期期末留抵税额小于 2019 年 3 月 31 日期末留抵税额的，存量留抵税额为当期期末留抵税额。纳税人获得一次性存量留抵退税后，存量留抵税额为零。

（6）纳税人按照下列公式计算允许退还的留抵税额：

$$允许退还的增量留抵税额 = 增量留抵税额 \times 进项构成比例 \times 100\%$$

$$允许退还的存量留抵税额 = 存量留抵税额 \times 进项构成比例 \times 100\%$$

进项构成比例，为 2019 年 4 月至申请退税前一税款所属期已抵扣的增值税专用发票（含带有"增值税专用发票"字样全面数字化的电子发票、税控机动车销售统一发票）、收费公路通行费增值税电子普通发票、海关进口增值税专用缴款书、解缴税款完税凭证注明的增值税额占同期全部已抵扣进项税额的比重。

（7）自 2022 年 7 月 1 日起，将制造业等行业按月全额退还增值税增量留抵税额、一次性退还存量留抵税额的政策范围，扩大至"批发和零售业""农、林、牧、渔业""住宿和餐饮业""居民服务、修理和其他服务业""教育""卫生和社会工作"和"文化、体育和娱乐业"。

【例 2-17】 上海某某软件科技企业，2019 年 3 月 31 日期末增值税留抵税额为 18 万元，2022 年 7 月申请期末增值税留抵税额退税，当期期末增值税留抵税额为 26 万元。2019 年 4 月至 2022 年 6 月已抵扣的增值税专用发票注明的增值税额为 360 万元，收费公路通行费增值税电子发票注明的增值税额为 3.5 万元，按规定计算的航空运输电子客票行程单增值税额为 5.6 万元，按规定计算的铁路车票增值税额为 6.8 万元，合计 375.9 万元。

要求：计算该企业当期允许退还的增值税留抵税额。

解析：根据增值税法律制度的规定，自 2021 年 4 月 1 日起，软件和信息技术服务业，允许按月全额退还增值税增量留抵税额，并一次性退还企业存量留抵税额。

（1）增量留抵税额 = 26 - 18 = 8（万元）

(2) 存量留抵税额＝18(万元)
(3) 进项构成比例＝(360＋3.5)÷375.9×100%≈96.7012%
(4) 允许退还的增量留抵税额＝8×96.7012%＝7.736096(万元)
(5) 允许退还的存量留抵税额＝18×96.7012%＝17.406216(万元)

五、其他减免税规定

(1) 纳税人兼营免税、减税项目的,应当单独核算增值税优惠项目的销售额;未单独核算销售额的,不得享受税收优惠。

(2) 纳税人发生应税交易适用免税规定的,可以放弃免税,依照《增值税法》或者《营业税改征增值税试点实施办法》的规定缴纳增值税。放弃免税后,36个月内不得享受该项税收优惠,小规模纳税人除外。

(3) 纳税人发生应税销售行为同时适用免税和零税率规定的,纳税人可以选择适用免税或者零税率。

(4) 个人销售住房税收优惠。

北京市、上海市、广州市和深圳市之外的地区,个人将购买不足2年的对外销售的,按照5%的征收率全额缴纳增值税;个人将购买2年以上的(含2年)普通住房对外销售的,免征增值税。

北京市、上海市、广州市和深圳市的个人将购买不足2年住房对外销售的,按照5%的征收率全额缴纳增值税;个人将购买2年以上(含2年)的非普通住房对外销售的,以销售收入减去购买住房价款后的差额按照5%征收率缴纳增值税;个人将购买2年以上(含2年)的普通住房对外销售的,免征增值税。

任务六 明确税收征管要求

思维启发

若本年度晓君和小丽合伙开的这家店蛋糕店年收入为100万元,纳税义务发生时间与纳税地点该如何确定?我们一起学习吧!

一、纳税义务发生时间

增值税纳税义务发生时间,按照下列规定确定:

(1) 发生应税交易,纳税义务发生时间为收讫销售款项或者取得销售款项索取凭据的当日;先开具发票的,为开具发票的当日。

(2) 发生视同应税交易,纳税义务发生时间为完成视同应税交易的当日。

(3) 进口货物,纳税义务发生时间为货物报关进口的当日。

增值税扣缴义务发生时间为纳税人增值税纳税义务发生的当日。

 实战演练

〖判断题〗发生先开具发票的应税交易,纳税义务发生时间为开具发票的次日。(　　)

二、纳税地点

增值税纳税地点,按照下列规定确定:

(1)有固定生产经营场所的纳税人,应当向其机构所在地或者居住地主管税务机关申报纳税。总机构和分支机构不在同一县(市)的,应当分别向各自所在地的主管税务机关申报纳税;经省级以上财政、税务主管部门批准,可以由总机构汇总向总机构所在地的主管税务机关申报纳税。

(2)无固定生产经营场所的纳税人,应当向其应税交易发生地主管税务机关申报纳税;未申报纳税的,由其机构所在地或者居住地主管税务机关补征税款。

(3)自然人销售或者租赁不动产,转让自然资源使用权,提供建筑服务,应当向不动产所在地、自然资源所在地、建筑服务发生地主管税务机关申报纳税。

(4)进口货物的纳税人,应当按照海关规定的地点申报纳税。

(5)扣缴义务人,应当向其机构所在地或者居住地主管税务机关申报缴纳扣缴的税款;机构所在地或者居住地在境外的,应当向应税交易发生地主管税务机关申报缴纳扣缴的税款。

三、计税期间

增值税的计税期间分别为10日、15日、1个月或者1个季度。纳税人的具体计税期间,由主管税务机关根据纳税人应纳税额的大小分别核定。不经常发生应税交易的纳税人,可以按次纳税。

纳税人以1个月或者1个季度为一个计税期间的,自期满之日起15日内申报纳税;以10日或者15日为一个计税期间的,自次月1日起15日内申报纳税。

扣缴义务人解缴税款的计税期间和申报纳税期限,依照前两款规定执行。

纳税人进口货物,应当按照海关规定的期限申报并缴纳税款。

纳税人以10日或者15日为一个计税期间的,应当自期满之日起5日内预缴税款。法律、行政法规对纳税人预缴税款另有规定的,从其规定。

四、纳税申报表

(一)增值税一般纳税人纳税申报表

自2021年8月1日起,增值税与城市维护建设税、教育费附加、地方教育附加申报表整合,一般纳税人启用《增值税及附加税费申报表(一般纳税人适用)》。

纳税申报表附列资料包括:《增值税及附加税费申报表附列资料(一)》(本期销售

2-5
参考资料
增值税及附加税费申报表(一般纳税人适用)

情况明细)、《增值税及附加税费申报表附列资料(二)》(本期进项税额明细)、《增值税及附加税费申报表附列资料(三)》(服务、不动产和无形资产扣除项目明细)、《增值税及附加税费申报表附列资料(四)》(税额抵减情况表)、《增值税及附加税费申报表附列资料(五)》(附加税费情况表)和《增值税减免税申报明细表》。

(二) 增值税小规模纳税人纳税申报表

自2021年8月1日起,增值税与城市维护建设税、教育费附加、地方教育附加申报表整合,小规模纳税人启用《增值税及附加税费申报表(小规模纳税人适用)》。

纳税申报表附列资料包括:《增值税及附加税费申报表(小规模纳税人适用)附列资料(一)》(服务、不动产和无形资产扣除项目明细)、《增值税及附加税费申报表(小规模纳税人适用)附列资料(二)》(附加税费情况表)。样表主表见表2-4。

2-6 参考资料 增值税及附加税费申报表(小规模纳税人适用)

表2-4 增值税及附加税费申报表
(小规模纳税人适用)

税款所属期: 自　　年　　月　　日至　　年　　月　　日

纳税人识别号(统一社会信用代码):□□□□□□□□□□□□□□□□□□□□
纳税人名称:　　　　　　　　　　　　　　金额单位:人民币元(列至角分)

项目		栏次	本期数		本年累计	
			货物及劳务	服务、不动产和无形资产	货物及劳务	服务、不动产和无形资产
一、计税依据	(一) 应征增值税不含税销售额(3%征收率)	1				
	税务机关代开的增值税专用发票不含税销售额	2				
	税控器具开具的普通发票不含税销售额	3				
	(二) 应征增值税不含税销售额(5%征收率)	4				
	税务机关代开的增值税专用发票不含税销售额	5				
	税控器具开具的普通发票不含税销售额	6				
	(三) 销售使用过的固定资产不含税销售额	7(7≥8)				
	其中:税控器具开具的普通发票不含税销售额	8				
	(四) 免税销售额	9=10+11+12				

续 表

	项目	栏次	本期数		本年累计	
			货物及劳务	服务、不动产和无形资产	货物及劳务	服务、不动产和无形资产
一、计税依据	其中：小微企业免税销售额	10				
	未达起征点销售额	11				
	其他免税销售额	12				
	（五）出口免税销售额	13(13≥14)				
	其中：税控器具开具的普通发票不含税销售额	14				
	核定销售额	15				
二、税款计算	本期应纳税额	16				
	核定应纳税额	17				
	本期应纳税额减征额	18				
	本期免税额	19				
	其中：小微企业免税额	20				
	未达起征点免税额	21				
	应纳税额合计	22＝16－18 或 17－18				
	本期预缴税额	23				
	本期应补(退)税额	24＝22－23				
	本期销售不动产销售额	25				
三、附加税费	城市维护建设税本期应补(退)税额	26				
	教育费附加本期应补(退)费额	27				
	地方教育附加本期应补(退)费额	28				

声明：此表是根据国家税收法律法规及相关规定填写的，本人(单位)对填报内容(及附带资料)的真实性、可靠性、完整性负责。

纳税人(签章)：　　年　月　日

经办人： 经办人身份证号： 代理机构签章： 代理机构统一社会信用代码：	受理人： 受理税务机关(签章)： 受理日期：

五、增值税全面数字化电子发票

(一) 增值税专用发票的概念

增值税专用发票是指增值税纳税人发生应税销售行为开具的发票,是购买方支付增值税税额并可按照增值税有关规定据以抵扣增值税进项税额的凭证。

(二) 增值税全面数字化电子发票

(1) 根据相关法规规定,截至2023年12月1日,各省(区、市)均已在部分纳税人中开展全面数字化的电子发票(以下简称数电票)试点,试点纳税人通过电子发票服务平台开具发票的受票方范围为全国,并作为受票方接收全国其他数电票试点省(区、市)纳税人开具的数电票。

(2) 数电票的法律效力、基本用途等与现有纸质发票相同。其中,带有"增值税专用发票"字样的数电票,其法律效力、基本用途与现有增值税专用发票相同;带有"普通发票"字样的数电票,其法律效力、基本用途与现有普通发票相同;带有"航空运输电子客票行程单"字样的数电票,其法律效力、基本用途与现有航空运输电子客票行程单相同;带有"铁路电子客票"字样的数电票,其法律效力、基本用途与原有铁路车票相同。

(3) 数电票由各省(区、市)税务局监制。数电票无联次,基本内容包括:发票号码、开票日期、购买方信息、销售方信息、项目名称、规格型号、单位、数量、单价、金额、税率(征收率)、税额、合计、价税合计(大写、小写)、备注、开票人等,发票票样如图2-1所示。

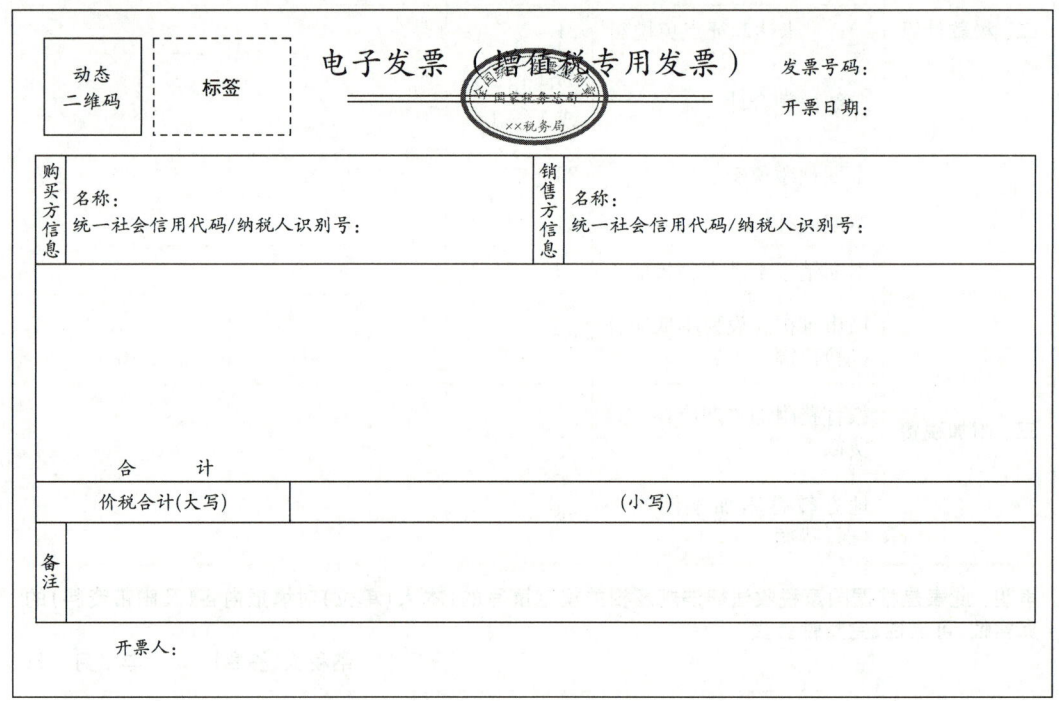

图2-1 增值税数字化电子发票

(4) 电子发票服务平台支持开具增值税纸质专用发票和增值税纸质普通发票。

(5) 试点纳税人通过实人认证等方式进行身份验证后,无需使用税控专用设备即可通过电子发票服务平台开具发票,无需进行发票验旧操作。其中,数电票无需进行发票票种核定和发票领用。

(6) 税务机关对使用电子发票服务平台开具发票的试点纳税人开票实行发票总额度管理。发票总额度,是指一个自然月内,试点纳税人发票开具总金额(不含增值税)的上限额度。

(7) 试点纳税人通过电子发票服务平台税务自动交付数电票,也可通过电子邮件、二维码等方式自行交付数电票。

实战演练

〖多选题〗下列各项中,增值税数字化电子发票基本内容包括(　　　)。
A. 发票号码　　　B. 购买方和销售方　　　C. 项目内容　　　D. 开票人

项目小结

增值税是我国货物劳务税体系中重要的税种之一。我国自1984年10月开始试行征收增值税至2016年5月全国范围的所有行业征收增值税以来,全面实行消费型增值税。在中国境内生产、销售应税货物、服务、销售无形资产或不动产、进口货物的应缴纳增值税。为了规范征收与管理增值税,税法按照纳税人的经营规模及会计核算健全程度的不同,将增值税的纳税人划分为小规模纳税人和一般纳税人。小规模纳税人采用简易计税法,按征收率计算增值税;一般纳税人采用一般计税方法,按照购入扣税法计算增值税,准予抵扣进项税额。为了减轻纳税人的负担,符合条件的纳税人可以享受相关减免税。通过学习增值税在纳税环节、计税依据、计税期间、纳税地点相关政策,指导与帮助纳税人"懂法、遵法、用法",高质量发展经济的同时享受相关优惠政策,充分体现了国家税收"取之于民,用之于民"的宗旨,在学习增值税相关内容时,可结合应税消费品计算消费税进行深入学习,分析了解货物与劳务税税种之间的密切联系。

项 目 测 试

一、单项选择题(将答案填入括号内)

(　　) 1. 根据《增值税法》的规定,下列各项按照"现代服务"缴纳增值税的是_____。
　　A. 电信服务　　　B. 金融服务　　　C. 物业管理服务　　D. 餐饮服务

(　　) 2. 上海市雅欣商厦为增值税一般纳税人,2024年6月受托代销某品牌服装,取得代销收入86 000元(零售价),与委托方进行结算,取得增值税专用发票上注明税额9 000元。假设无增值税留抵税额。计算该公司以上业务应缴增值税额是_____元。
　　A. 9 893.81　　B. 9 000　　C. 2 180　　D. 893.81

（　　） 3. 根据《增值税法》的规定，下列关于增值税纳税义务发生时间的表述中，不正确的是_____。
    A. 纳税人发生应税行为先开具发票的，为开具发票的当天
    B. 纳税人发生视同销售不动产的，为不动产权属变更的当天
    C. 纳税人提供租赁服务采取预收款方式的，为租期届满的当天
    D. 纳税人从事金融商品转让的，为金融商品所有权转移的当天

（　　） 4. 委托加工的货物为应税消费品，没有同类消费品销售价格的，按组成计税价格计算纳税，其组成计税价格＝_____。
    A.（材料成本＋加工费）÷（1＋消费税税率）
    B.（材料成本＋加工费）÷（1－消费税税率）
    C.（材料成本＋加工费）÷（1＋增值税税率）
    D.（材料成本＋加工费）÷（1－增值税税率）

（　　） 5. 上海华银有限公司为增值税一般纳税人，2024年6月在某市购入新建房屋作为办公室，取得增值税专用发票，发票上注明不含税金额为780万元。请计算2024年6月可抵扣进项税额为_____万元。
    A. 70.2　　　　B. 64.4　　　　C. 85.8　　　　D. 77.29

（　　） 6. 根据增值税法律制度的规定，一般纳税人选择简易办法计算缴纳增值税后，在一定期限内不得变更，该期限为_____。
    A. 12个月　　　B. 18个月　　　C. 24个月　　　D. 36个月

（　　） 7. 上海某食品公司2024年5月将职工食堂专用的一台设备改为生产食品使用。针对此业务的税务处理正确的是_____。
    A. 凭该设备购进时取得的增值税专用发票，在2024年5月作转增进项税额处理
    B. 凭该设备购进时取得的增值税普通发票，在2024年5月作转增进项税额处理
    C. 凭该设备购进时取得的增值税专用发票，在2024年6月作转增进项税额处理
    D. 凭该设备购进时取得的增值税普通发票，在2024年6月作转增进项税额处理

（　　） 8. 根据《增值税法》的规定，下列各项中，应缴纳增值税的是_____。
    A. 新疆电商果农销售自产水果　　　B. 某药店销售避孕药品
    C. 公司销售自己使用过的空调　　　D. 直接用于教学的进口设备

（　　） 9. 上海华立宾馆为增值税一般纳税人，2024年8月经理去广州参加展览会报销往返出差费用，取得有身份信息的高铁车票1 200元，飞机票1 500元、燃油附加费100元，机场建设费100元。下列算式中此项业务允许抵扣的进项税额是_____元。
    A. $1\,200 \times 9\% + (1\,500 + 100) \div (1 + 9\%) \times 9\%$
    B. $1\,200 \div (1 + 9\%) \times 9\% + (1\,500 + 100) \div (1 + 9\%) \times 9\%$
    C. $1\,200 \div (1 + 9\%) \times 9\% + 1\,500 \div (1 + 9\%) \times 9\%$

D. 1 200÷(1+9%)×9%+(1 500+100)×9%

（　　）10. 上海飘香绿色食品公司为增值税小规模纳税人，2024年第一季度销售食品100 000元已入账，并开具数电发票。本月外购食品取得普通发票金额为80 000元、税额为10 400元。请计算该纳税人第一季度应纳增值税额是_____元。

A. 100 000÷(1+1%) B. 100 000×1%
C. 99 000×1% D. 100 000÷(1+1%)×1%

二、多项选择题（将答案填入括号内）

（　　）1. 根据《增值税法》的规定，一般纳税人发生的下列业务中，不允许开具增值税专用发票的有_____。

A. 房地产开发企业向消费者个人销售房屋
B. 百货公司向小规模纳税人零售食品
C. 超市向消费者个人销售红酒
D. 服装公司向一般纳税人销售服装

（　　）2. 上海某咖啡馆连锁店为增值税一般纳税人，2024年8月员工李某因公出差，取得注明其身份信息的铁路客票1张、票面金额120元，另付手续费5元。下列各项中，计算本月此项业务允许抵扣的增值税进项税额为_____元，不允许抵扣的增值税进项税额为_____元。

A. 9.90　　B. 5　　C. 6　　D. 3.6

（　　）3. 某汽车租赁公司本月出租汽车取得不含税租赁费100万元，出租车身广告位取得广告费20万元。根据增值税法规规定，公司本月取得的全部收入按_____缴纳增值税，应缴纳税额_____万元。

A. 租赁动产服务 B. 租赁不动产服务
C. 15.3 D. 15.6

（　　）4. 根据《增值税法》的规定，下列各项中，不征收增值税的有_____。

A. 单位聘用的员工为本单位提供修理服务
B. 个体工商户聘用的员工为本单位提供劳务
C. 甲公司为某个体工商户提供建筑服务
D. 乙公司为某学校提供空调安装服务

（　　）5. 根据《增值税法》的规定，"营改增"试点一般纳税人发生的下列应税行为中，可以选择简易计税方法计税的有_____。

A. 公交客运服务 B. 收派服务
C. 仓储服务 D. 动画设计服务

（　　）6. 根据《增值税法》的规定，下列各项中，应按照"交通运输服务"计算缴纳增值税的有_____。

A. 道路过路费、过桥费 B. 建筑安装费
C. 程租业务 D. 湿租业务

（　　）7. 根据《增值税法》的规定，下列有关增值税纳税义务发生时间中正确的有_____。

A. 纳税人采取托收承付方式销售货物的,为发出货物并办妥托收手续的当天

B. 纳税人采取赊销和分期收款方式销售货物的,为货物发出的当天

C. 纳税人采取预收货款方式销售货物的,为收到预收款的当天

D. 纳税人发生视同销售货物行为(委托他人代销、销售代销货物除外)的,为货物移送的当天

(　　) 8. 根据《增值税法》的规定,一般纳税人购进货物发生的下列情形中,不得从销项税额中抵扣进项税额的有_____。

A. 将购进的货物分配给股东

B. 将购进的货物无偿赠送给客户

C. 将购进的货物用于个人消费

D. 将购进的货物用于集体福利

(　　) 9. 下列各项中,可以作为增值税进项税额抵扣凭证的有_____。

A. 从销售方取得的增值税专用发票

B. 从海关取得的进口增值税专用缴款书

C. 从农业生产者手中购进农产品时开具的注明买价的农产品收购发票

D. 接受境外单位或者个人提供的应税服务,从税务机关或者扣缴义务人取得的代扣代缴税款的完税凭证

(　　) 10. 根据营业税改征增值税试点相关规定,一般纳税人发生的下列应税行为中,可以选择适用简易计税方法计缴增值税的有_____。

A. 电影放映服务　　　　　　B. 文化体育服务

C. 快递收派服务　　　　　　D. 公交客运服务

三、判断题(判断正确的在括号内标记"√",错误的在括号内标记"×")

(　　) 1. 除个体工商户以外的其他个人不属于增值税一般纳税人。

(　　) 2. 根据《增值税法》的规定,采取委托银行收款方式销售货物,增值税纳税义务发生时间为收取销售款的当天。

(　　) 3. 根据《增值税法》的规定,白酒厂为一般纳税人销售白酒向购买方当月收取的包装物租金,并入销售额计算增值税销项税额。

(　　) 4. 一般纳税人提供的公共交通运输服务,可以选择适用差额计税方法计缴增值税。

(　　) 5. 出口货物适用零税率,是指在货物出口环节不征收增值税,但在国内已经缴纳的增值税不进行退还,其实际效果相当于免税。

(　　) 6. 增值税起征点的适用范围限于个人,且不适用于登记为小规模纳税人的个体工商户。

(　　) 7. 公司转让著作权免征增值税。

(　　) 8. 增值税一般纳税人向消费者个人销售货物,不得开具增值税专用发票。

(　　) 9. 纳税人采取以旧换新方式销售非金银首饰,应按照其实际收取的不含增值税的全部价款征收增值税。

(　　)10. 增值税纳税人以1个月或者1个季度为1个纳税期的,自期满之日起15日内申报纳税。

四、计算题

〖业务1〗上海利华商贸公司为增值税一般纳税人,2024年6月份销售家具不含税销售额为3 000 000元,外购家具取得的增值税专用发票含税价为2 500 000元。

要求:计算该企业6月份的增值税应纳税额。

〖业务2〗上海华远工厂为增值税一般纳税人,2024年9月从上海光化工厂购入某材料5 000千克、5元/千克,增值税专用发票列明的不含税金额为25 000元,上海光化工厂代垫运杂费3 000元,其中取得增值税专用发票运费价税合计2 500元、搬运费价税合计500元。销售货物不含税价为2 000 000元。上期留抵税额为145 680元。

要求:
(1)计算以上业务增值税可抵扣的进项税额。
(2)计算以上业务增值税销项税额。
(3)计算以上业务应缴增值税额。

〖业务3〗上海某商场为增值税一般纳税人,2024年3月30日批发销售给A企业100台空调,每台标价(不含税)为1 800元。由于购买数量较大,该商场给予购买方九折优惠,并将折扣额与销售额开在一张增值税专用发票上。购进空调120台取得增值税专用发票注明的不含税金额单价为1 200元,并取得运费专用发票含税金额1 000元。假设无上期留抵税额。

要求:
(1)请计算以上业务的增值税销售额与销项税额。
(2)请计算以上业务的允许抵扣的进项税额。
(3)请计算应缴增值税额。

〖业务4〗江苏新化酒厂为增值税一般纳税人,2024年9月销售散装白酒2吨,并向购买方开具了增值税专用发票,注明不含税价为200 000元。随同白酒销售收取包装物押金35 100元,开具收款收据并单独入账核算。购入某材料50吨、10元/千克,增值税专用发票列明的不含税金额为 500 000 元,取得运费增值税专用发票注明不含税价为 10 000 元。

要求:(1)请计算该厂上述业务应申报的增值税销项税额是多少?
(2)请计算该厂上述业务允许抵扣增值税进项税额是多少?
(3)请计算该厂上述业务应缴增值税是多少?

【业务5】上海某咖啡连锁店为增值税一般纳税人,2024年7月发生下列业务:
(1)李某进货报销本月出差费用,取得高速公路发票金额为 1 000 元,取得过桥、过闸通行费发票金额为 600 元,开具的汽油费专用发票金额为 4 000 元,税额为 520 元。
(2)购进2台空调,取得增值税专用发票价税合计 8 560 元。购进咖啡豆取得增值税专用发票价税合计 128 600 元。
(3)本月生产销售糕点价税合计 131 241.9 元,销售咖啡价税合计 563 480 元。

要求:(1)请计算本月上述业务(1)允许抵扣的进项税额。
(2)请计算本月上述业务(2)允许抵扣的进项税额。
(3)请计算本月上述业务增值税的销项税额。
(4)请计算本月上述业务的应缴增值税。

【业务6】上海优元设计有限责任公司为增值税一般纳税人,提供设计服务,适用一般计税方法。2024年4月购进A4纸张,取得增值税专用发票列明的货物金额为10万元,取得增值税专用发票列明的运费金额为1万元,2张增值税专用发票的进项税额符合规定并于当月抵扣。2024年8月发现,由于管理不善,上述A4纸张全部丢失。

要求:(1)请分析该公司A4纸张全部丢失需要怎样处理。
(2)请计算本月应转出的进项税额。

【业务7】某小超市为增值税小规模纳税人,2024年8月销售并开具普通数电发票销售货物,第三季度含税销售收入为 288 580 元,销售自己使用的旧车 50 000 元。购进货物取得普通发票金额为 160 580 元、税额为 18 473.81 元。

要求:(1)请根据上述业务分析该企业能否享受相关优惠政策。
(2)请计算该纳税人第三季度应缴增值税。

〖业务8〗上海里通汽车销售公司采用分期收款方式,2024年6月销售给江苏航宇旅游集团公司100辆商务车,合同规定不含税销售额共计3 600万元,本月收回50%货款,其余款项下月收回;由于购货方资金紧张,本月实际收到货款1 500万元。(注:2家公司均为增值税一般纳税人)

要求:请计算上海里通汽车销售公司当月销项税额。

〖业务9〗上海海天工业有限公司于2024年10月4日从大禹化工有限公司购入1 000千克A材料,每千克为20元,不含税价款为20 000元,增值税为2 600元;购入2 000千克B材料,每千克为60元,不含税价款为120 000元,增值税为15 600元。材料已验收入库,款项以银行存款支付。

要求:请根据以上业务计算允许抵扣的进项税额。

〖业务10〗上海利华工业制造公司为增值税一般纳税人,适用13%的增值税税率,2024年11月15日以一批自产空调作为福利发给职工,该批产品的成本为100 000元,不含税价售价为120 000元。

要求:请根据以上业务计算应缴销项税额。

五、综合业务题

〖综合业务1〗某银行上海分行为增值税一般纳税人,2024年第一季度发生的有关经济业务如下:

(1)购进4台自助业务办理机,取得增值税专用发票注明的金额为20万元,税额为2.6万元。

(2)租入5间商铺作为营业部,支付租金105万元,取得增值税专用发票注明的金额为100万元,税额为5万元。

(3) 本月收取结算手续费(含税)450万元,收取账户管理费(含税)320万元。

(4) 本月办理贷款业务,取得利息收入(含税)60 000万元。

(5) 本月办理存款业务20 000万元。

假设该银行取得增值税专用发票均符合抵扣规定。

要求:

(1) 请计算该银行当期进项税额。

(2) 请计算该银行当期销项税额。

(3) 请计算该银行当期应纳增值税税额。

【综合业务2】上海某制造有限公司为增值税一般纳税人,产品适用13%增值税税率,2024年8月该企业发生如下经营业务:

(1) 销售甲产品给百货商场,取得的不含税销售额为100万元,同时取得该产品送货运输费收入为2万元,并开具增值税专用发票。

(2) 销售乙产品,取得含税销售额为35万元,并开具增值税数电发票。

(3) 自产一批新产品C用于发放节日福利,成本价为30万元,该新产品无同类产品市场销售价格,国家税务总局确定该产品的成本利润率为10%。

(4) 销售2020年3月购进作为固定资产使用过的进口机器设备5台,收到价税合计3万元,并开具增值税专用发票。

(5) 购进原材料取得增值税专用发票,注明金额为50万元,税额为6.5万元;另支付购货运输费价税合计金额6万元,取得运输公司开具的增值税专用发票。

(6) 从小规模纳税人农产品经营者处购进农产品一批(不适用进项税额核定扣除办法)作为生产货物的原材料,取得的增值税专用发票上注明的金额为30万元、税额为0.9万元;同时支付给运输公司运费5万元,并取得运费增值税专用发票。本月将购进的农产品60%用于本企业发放职工福利。

(7) 当月租入5间楼房,支付月租金10万元,并取得增值税专用发票;该楼房的2间用于职工食堂,其余3间作为工会办公室使用。

以上相关票据均符合税法的规定。

要求:请根据以上资料回答下列问题。

(1) 请计算销售甲产品的销项税额。

(2) 请计算销售乙产品的销项税额。

(3) 请计算自产自用新产品的销项税额。

(4) 请计算销售使用过的摩托车应纳税额。

(5) 请计算当月销项税额。

(6) 请计算当月允许抵扣进项税额。

(7) 请计算该企业 8 月合计应缴纳的增值税税额。

〖综合业务 3〗上海先达运输有限公司为增值税一般纳税人,提供货物运输服务和装卸搬运服务,其中货物运输服务适用一般计税方法,装卸搬运服务选择适用简易计税方法。该纳税人 2024 年 4 月缴纳当月电费 11.3 万元,取得增值税专用发票并于当月认证抵扣,且该进项税额无法在货物运输服务和装卸搬运服务间划分。该纳税人当月取得货物运输收入 6 万元,装卸搬运服务收入 4 万元。

要求:

(1) 请判断当月取得的电费 11.3 万元增值税专用发票抵扣联能否全额抵扣。如果不能全额抵扣应如何处理。

(2) 请计算当月进项税额转出数多少。

〖综合业务 4〗上海华立进口贸易公司为增值税一般纳税人,2024 年 7 月从国外进口 120 台电扇,关税计税价为 2 000 元/台,本月售出 110 台,每辆含税售价为 4 000 元,进口关税税率为 8%。

要求:请计算该公司本月应纳增值税税额。

〖综合业务 5〗上海华丽服装有限公司于 2024 年 10 月进口一批布料。该批布料在国外购买价为人民币 1 000 000 元,物运抵我国入关前发生运输费为人民币 100 000 元,保险费为人民币 50 000 元。货物报关后,按照规定缴纳了进口环节增值税。布料增值税税率为 13%、进口关税税率为 20%。

要求:(1) 请计算该批布料应纳的进口环节关税。

(2) 请计算该批布料应纳的进口环节增值税税额。

〖综合业务6〗上海利华有限公司为增值税小规模纳税人,2024年第二季度销售货物取得不含税销售额10万元,提供搬运劳务服务取得不含税销售额5万元,销售闲置的办公室取得不含税销售额100万元。

要求:请完成以下不定项选择题。

(1) 该企业(　　)享受增值税小规模纳税人的免征增值税政策。
A. 能全额　　　B. 不能全额　　　C. 15万元　　　D. 115万元

(2) 该企业如果能享受增值税小规模纳税人的免征增值税政策,则可享受免征增值税的税额(　　)万元。
A. 0.3　　　B. 4.05　　　C. 5　　　D. 0.45

(3) 该企业2024年第二季度应纳增值税(　　)万元。
A. 5　　　B. 4.05　　　C. 0.5　　　D. 0.45

〖综合业务7〗上海华夏有限公司为增值税一般纳税人,货物适用增值税税率为13％,2024年5月发生经济业务如下:

(1) 销售甲产品给上海司书有限公司,开具增值税专用发票,取得不含税销售额80万元;同时取得销售甲产品的送货运输费收入5.65万元(含增值税价格,假设与销售货物不能分别核算)。

(2) 销售乙产品给上海崇民有限公司(小规模纳税人),开具普通发票,取得含税销售额28.25万元。

(3) 购进货物取得增值税专用发票,注明支付的货款60万元,进项税额7.8万元;另外支付购货的运输费用6万元,取得运输公司开具的增值税专用发票,上面注明的税金0.54万元。

(4) 向农业生产者购进免税农产品一批(不适用进项税额核定扣除办法)。收购凭证上注明的收购价款为30万元;支付给运输单位不含增值税5万元的运费,取得运输部门开具的增值税专用发票。(假设以上相关业务发生的事项以及票据均符合税法的规定)

要求:

(1) 请计算销售甲产品的销项税额。

(2) 请计算销售乙产品的销项税额。

(3) 请计算外购货物应抵扣的进项税额。

(4) 请计算外购免税农产品允许抵扣的进项税额。

(5) 请计算该企业5月应缴纳的增值税税额。

六、拓展题

请扫描二维码 2-7、2-8、2-9 获取数字资源,了解我国增值税的发展变化,并按小组制作 PPT,选派代表交流汇报。

2-7 拓展阅读
我国增值税的发展

2-8 拓展阅读
我国增值税税率
和征收率的发展

2-9 拓展阅读
中华人民共和国增值税
法(草案)(二次审议稿)

项 目 评 价

根据本项目学习情况,在表 2-5 中进行评价,"A"为优良,"B"为一般,"C"为需要帮助。

表 2-5 项目二学习评价表

序号	学习重点	自我评价 (在方框内打勾)	教师反馈与评价
1	识别增值税征税范围	A□ B□ C□	
2	辨析纳税义务人	A□ B□ C□	
3	选择适用税率或征收率	A□ B□ C□	
4	计算应纳增值税额	A□ B□ C□	
5	明确税收征管要求	A□ B□ C□	
	总体评价	A□ B□ C□	

项目三 认识消费税

项目简介

本项目主要介绍消费税的纳税义务人、税目、税率、计税依据、税额以及征收管理要求。通过本项目的学习,学生能全面了解消费税具体征税规定,并能应用消费税税收政策对消费税涉税业务进行税务处理,有利于培养正确健康的消费观念、提升环境保护意识,积极引导周边个人和群体健康消费,并能在生活中"从我做起",为环境治理生态平衡贡献自己的一份力量。

知识导航

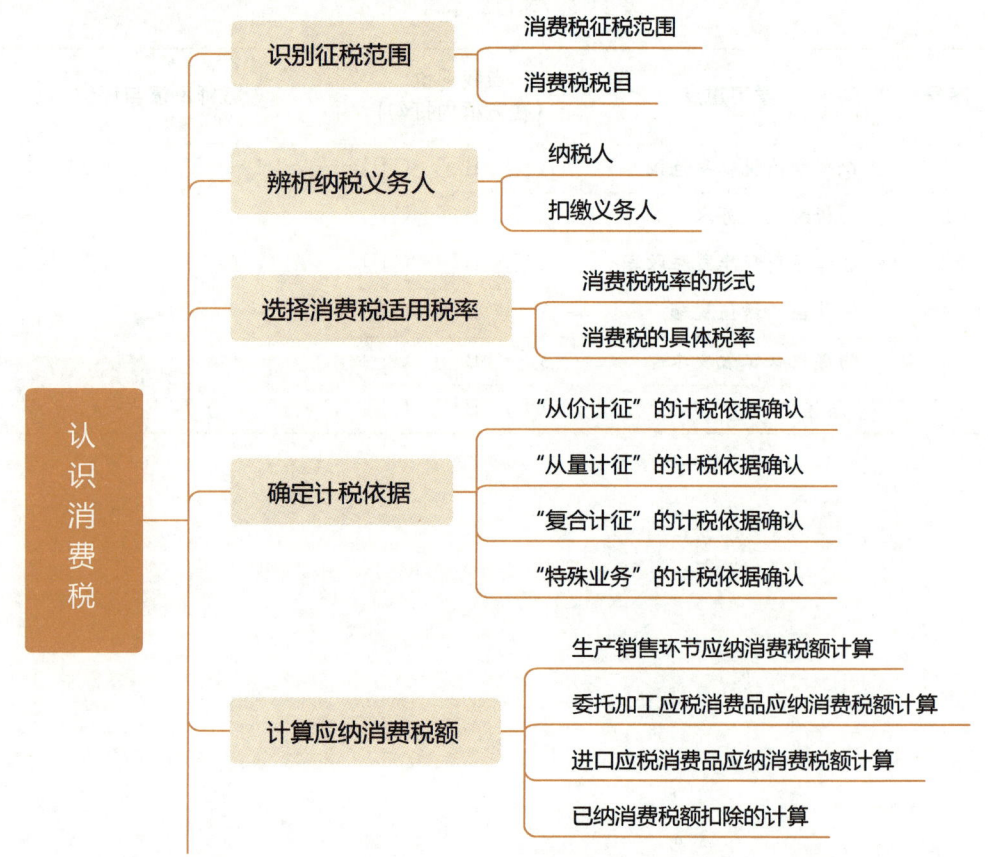

项目三 认识消费税

```
                              ┌── 纳税义务发生时间
                              │
                              ├── 纳税地点
         明确征收管理要求 ─────┤
                              ├── 纳税期限
                              │
                              └── 纳税申报表
```

 学习目标

○ 知识目标
- 辨认消费税纳税义务人；
- 识别消费税的征税范围及具体税目；
- 根据税目选择适用税率；
- 确认消费税纳税义务发生时间、纳税期限与纳税地点。

○ 技能目标
- 计算生产销售环节应纳消费税额；
- 计算自产自用应税消费品应纳消费税额；
- 计算委托加工应税消费品应纳消费税额；
- 计算进口应税消费品应纳消费税额。

○ 情感目标
- 正确认识消费税、建立健康正确的消费观念；
- 积极关注消费税对经济发展、环境保护、个人消费的调节作用；
- 加强建立节约资源和环境保护意识。

 项目导入

绿色经济的捍卫使者——消费税

消费税是世界多数国家普遍开征的重要流转税之一，在各国的税收制度中都占有极其重要的地位。我国的消费税制度始于1994年的分税制改革，其作为我国重要的税种，通过对一些特定消费品征收一道消费税，纠正消费者的偏好误差，纠正负外部性带来的资源配置不当，促进合理调节收入分配。消费税的征税对象以特定消费品和特定消费行为为主，具有一定的绿色税收性质。因此，征税范围和税率在凸显消费税的绿色性质、调节经济运行、促进合理健康消费发挥巨大作用。党的十八届三中全会提出了深化财税体制改革的要求，将推进消费税改革作为税收制度改革的重要部分之一，提出要扩大消费税的征收范围，强化消费税的环境保护和调节收入分配功能。《中共中央关于制定国民经济和社会发展第十三个五年规划的建议》关于消费税改革的主要内容是："完善消费税制度：将一些高档消费品和高消费行为纳入消费税征收范围"。为深化消费税改革，在《国民经济和社会发展第十四个五年规划和2035年远景目标纲要》又再次提到"调整优化消

费税征收范围和税率"。

尊敬的读者,你知道我们日常生活购买的消费品中,哪些需要缴消费税吗?如何计算应纳消费税额?相信通过本项目的学习,全面了解消费税,并灵活运用所学知识解决上述问题。

3-1
动画视频
消费税基本概况

任务一　识别征税范围

思维启发

当我们走进热闹繁华的商场,琳琅满目的商品映入眼帘,令我们目不暇接。女性群体往往热衷于高档化妆品、贵重金银首饰等,而男性群体则把目光聚焦在高档手表、小汽车、户外运动用品等。我们所购买的消费品哪些属于消费税的征税范围呢?

一、消费税征税范围

我国现行消费税是1994年税制改革时新设置的一个税种,《中华人民共和国消费税暂行条例》(以下简称《消费税暂行条例》)规定,消费税是对在中国境内从事生产、委托加工和进口《消费税暂行条例》规定的消费品的单位和个人,以及国务院确定的销售《消费税暂行条例》所规定的消费品的其他单位和个人,就其销售收入或销售数量征收的一种税。它是在对货物普遍征收增值税的基础上,选择特定消费品再征收一道消费税,目的在于调节消费结构、引导消费方向、调节收入分配。

从消费税的具体征收项目看,考虑到我国现阶段的经济发展状况、消费政策、居民消费水平和消费结构及财政需要,并借鉴其他国家征收消费税的成功经验与通行做法,我国采取了特别消费税,即选择特定消费品进行征收。目前,我国选择了15类应税消费品作为消费税的征税范围。

3-2
拓展阅读
消费税征税范围的历史演变

实战演练

〖多选题〗消费税主要在(　　　)环节征税。
A. 流通　　　　B. 消费　　　　C. 生产和进口　　　　D. 委托加工

二、消费税税目

根据《消费税暂行条例》的规定,消费税税目共有15个,具体内容如下:

(一) 烟

凡是以烟叶为原料加工生产的产品,不论使用何种辅料,均属于本税目的征收范围。具体包括以下 4 个子目。

1. 卷烟

卷烟,包括甲类卷烟和乙类卷烟。

(1) 甲类卷烟。甲类卷烟,是指每标准条(200 支)调拨价格在 70 元(不含增值税)以上(含 70 元)的卷烟。

(2) 乙类卷烟。乙类卷烟,是指每标准条(200 支)调拨价格在 70 元(不含增值税)以下的卷烟。

2. 雪茄烟

雪茄烟的征收范围包括各种规格、型号的雪茄烟。

3. 烟丝

烟丝的征收范围包括以烟叶为原料加工生产的不经卷制的散装烟。

4. 电子烟

电子烟是指用于产生气溶胶供人抽吸等的电子传输系统,包括烟弹、烟具以及烟弹与烟具组合销售的电子烟产品。烟弹是指含有雾化物的电子烟组件。烟具是指将雾化物雾化为可吸入气溶胶的电子装置。

(二) 酒

酒,包括白酒、黄酒、啤酒和其他酒。

1. 白酒

白酒,包括粮食白酒和薯类白酒。

(1) 粮食白酒。粮食白酒,是指以高粱、玉米、大米、糯米、大麦、小麦、青稞等各种粮食为原料,经过糖化、发酵后,采用蒸馏方法酿制的白酒。

(2) 薯类白酒。薯类白酒,是指以白薯(红薯、地瓜)、木薯、马铃薯、芋头、山药等各种干鲜薯类为原料,经过糖化、发酵后,采用蒸馏方法酿制的白酒。用甜菜酿制的白酒,比照薯类白酒征税。

2. 黄酒

黄酒,是指以糯米、粳米、籼米、大米、黄米、玉米、小麦、薯类等为原料,经加温、糖化、发酵、压榨酿制的酒。包括各种原料酿制的黄酒和酒度超过 12 度(含 12 度)的土甜酒。

3. 啤酒

啤酒,分为甲类啤酒和乙类啤酒,是指以大麦或其他粮食为原料,加入啤酒花,经糖化、发酵、过滤酿制的含有二氧化碳的酒。

对饮食业、商业、娱乐业举办的啤酒屋(啤酒坊)利用啤酒生产设备生产的啤酒,应当征收消费税。

4. 其他酒

其他酒,是指除粮食白酒、薯类白酒、黄酒、啤酒以外的各种酒,包括糠麸白酒、其他原料白酒、土甜酒、复制酒、果木酒、汽酒、药酒、葡萄酒等。

对以黄酒为酒基生产的配制或泡制酒,按其他酒征收消费税。调味料酒不征消费税。

（三）高档化妆品

本税目征收范围包括高档美容、修饰类化妆品、高档护肤类化妆品和成套化妆品。

高档美容、修饰类化妆品和高档护肤类化妆品是指生产（进口）环节销售（完税）价格（不含增值税）在 10 元/毫升（克）或 15 元/片（张）及以上的美容、修饰类化妆品和护肤类化妆品。

舞台、戏剧、影视演员化妆用的上妆油、卸妆油、油彩，不属于本税目的征收范围。

（四）贵重首饰及珠宝玉石

本税目的征税范围包括各种金银珠宝首饰和经采掘、打磨、加工的各种珠宝玉石。

1. 金银首饰、铂金首饰和钻石及钻石饰品

金银首饰、铂金首饰和钻石及钻石饰品，包括凡以金、银、白金、宝石、珍珠、钻石、翡翠、珊瑚、玛瑙等高贵稀有物质以及其他金属、人造宝石等制作的各种纯金银首饰及镶嵌首饰（含人造金银、合成金银首饰）等。

2. 其他贵重首饰和珠宝玉石

其他贵重首饰和珠宝玉石，包括钻石、珍珠、松石、青金石、欧泊石、橄榄石、长石、玉、石英、玉髓、石榴石、锆石、尖晶石、黄玉、碧玺、金禄玉、绿柱石、刚玉、琥珀、珊瑚、煤玉、龟甲、合成刚玉、合成玉石、双合石以及玻璃仿制品等。

宝石坯是经采掘、打磨、初级加工的珠宝玉石半成品，对宝石坯应按规定征收消费税。

（五）鞭炮、焰火

本税目征收范围包括各种鞭炮、焰火，具体包括喷花类、旋转类、旋转升空类、火箭类、吐珠类、线香类、小礼花类、烟雾类、造型玩具类、炮竹类、摩擦炮类、组合烟花类、礼花弹类等。

体育上用的发令纸，鞭炮药引线，不按本税目征收。

（六）成品油

本税目包括汽油、柴油、石脑油、溶剂油、航空煤油、润滑油、燃料油 7 个子目。

1. 汽油

汽油是指用原油或其他原料加工生产的辛烷值不小于 66 的可用作汽油发动机燃料的各种轻质油。

以汽油、汽油组分调和生产的甲醇汽油、乙醇汽油也属于本税目征收范围。

2. 柴油

柴油是指用原油或其他原料加工生产的凝点或倾点在 −50℃～30℃ 的可用作柴油发动机燃料的各种轻质油和以柴油组分为主、经调和精制可用作柴油发动机燃料的非标油。

以柴油、柴油组分调和生产的生物柴油也属于本税目征收范围。

3. 石脑油

石脑油又叫化工轻油，是以石油加工生产的或二次加工汽油经加氢精制而得的用于化工原料的轻质油。

石脑油的征收范围包括除汽油、柴油、航空煤油、溶剂油以外的各种轻质油。

4. 溶剂油

溶剂油是以石油加工生产的用于涂料、油漆生产、食用油加工、印刷油墨、皮革、农药、橡胶、化妆品生产的轻质油。

5. 航空煤油

航空煤油也叫喷气燃料,是以石油加工生产的用于喷气发动机和喷气推进系统中作为能源的石油燃料。

6. 润滑油

润滑油是用于内燃机、机械加工过程的润滑产品。润滑油分为矿物性润滑油、植物性润滑油、动物性润滑油和化工原料合成润滑油。

润滑油的征收范围包括矿物性润滑油、矿物性润滑油基础油、植物性润滑油、动物性润滑油和化工原料合成润滑油。

7. 燃料油

燃料油也称重油、渣油。燃料油征收范围包括用于电厂发电、船舶锅炉燃料、加热炉燃料、冶金和其他工业炉燃料的各类燃料油。

自 2012 年 11 月 1 日起,催化料、焦化料属于燃料油的征收范围,应当征收消费税。

(七) 摩托车

本税目征税范围包括气缸容量为 250 毫升的摩托车和气缸容量在 250 毫升(不含)以上的摩托车两种。

(八) 小汽车

汽车是指由动力驱动,具有 4 个或 4 个以上车轮的非轨道承载的车辆。

本税目包括乘用车、中轻型商用客车和超豪华小汽车 3 个子目。分别是:

1. 乘用车

乘用车,是在设计和技术特性上用于载运乘客和货物的汽车,包括含驾驶员座位在内最多不超过 9 个座位(含)。

用排气量小于 1.5 升(含)的乘用车底盘(车架)改装、改制的车辆属于乘用车征收范围。

2. 中轻型商用客车

中轻型商用客车,是在设计和技术特性上用于载运乘客和货物的汽车,包括含驾驶员座位在内的座位数在 10~23 座(含 23 座)。

用排气量大于 1.5 升的乘用车底盘(车架)或用中轻型商用客车底盘(车架)改装、改制的车辆属于中轻型商用客车征收范围。

含驾驶员人数(额定载客)为区间值的(如 8~10 人、17~26 人)小汽车,按其区间值下限人数确定征收范围。

3. 超豪华小汽车

超豪华小汽车,是每辆零售价格为 130 万元(不含增值税)及以上的乘用车和中轻型商用客车,即乘用车和中轻型商用客车子税目中的超豪华小汽车。

电动汽车不属于本税目征收范围。

车身长度大于 7 米(含),并且座位在 10~23 座(含)以下的商用客车,不属于中轻型商用客车征税范围,不征收消费税。

沙滩车、雪地车、卡丁车、高尔夫车不属于消费税征收范围,不征收消费税。

对于企业购进货车或厢式货车改装生产的商务车、卫星通信车等专用汽车不属于消费税征收范围,不征收消费税。

对于购进乘用车和中轻型商用客车整车改装生产的汽车,应按规定征收消费税。

(九) 高尔夫球及球具

本税目征税范围包括高尔夫球、高尔夫球杆及高尔夫球包(袋)、高尔夫球杆的杆头、杆身和握把。

(十) 高档手表

高档手表是指销售价格(不含增值税)每只在 10 000 元(含)以上的各类手表。

本税目征收范围包括符合以上标准的各类手表。

(十一) 游艇

游艇是指长度大于 8 米小于 90 米,船体由玻璃钢、钢、铝合金、塑料等多种材料制作,可以在水上移动的水上浮载体。按照动力划分,游艇分为无动力艇、帆艇和机动艇。

本税目征收范围包括艇身长度大于 8 米(含)小于 90 米(含),内置发动机,可以在水上移动,一般为私人或团体购置,主要用于水上运动和休闲娱乐等非牟利活动的各类机动艇。

(十二) 木制一次性筷子

木制一次性筷子,又称卫生筷子,是指以木材为原料经过锯段、浸泡、旋切、刨切、烘干、筛选、打磨、倒角、包装等环节加工而成的各类一次性使用的筷子。

本税目征收范围包括各种规格的木制一次性筷子和未经打磨、倒角的木制一次性筷子。

(十三) 实木地板

实木地板是指以木材为原料,经锯割、干燥、刨光、截断、开榫、涂漆等工序加工而成的块状或条状的地面装饰材料。实木地板按生产工艺不同,可分为独板(块)实木地板、实木指接地板和实木复合地板三类;按表面处理状态不同,可分为未涂饰地板(白坯板、素板)和漆饰地板两类。

本税目征收范围包括各类规格的实木地板、实木指接地板、实木复合地板及用于装饰墙壁、天棚的侧端面为榫、槽的实木装饰板以及未经涂饰的素板。

(十四) 电池

电池是一种将化学能、光能等直接转换为电能的装置,一般由电极、电解质、容器、极端,通常还有隔离层组成的基本功能单元,以及用一个或多个基本功能单元装配成的电池组。范围包括:原电池、蓄电池、燃料电池、太阳能电池和其他电池。

对无汞原电池、金属氢化物镍蓄电池(又称氢镍蓄电池或镍氢蓄电池)、锂原电池、锂离子蓄电池、太阳能电池、燃料电池和全钒液流电池免征消费税。

自 2016 年 1 月 1 日起,对铅蓄电池按 4% 税率征收消费税。

(十五) 涂料

涂料是指涂于物体表面能形成具有保护、装饰或特殊性能的固态涂膜的一类液体或固体材料的总称。涂料由主要成膜物质、次要成膜物质等构成,按主要成膜物质涂料可分为油脂类、天然树脂类、酚醛树脂类、沥青类、醇酸树脂类、氨基树脂类、硝基类、过滤乙烯树脂类、烯类树脂类、丙烯酸酯类树脂类、聚酯树脂类、环氧树脂类、聚氨酯树脂类、元素有机类、橡胶类、纤维素类、其他成膜物类等。对施工状态下挥发性有机物(volatile organic compounds,VOC)含量低于420克/升(含)的涂料免征消费税。

实战演练

〖多选题〗根据消费税法律制度的规定,下列消费品中,征收消费税的有( )。

A. 电池　　　　　　　　　B. 葡萄酒
C. 成套化妆品　　　　　　D. 涂料

〖多选题〗根据消费税法律制度的规定,下列消费品中,不征收消费税的有( )。

A. 电动汽车
B. 购进乘用车和中轻型商用客车整车改装生产的汽车
C. 卫星通信车
D. 企业购进货车或厢式货车改装生产的商务车

【拓展阅读】

消费税助力环境保护与资源节约

中国是一个发展中国家,在发展经济的过程中曾使用高污染,高耗能,低产出,低效率的模式进行发展,因此在经济得以发展的同时也对资源环境造成了不可磨灭的影响。雾霾、水体污染、地荒漠化等一系列的环境问题使我们觉察到,面对我国的环境问题,我们应当尽快采取措施去解决。而税收作为一种调节杠杆,无疑在其中扮演着举重若轻的角色。消费税能调节环境保护资源节约。

我国经济高速发展的同时,当时的税收制度存在一定的问题,征收范围过窄,不能很好地运用税收的杠杆功能调节引导消费,这一点在引导资源节约和环境保护方面体现得尤为显著。

党的十八届五中全会提出,必须坚持节约资源和保护环境的基本国策,坚持可持续发展,推进美丽中国建设,把高耗能、高污染产品纳入消费税征收范围。加快资源税改革,推动环境费改税,无疑将提高这些产品的价格,有利于改变全社会的消费习惯,从消费结构入手,引导全社会共同减少污染,保护环境。

任务二　辨析纳税义务人

思维启发

某化妆品有限责任公司为增值税一般纳税人,主要从事化妆品生产和销售业务,日常业务主要包含如下业务:
(1) 向消费者销售高档化妆品。
(2) 购入高档保湿精华一批用于生产高档保湿粉底液。
(3) 受托加工高档香水并收取加工费。
(4) 进口成套化妆品并在境内市场销售。

思考:上述经营行为是否属于消费税应税行为?如何判断上述业务中的"消费税纳税义务人"。

一、纳税人

在中华人民共和国境内生产、委托加工和进口《消费税暂行条例》规定的消费品的单位和个人,以及国务院确定的销售《消费税暂行条例》所规定的消费品的其他单位和个人,为消费税的纳税人,应当依照《消费税暂行条例》缴纳消费税。

单位,是指企业、行政单位、事业单位、军事单位、社会团体及其他单位。

个人,是指个体工商户及其他个人。

在中华人民共和国境内,是指生产、委托加工、进口属于应当缴纳消费税的消费品的起运地或者所在地在境内。

进口的应税消费品,尽管其产制地不在我国境内,但在我国境内销售或消费,为了平衡进口应税消费品与本国应税消费品的税负,必须由从事进口应税消费品的进口人或其代理人按照规定缴纳消费税。个人携带或者邮寄入境的应税消费品的消费税,连同关税一并计征,由携带入境者或者收件人缴纳消费税。

实战演练

【多选题】下列单位中,属于消费税纳税人的是(　　　　)。
A. 小汽车生产企业
B. 卷烟加工厂
C. 红酒生产企业
D. 进口高档化妆品企业

二、扣缴义务人

（1）委托加工的应税消费品，委托方为消费税纳税人，其应纳消费税由受托方（受托方为个人除外）在向委托方交货时代收代缴税款。

（2）跨境电子商务零售进口商品按照货物征收进口环节消费税，购买跨境电子商务零售进口商品的个人作为纳税义务人，电子商务企业、电子商务交易平台企业或物流企业可作为代收代缴义务人。

> **实战演练**
>
> 【单选题】委托加工应税消费品，除受托方为个人外，由受托方履行的消费税扣缴义务是（　　）。
>   A. 代征代缴　　　B. 代收代缴　　　C. 代扣代缴　　　D. 代售代缴
>
> 【判断题】购买跨境电子商务零售进口商品的个人作为代收代缴义务人，电子商务企业、电子商务交易平台企业或物流企业可作为纳税义务人。（　　）

任务三　选择消费税适用税率

思维启发

> 某珠宝首饰制造企业从事金银首饰加工生产和销售业务，日常经营业务主要包括：
> （1）向大型商场销售白金项链、包金项链、镀金项链。
> （2）向消费者销售自产纯金项链。
> （3）向消费者销售自产玉手镯、玛瑙吊坠。
> 思考：上述消费品是否属于消费税征税范围？如何选择应税消费品适用税率？

一、消费税税率的形式

消费税税率主要采取比例税率和定额税率两种形式，以适应不同应税消费品的实际情况。从价定率是指以应税消费品的价格为计税依据使用比例税率计税的方法。从量定额是指以应税销售量乘以定额税率的方法。此外，对于白酒和卷烟则采用比率税率和定额税率双重征收的方法，我们称之为复合税率。

> **实战演练**
>
> 【判断题】消费税仅采用比例税率和定额税率两种形式，以适应各种应税消费品的纳税需求。（　　）

二、消费税的具体税率

消费税根据不同的税目或子目确定相应的税率或单位税额。一般情况下,对一种消费品只选择一种税率形式,但为了更好、更有效地保全消费税计税依据,对卷烟和白酒,则采取了比例税率和定额税率复合征收的方法。消费税税目、税率见表3-1。

表 3-1　消费税税目、税率

税目	税率
一、烟	
1. 卷烟	
(1) 甲类卷烟(调拨价 70 元(不含增值税)/条以上(含 70 元))	56%+0.003 元/支
(2) 乙类卷烟(调拨价 70 元(不含增值税)/条以下)	36%+0.003 元/支
(3) 商业批发	11%+0.005 元/支
2. 雪茄烟	36%
3. 烟丝	30%
4. 电子烟	
(1) 生产(进口)环节	36%
(2) 批发环节	11%
二、酒及酒精	
1. 白酒	20%加 0.5 元/500 克(或者 500 毫升)
2. 黄酒	240 元/吨
3. 啤酒	
(1) 甲类啤酒(出厂价格在每吨 3 000 元以上)	250 元/吨
(2) 乙类啤酒(出厂价格在每吨 3 000 元以下)	220 元/吨
4. 其他酒	10%
三、高档化妆品	15%
四、贵重首饰及珠宝玉石	
1. 金银首饰、铂金首饰和钻石及钻石饰品	5%
2. 其他贵重首饰和珠宝玉石	10%
五、鞭炮、焰火	15%
六、成品油	
1. 汽油	

续　表

税目	税率
（1）含铅汽油	1.52 元/升
（2）无铅汽油	1.52 元/升
2. 柴油	1.20 元/升
3. 航空煤油	1.20 元/升
4. 石脑油	1.52 元/升
5. 溶剂油	1.52 元/升
6. 润滑油	1.52 元/升
7. 燃料油	1.20 元/升
七、摩托车	
1. 气缸容量（排气量，下同）在 250 毫升（含 250 毫升）以下的	3%
2. 气缸容量在 250 毫升以上的	10%
八、小汽车	
1. 乘用车	
（1）气缸容量（排气量，下同）在 1.0 升（含 1.0 升）以下的	1%
（2）气缸容量在 1.0 升以上至 1.5 升（含 1.5 升）的	3%
（3）气缸容量在 1.5 升以上至 2.0 升（含 2.0 升）的	5%
（4）气缸容量在 2.0 升以上至 2.5 升（含 2.5 升）的	9%
（5）气缸容量在 2.5 升以上至 3.0 升（含 3.0 升）的	12%
（6）气缸容量在 3.0 升以上至 4.0 升（含 4.0 升）的	25%
（7）气缸容量在 4.0 升以上的	40%
2. 中轻型商用客车	5%
3. 超豪华小汽车	按子税目 1 和子税目 2 的规定征收，零售环节 10%
九、高尔夫球及球具	10%
十、高档手表	20%
十一、游艇	10%
十二、木制一次性筷子	5%
十三、实木地板	5%
十四、铅蓄电池	4%
十五、涂料	4%

实战演练

〖单选题〗下列应税消费品中,适用定额税率征收消费税的是( )。
A. 高档手表　　　B. 摩托车　　　C. 成品油　　　D. 啤酒

任务四　确定计税依据

● 思维启发 ●

王华通过网上应聘进入一家小汽车生产企业担任税务会计助理的工作,该企业以生产小汽车作为主要经营业务,业务内容主要包括进口小汽车、生产加工小汽车、受托加工小汽车等。王华对消费税涉税业务并不熟悉,也从未从事相关涉税工作任务,无法确定不同渠道下小汽车计税依据。我们随同王华共同学习消费税的计税依据。

由于我国现行消费税同时采用从价定率和从量定额两种征税形式,其计税依据也相应分为计税销售额和计税销售数量两类(又称应税销售额和应税销售数量)。现行消费税制度对应税消费品的计税销售额和计税销售数量都做出了相应规定。

一、"从价计税"的计税依据确认

我国现行消费税制度规定,纳税人销售的应税消费品,以销售额作为计税依据;纳税人自产自用的应税消费品,按照纳税人生产的同类消费品的销售价格计算纳税,没有同类消费品销售价格的,以组成计税价格作为计税依据;委托加工的应税消费品,按照受托方的同类消费品的销售价格计算纳税,没有同类消费品销售价格的,按照组成计税价格计算纳税;进口的应税消费品,按照组成计税价格计算纳税;纳税人应税消费品的计税价格明显偏低且无正当理由的,由主管税务机关核定其计税价格。

作为消费税计税依据的销售额,是指纳税人销售应税消费品向购买方收取的全部价款和价外费用,但不包括应向购买方收取的增值税税款。其中,价外费用是指价外向购买方收取的手续费、补贴、基金、集资费、返还利润、奖励费,违约金、滞纳金、延期付款利息、赔偿金、代收款项、代垫款项、包装费、包装物租金、储备费、优质费、运输装卸费以及其他各种性质的价外收费。但是下列项目不包括在内:

(1) 符合条件的代垫运输费用。
(2) 符合条件代为收取的政府性基金或者行政事业性收费。

应税消费品的销售额不包括应向购货方收取的增值税税款。因此,如果纳税人应税消费品的销售额中未扣除增值税税款或者因不得开具增值税专用发票而发生价款和

增值税税款合并收取的,应换算为不含增值税的销售额。换算公式为:

$$应税消费品的销售额 = 含增值税的销售额(以及价外费用) \div (1 + 增值税税率或征收率)$$

如果消费税的纳税人是一般计税方法纳税人,应适用13%的增值税税率;如果消费税的纳税人是简易计税方法纳税人,应适用3%的征收率。

纳税人销售的应税消费品,以人民币计算销售额。纳税人以人民币以外的货币结算销售额的,应当折合成人民币计算。

【例3-1】 某摩托车生产企业是一般纳税人,全年生产200 000辆两轮摩托车,每辆两轮摩托车不含税销售价为0.46万元,全年销售190 000辆,取得不含税销售收入87 400万元。该企业全年生产30 000辆三轮摩托车,每辆三轮摩托车不含税销售价为0.36万元,全年销售28 000辆,取得不含税销售收入10 080万元。由于部分摩托车由该生产企业直接送货,全年共取得送货的运输费含税收入452万元。

要求:计算该摩托车生产企业当年应纳消费税的销售额。

解析:年应纳消费税销售额 = 87 400 + 10 080 + 452 ÷ (1 + 13%) = 97 880(万元)

二、"从量计税"的计税依据确认

实行从量定额计征办法通常以每单位应税消费品的重量、容积或数量为计税依据,并按每单位应税消费品规定固定税额。

(一) 从量定额销售数量的确定

销售数量是指应税消费品的数量,具体为:

(1) 销售应税消费品的,为应税消费品的销售数量。
(2) 自产自用应税消费品的,为应税消费品的移送使用数量。
(3) 委托加工应税消费品的,为纳税人收回的应税消费品数量。
(4) 进口的应税消费品,为海关核定的应税消费品进口征税数量。

(二) 从量定额的换算标准

在实际销售过程中,纳税人往往混用计量单位。为了规范不同产品的计量单位,《中华人民共和国消费税暂行条例实施细则》具体规定了吨与升两个计量单位的换算标准。应税消费品计量单位换算见表3-2。

表3-2 应税消费品计量单位换算表

序号	应税消费品	换算方式
1	黄酒	1吨 = 962升
2	啤酒	1吨 = 988升
3	汽油	1吨 = 1 388升
4	柴油	1吨 = 1 176升
5	航空煤油	1吨 = 1 246升

续表

序号	应税消费品	换算方式
6	石脑油	1 吨＝1 385 升
7	溶剂油	1 吨＝1 282 升
8	润滑油	1 吨＝1 126 升
9	燃料油	1 吨＝1 015 升

【例 3-2】 某啤酒厂 5 月销售啤酒 500 吨,每吨出厂价格 2 700 元。

要求: 确定该啤酒厂 5 月销售啤酒应纳消费税额的计税依据。

解析: 由于该啤酒每吨售价为 2 700 元,根据表 3-1,啤酒出厂价低于每吨 3 000 元,属于乙类啤酒,所以适用固定税额 220 元每吨,即该啤酒厂 5 月销售啤酒应纳消费税额应采用从量计税的计税依据,每吨 220 元。

三、"复合计税"的计税依据确认

卷烟和白酒实行从价定率和从量定额相结合的复合计征办法征收消费税。销售额为纳税人生产销售卷烟、白酒向购买方收取的全部价款和价外费用。销售数量为纳税人生产销售、进口、委托加工、自产自用卷烟、白酒的销售数量、海关核定数量、委托方收回数量和移送使用数量。

【例 3-3】 某白酒生产企业为增值税一般纳税人,4 月销售白酒 50 吨,取得不含增值税销售额 260 万元。

要求: 确定该企业当月应缴纳消费税额的计税依据。

解析: 根据表 3-1,白酒适用比例税率 20%,定额税率每 500 克 0.5 元,所以该企业应采用复合计税的计税依据,即销售白酒 50 吨采用定额税率每 500 克 0.5 元(每吨 1 000 元),不含增值税销售额 260 万元采用比例税率 20%。

四、"特殊业务"的计税依据确认

(1)纳税人应税消费品的计税价格明显偏低并无正当理由的,由税务机关核定计税价格。其核定权限规定如下:

① 卷烟、白酒和小汽车的计税价格由国家税务总局核定,送财政部备案。
② 其他应税消费品的计税价格由省、自治区和直辖市税务局核定。
③ 进口的应税消费品的计税价格由海关核定。

(2)纳税人通过自设非独立核算门市部销售的自产应税消费品,应当按照门市部对外销售额或者销售数量征收消费税。

(3)纳税人用于换取生产资料和消费资料、投资入股和抵偿债务等方面的应税消费品,应当以纳税人同类应税消费品的最高销售价格作为计税依据计算消费税。

(4)白酒生产企业向商业销售单位收取的"品牌使用费"是随着应税白酒的销售而向购货方收取的,属于应税白酒销售价款的组成部分,因此,不论企业采取何种方式或以何种名义收取价款,均应并入白酒的销售额中缴纳消费税。

(5) 应税消费品连同包装物销售的,无论包装物是否单独计价以及在会计上如何核算,均应并入应税消费品的销售额中缴纳消费税。如果包装物不单独作价随同产品销售,而是收取押金,此项押金不应并入应税消费品的销售额征税。但对因逾期未收回的包装物不再退还的或者收取时间超过 12 个月的押金,应并入应税消费品的销售额,按照应税消费品的适用税率缴纳消费税。

对既作价随同应税消费品销售,又另行收取押金的包装物的押金,凡纳税人在规定的期限内没有退还的,均应并入应税消费品的销售额,按照应税消费品的适用税率缴纳消费税。但是对酒类生产企业销售酒类产品(黄酒、啤酒除外)而收取的包装物押金,无论是否返还以及在会计制度上如何处理,均应并入当期的计税销售额,按照应税酒类产品的适用税率征税。另外,对增值税一般纳税人向购买方收取的价外费用和逾期包装物押金,应视为包含增值税的收入,在计算税额时需要换算成不含增值税的收入,然后并入销售额计征消费税。除此之外,对于其他价外费用,无论其会计制度规定如何核算,均应并入销售额计算征税,即销售额等于应税消费品售价加上价外收费。

(6) 纳税人采用以旧换新(含翻新改制)方式销售的金银首饰,应按实际收取的不含增值税的全部价款确定计税依据征收消费税。对既销售金银首饰,又销售非金银首饰的生产、经营单位,应将两类商品划分清楚,分别核算销售额。凡划分不清楚或不能分别核算的并在生产环节销售的,一律从高适用税率征收消费税;在零售环节销售的,一律按金银首饰征收消费税。金银首饰与其他产品组成成套消费品销售的,应按销售额全额征收消费税。金银首饰连同包装物销售的,无论包装是否单独计价,也无论会计上如何核算,均应并入金银首饰的销售额计征消费税。带料加工的金银首饰,应按受托方销售同类金银首饰的销售价格确定计税依据征收消费税。没有同类金银首饰销售价格的,按照组成计税价格计算纳税。

(7) 纳税人生产、批发电子烟的,按照生产、批发电子烟的销售额计算纳税。电子烟生产环节纳税人采用代销方式销售电子烟的,按照经销商(代理商)销售给电子烟批发企业的销售额计算纳税。纳税人进口电子烟的,按照组成计税价格计算纳税。电子烟生产环节纳税人从事电子烟代加工业务的,应当分开核算持有商标电子烟的销售额和代加工电子烟的销售额;未分开核算的,一并缴纳消费税。

(8) 纳税人销售的应税消费品,以人民币以外的货币结算销售额的,其销售额可以选择销售额发生的当天或者当月 1 日的人民币汇率中间价进行折算。纳税人应在事先确定采取何种折合率,确定后 1 年内不得变更。

【例 3-4】 某化妆品生产企业为增值税一般纳税人。4 月 5 日,该企业向某大型商场销售一批化妆品,开具增值税专用发票,取得不含增值税销售额 60 万元,增值税税额 7.8 万元;向某单位销售一批化妆品,开具普通发票,价税合计 9.04 万元;没收未退还的包装物押金 2.26 万元。上述款项均已收到并存入银行。已知化妆品适用的增值税税率为 13%,化妆品适用的消费税税率为 15%。

要求:计算该企业 4 月的增值税税额的计税依据。

解析:计税依据 = 60 + 9.04 ÷ (1+13%) + 2.26 ÷ (1+13%) = 70(万元)

> **实战演练**
>
> 〖计算题〗某化妆品生产企业为增值税一般纳税人,销售一批高档化妆品,开具增值税专用发票,取得不含税销售额 100 万元,增值税税额为 13 万元;2 月 10 日又销售一批高档化妆品一批,开具普通发票,取得增值税销售额为 11.3 万元。已知高档化妆品适用的消费税税率为 15%。
>
> 要求:计算该化妆品生产企业 2 月份应纳消费税税额的计税依据。
>
> _____
> _____
> _____
> _____

任务五 计算应纳消费税额

● 思维启发 ●

张先生是某家上市公司税务会计,他计划购买一辆排气量为 3.0 升的小汽车,总价为 36.5 万元,这 36.5 万元的总价款中包含了多少消费税?如何计算应纳消费税税额?

一、生产销售环节应纳消费税额计算

消费税计算分为从价定率征税、从量定额征税、从价定率和从量定额复合征税三种方法。纳税人在生产销售环节应缴纳的消费税,包括直接对外销售应税消费品应缴纳的消费税和自产自用应税消费品应缴纳的消费税。

(一)直接对外销售应纳消费税的计算

直接对外销售应税消费品应纳消费税涉及三种计算方法。

1. 从价定率计算

在从价定率计算方法下,应纳消费税额等于销售额乘以适用税率。基本计算公式为:

$$应纳消费税额 = 应税消费品的销售额 \times 比例税率$$

【例 3-5】 某化妆品生产企业为增值税一般纳税人,4 月 5 日,向某大型商场销售化妆品一批,开具增值税专用发票,取得不含增值税销售额 60 万元,增值税额 7.8 万元;向某单位销售化妆品一批,开具普通发票,价税合计 9.04 万元;没收未退还的包装

物押金2.26万元。上述款项均已收到并存入银行。已知化妆品适用的增值税税率为13%,化妆品适用的消费税税率为15%。

要求: 计算该企业4月应纳消费税额。

解析: 应纳消费税额＝70×15%＝10.5(万元)

2. 从量计税

实行从量计税办法计征消费税的消费品,其应纳税额的计算公式为:

$$应纳税额＝销售数量×定额税率$$

因此,应纳税额的多少取决于应税消费品的销售数量和定额税率两个因素。

【例3-6】 某啤酒厂为一般纳税人,5月销售啤酒1 000吨,每吨出厂价格2 800元(不含增值税),款项收到并存入银行。已知啤酒每吨出厂价(含包装物及包装物押金)在3 000元以下的(不含增值税),适用的税率为220元/吨。

要求: 计算该企业5月增值税销项税额和应纳消费税额。

解析: 增值税销项税额＝2 800×1 000×13%＝364 000(元)

应纳消费税额＝220×1 000＝220 000(元)

3. 从价定率和从量定额复合计税

现行消费税的征税范围中,只有卷烟、白酒采用复合计税方法。基本计算公式为:

$$应纳税额＝应税消费品的销售数量×定额税率＋应税消费品的销售额×比例税率$$

【例3-7】 某白酒生产企业为增值税一般纳税人,4月销售白酒50吨,取得不含增值税销售额260万元。白酒适用比例税率20%,定额税率每500克0.5元。

要求: 计算该企业当月应缴纳的消费税。

解析: 应纳税额＝50×2 000×0.000 05＋260×20%＝57(万元)

> ✍ **实战演练**
>
> 【计算题】甲化妆品生产企业(简称"甲企业")为增值税一般纳税人,本年5月15日向乙超市销售高档化妆品一批,开具增值税专用发票,取得不含增值税销售额30万元;5月20日向丙公司销售高档化妆品一批,开具增值税普通发票,取得含增值税销售额2.26万元。高档化妆品适用消费税税率为15%。
>
> **要求:** 计算甲企业当月销售高档化妆品应缴纳的消费税。

(二)自产自用的应税消费品应纳消费税的计算

自产自用是指纳税人生产应税消费品后,用于连续生产应税消费品或用于其他方面。这种自产自用应税消费品形式,在实际经济活动中是很常见的,但在是否纳税或如何纳税上也最容易出现问题。

1. 用于连续生产应税消费品

纳税人自产自用的应税消费品,用于连续生产应税消费品的,在连续加工环节不缴纳消费税,所谓"纳税人自产自用的应税消费品,用于连续生产应税消费品的",是指作为生产最终应税消费品的直接材料并构成最终产品实体的应税消费品。

2. 用于其他方面的应税消费品

纳税人自产自用的应税消费品,除用于连续生产应税消费品外,凡用于其他方面的,于移送使用时纳税。用于其他方面是指纳税人用于生产非应税消费品、在建工程、管理部门、非生产机构、提供劳务,以及用于馈赠、赞助、集资、广告、样品、职工福利、奖励等方面。"用于生产非应税消费品"是指把自产的应税消费品用于生产《消费税暂行条例》税目、税率(额)表所列15类产品以外的产品。

3. 组成计税价格及税额的计算

纳税人自产自用的应税消费品,凡用于其他方面,应当纳税的,按照纳税人生产的同类消费品的销售价格计算纳税。同类消费品的销售价格是指纳税人当月销售的同类消费品的销售价格,如果当月同类消费品各期销售价格高低不同,应按销售数量加权平均计算。但销售的应税消费品有下列情况之一的,不得列入加权平均计算:

(1) 销售价格明显偏低又无正当理由的。

(2) 无销售价格的。

如果当月无销售或者当月未完结,应按照同类消费品上月或者最近月份的销售价格计算纳税。

没有同类消费品销售价格的,按照组成计税价格计算纳税。实行从价定率办法计算纳税的组成计税价格,其计算公式为:

$$组成计税价格 = (成本 + 利润) \div (1 - 比例税率)$$
$$应纳税额 = 组成计税价格 \times 比例税率$$

实行复合计税办法计算纳税的组成计税价格,其计算公式为:

$$组成计税价格 = (成本 + 利润 + 自产自用数量 \times 定额税率) \div (1 - 比例税率)$$
$$应纳税额 = 组成计税价格 \times 比例税率 + 自产自用数量 \times 定额税率$$

上述公式中所说的"成本",是指应税消费品的产品生产成本。

上述公式中所说的"利润",是指根据应税消费品的全国平均成本利润率计算的利润。应税消费品全国平均成本利润率由国家税务总局确定见表3-3。

表3-3 应税消费品的全国平均成本利润率

应税消费品	成本利润率	应税消费品	成本利润率
甲类卷烟	10%	摩托车	6%
乙类卷烟	5%	高尔夫球及球具	10%
雪茄烟	5%	高档手表	20%

续　表

应税消费品	成本利润率	应税消费品	成本利润率
烟丝	5%	游艇	10%
粮食白酒	10%	木质一次性筷子	5%
薯类白酒	5%	实木地板	5%
其他酒	5%	乘用车	8%
高档化妆品	5%	中轻型商用客车	5%
鞭炮、烟火	5%	电池	4%
贵重首饰及珠宝玉石	6%	涂料	7%

【例 3-8】　某企业为一般纳税人，4月10日将一批自产的葡萄酒作为福利发放给员工，该批葡萄酒的生产成本为150 000元，无同类葡萄酒销售价格。已知，葡萄酒适用的消费税税率为10%，成本利润率为5%，增值税税率为13%。

要求：计算该企业增值税销项税额和应纳消费税额。

解析：组成计税价格＝150 000×(1＋5%)÷(1－10%)＝175 000(元)

　　　　增值税销项税额＝175 000×13%＝22 750(元)

　　　　应纳消费税额＝175 000×10%＝17 500(元)

【例 3-9】　甲白酒厂为增值税一般纳税人，本年1月特制一批粮食白酒作为样品，该批白酒该酒厂无市场销售价格。税务机关确定按组成计税价格计算税款。该批白酒成本为42 000元，共500千克。成本利润率为10%，白酒的比例税率为20%，白酒的定额税率为0.5元/500克。

要求：1. 计算甲白酒厂本年1月该批自产粮食白酒的组成计税价格。

　　　2. 计算甲白酒厂本年1月该批粮食白酒的应纳消费税额。

解析：组成计税价格＝[42 000×(1＋10%)＋(1 000×0.5)]÷(1－20%)

　　　　　　　　　＝58 375(元)

　　　　应纳消费税额＝58 375×20%＋1 000×0.5＝12 175(元)

实战演练

【计算题】某企业4月10日将一批自产的葡萄酒作为福利发放给员工，该批葡萄酒的生产成本为180 000元，无同类葡萄酒销售价格。已知葡萄酒适用的消费税税率为10%，成本利润率为5%，增值税税率为13%。

要求：计算该企业应纳消费税额。

二、委托加工应税消费品应纳消费税额计算

(一) 委托加工应税消费品的确定

委托加工的应税消费品是指由委托方提供原料和主要材料,受托方只收取加工费和代垫部分辅助材料加工的应税消费品。对于由受托方提供原材料生产的应税消费品,或者受托方先将原材料卖给委托方,然后再接受加工的应税消费品,以及由受托方以委托方名义购进原材料生产的应税消费品,不论在会计核算上是否作销售处理,都不得作为委托加工应税消费品,而应当按照销售自制应税消费品缴纳消费税。

委托加工的应税消费品,除受托方为个人外,由受托方在向委托方交货时代收代缴税款。委托加工收回的应税消费品,委托方收回应税消费品时,依法履行消费税纳税义务。委托方用于连续生产应税消费品的,所纳税款准予按规定抵扣。委托加工的应税消费品收回后直接出售的,不再缴纳消费税。委托方将收回的应税消费品,以不高于受托方的计税价格出售的,为直接出售,不再缴纳消费税;委托方以高于受托方的计税价格出售的,不属于直接出售,需按照规定申报缴纳消费税,在计税时准予扣除受托方已代收代缴的消费税。委托个人加工的应税消费品,由委托方收回后缴纳消费税。

(二) 委托加工应税消费品计税依据的确定

1. 实行从价定率办法计算纳税的委托加工应税消费品计税依据的确定

实行从价定率办法计算纳税的委托加工应税消费品按照受托方的同类消费品的销售价格计算纳税;没有同类消费品销售价格的,按照组成计税价格计算纳税。

实行从价定率办法计算纳税的组成计税价格的计算公式为:

$$组成计税价格=(材料成本+加工费)\div(1-比例税率)$$

2. 实行从量定额办法计算纳税的委托加工应税消费品计税依据的确定

实行从量定额办法计算纳税的委托加工应税消费品的计税依据为委托加工收回的应税消费品数量(委托加工数量)。

3. 实行复合计税办法计算纳税的委托加工应税消费品计税依据的确定

从价部分,按照受托方的同类消费品的销售价格计算纳税;没有同类消费品销售价格的,按照组成计税价格计算纳税。从量部分,按照纳税人委托加工数量作为计税依据计算纳税。

实行复合计税办法计算纳税的组成计税价格的计算公式为:

$$组成计税价格=(材料成本+加工费+委托加工数量\times定额税率)\div(1-比例税率)$$

上述各组成计税价格公式中的材料成本是指委托方所提供加工的材料实际成本。委托加工应税消费品的纳税人必须在委托加工合同上如实注明(或者以其他方式提供)材料成本,凡未提供材料成本的,受托方主管税务机关有权核定其材料成本。加工费是受托方加工应税消费品向委托方收取的全部费用(包括代垫的辅助材料实际成本)。

(三) 委托加工应税消费品应纳税额的计算

1. 实行从价定率办法计算纳税的委托加工应税消费品应纳税额的计算

(1) 受托方有同类消费品销售价格

应纳消费税＝同类应税消费品单位销售价格×委托加工数量×比例税率

(2) 受托方没有同类消费品销售价格

应纳消费税＝组成计税价格×比例税率

2. 实行从量定额办法计算纳税的委托加工应税消费品应纳税额的计算

应纳消费税＝委托加工数量×定额税率

3. 实行复合计税办法计算纳税的委托加工应税消费品应纳税额的计算

(1) 受托方有同类消费品销售价格

应纳消费税＝同类应税消费品单位销售价格×委托加工数量×比例税率

(2) 受托方没有同类消费品销售价格

应纳消费税＝组成计税价格×比例税率＋委托加工数量×定额税率

【例3-10】 甲化妆品企业本年3月受托为某商场加工一批高档化妆品,收取不含增值税的加工费37万元,商场提供的原材料金额为48万元。该化妆品企业无同类产品销售价格,消费税税率为15%。

要求:计算甲化妆品企业本年3月上述业务应代收代缴的消费税。

解析:组成计税价格＝(48＋37)÷(1－15%)＝100(万元)

应代收代缴消费税＝100×15%＝15(万元)

【例3-11】 甲企业为增值税一般纳税人,4月接受某烟厂委托加工烟丝,甲企业自行提供烟叶的成本为35 000元(不含税),代垫辅助材料3 000元(不含税),发生加工支出4 000元(不含税);甲企业当月允许抵扣的进项税额为340元。已知烟丝的成本利润率为5%,消费税适用税率为30%。

要求:计算甲企业应纳增值税额和消费税额。

解析:应税消费品的组成计税价格＝(35 000＋3 000＋4 000)÷
　　　　　　　　　　　　　　　(1－30%)×(1＋5%)
　　　　　　　　　　　　　≈63 000(元)

应纳增值税额＝63 000×13%－340＝7 850(元)

应纳消费税额＝63 000×30%＝18 900(元)

【例3-12】 甲企业委托乙企业加工一批应税消费品,提供原材料等实际成本为5 800元,取得乙企业开具的增值税专用发票注明加工费1 400元、增值税182元。乙企业按规定代收代缴消费税,无同类产品销售价格。已知该应税消费品适用的消费税税率为10%,且实行从价定率方法计税。甲企业委托加工收回后的产品将用于连续生产应税消费品。

要求:计算乙企业代收代缴应税消费品消费税额。

解析:组成计税价格＝(5 800＋1 400)÷(1－10%)＝8 000(元)

乙企业代扣代缴消费税额＝8 000×10%＝800(元)

> **实战演练**

【计算题】甲酒厂为增值税一般纳税人,本年5月提供250吨粮食(成本20万元),委托乙酒厂加工成粮食白酒50吨,对方收取加工费5万元,受托方垫付辅助材料费2万元,均收到了专用发票,受托方无同类产品售价。

要求:计算乙酒厂应代收代缴的消费税。

_____

_____

_____

_____

三、进口应税消费品应纳消费税额计算

(一)进口应税消费品计税依据的确定

纳税人进口应税消费品,在进口环节依法履行消费税纳税义务。按照组成计税价格和规定的税率计算应纳税额。

1. 实行从价定率办法计算纳税的进口应税消费品计税依据的确定

实行从价定率办法计算纳税的进口应税消费品的计税依据为组成计税价格。实行从价定率办法计算纳税的组成计税价格的计算公式为:

$$组成计税价格=(关税计税价格+关税)\div(1-比例税率)$$

2. 实行从量定额办法计算纳税的进口应税消费品计税依据的确定

实行从量定额办法计算纳税的进口应税消费品的计税依据为海关核定的应税消费品的进口数量。

3. 实行复合计税办法计算纳税的进口应税消费品计税依据的确定

从价计税按照组成计税价格计算纳税;从量计税按照海关核定的应税消费品的进口数量作为计税依据计算纳税。实行复合计税办法计算纳税的组成计税价格的计算公式为:

$$组成计税价格=(关税计税价格+关税+海关核定的应税消费品进口数量\times 定额税率)\div(1-比例税率)$$

(二)进口应税消费品应纳税额的计算

(1)实行从价定率办法计算纳税的进口应税消费品应纳税额的计算公式为:

$$应纳消费税=组成计税价格\times 比例税率$$

(2)实行从量定额办法计算纳税的进口应税消费品应纳税额的计算公式为:

$$应纳消费税=海关核定的应税消费品的进口数量\times 定额税率$$

（3）实行复合计税办法计算纳税的进口应税消费品应纳税额的计算公式为：

应纳消费税＝组成计税价格×比例税率＋海关核定的应税消费品的进口数量×定额税率

【例 3-13】 甲商贸公司为增值税一般纳税人，本年 7 月从国外进口一批粮食白酒共 5 000 千克。该批应税消费品的关税计税价格为 100 万元，按规定应缴纳关税 20 万元。粮食白酒的消费税比例税率为 20%，定额税率为 0.5 元/500 克。

要求：计算甲公司进口粮食白酒的应纳消费税额。

解析：组成计税价格＝(1 000 000＋200 000＋5 000×2×0.5)÷(1－20%)
　　　　　　　　＝1 506 250(元)

　　　应纳消费税额＝1 506 250×20%＋5 000×2×0.5＝306 250(元)

【例 3-14】 某企业 9 月从境外进口一批应税消费品，已知核定的关税计税价格为 54 000 元，进口关税税率为 50%，消费税税率为 10%。

要求：计算该批进口应税消费品的应纳消费税额。

解析：组成计税价格＝(54 000＋54 000×50%)÷(1－10%)＝90 000(元)

　　　应纳消费税额＝90 000×10%＝9 000(元)

【例 3-15】 某外贸公司进口一批小汽车，支付给国外的买价为 1 000 万元，支付到达我国海关以前的装卸费、运输费为 107.5 万元，保险费为 30 万元，从海关运往公司所在地支付的运输费为 4 万元，关税税率为 25%，消费税税率为 9%。

要求：计算该外贸公司进口小汽车环节应缴纳的消费税。

解析：关税计税价格＝1 000＋107.5＋30＝1 137.5(万元)

　　　消费税组成计税价格＝1 137.5×(1＋25%)÷(1－9%)＝1 562.5(万元)

　　　进口环节应纳消费税额＝1 562.5×9%＝140.625(万元)

实战演练

〖计算题〗甲进出口公司 4 月从国外进口白酒 2 000 吨，报关时海关核定关税完税价为 15 000 万元，已知关税税率为 20%，款项均已付。

要求：计算该企业 4 月进口环节应纳消费税额。

四、已纳消费税额扣除的计算

用外购应税消费品和委托加工收回的应税消费品继续生产应税消费品销售的，可将外购应税消费品和委托加工收回应税消费品已纳的消费税予以扣除。

(一) 外购应税消费品已纳税款的扣除

由于部分应税消费品是用外购已缴纳消费税的应税消费品连续生产出来的，在对这些连续生产出来的应税消费品计算征税时，税法规定应按当期生产领用数量计算准予扣除的外购应税消费品已纳的消费税税款。外购的应税消费品用于连续生产应税消费品,符合下列情形的,已纳消费税税款准予按规定抵扣:

(1) 外购已税烟丝生产卷烟。
(2) 外购已税鞭炮、焰火生产鞭炮、焰火。
(3) 外购已税杆头、杆身和握把生产高尔夫球杆。
(4) 外购已税木制一次性筷子生产木制一次性筷子。
(5) 外购已税实木地板生产实木地板。
(6) 外购已税石脑油、燃料油生产成品油。
(7) 外购已税汽油、柴油、润滑油分别生产汽油、柴油、润滑油。
(8) 集团内部企业间用啤酒液生产啤酒。
(9) 外购已税葡萄酒生产葡萄酒。
(10) 外购已税高档化妆品生产高档化妆品。

除第(6)、(7)、(8)项外,上述准予抵扣的情形仅限于进口或从同税目纳税人处购进的应税消费品。

【例3-16】 甲卷烟厂4月外购烟丝价款为100 000元,月初库存外购已税烟丝为75 000元,月末库存外购已税烟丝为35 000元,当月以外购烟丝生产乙类卷烟的销售量为30个标准箱,共计300 000元(不含增值税)。已知:烟丝适用的消费税税率为30%;乙类卷烟适用消费税税率为比例税率36%,定额税率为每箱150元。

要求: 计算该企业4月应纳消费税额。

解析: 当月准予扣除的外购烟丝买价=75 000+100 000−35 000=140 000(万元)
当月准予扣除的外购烟丝已纳税额=140 000×30%=42 000(元)
当月销售卷烟应纳消费税额=300 000×36%+30×150−42 000=70 500(元)

实战演练

【计算题】 甲卷烟厂4月外购烟丝价款为100 000元,月初库存外购已税烟丝为65 000元,月末库存外购已税烟丝为30 000元;当月以外购烟丝生产乙类卷烟的销售量为40个标准箱,共计400 000元(不含增值税)。烟丝适用的消费税税率为30%;乙类卷烟适用的消费税税率为比例税率36%,定额税率为每箱150元。

要求:计算该企业4月应纳消费税额。

(二) 委托加工收回的应税消费品已纳税额的扣除

委托加工收回的应税消费品,委托方用于连续生产应税消费品的,所纳消费税税款准予按规定抵扣。

对于委托加工的应税消费品来说,委托方在提取货物时已由受托方代收代缴了消费税,因此委托方收回货物后直接销售(以不高于受托方的计税价格出售)的,不再缴纳消费税;如果委托方连续生产应税消费品或者以高于受托方的计税价格出售,其已纳税款准予按照规定从连续生产的应税消费品已纳消费税税款中扣除。

当期准予扣除委托加工收回的应税消费品已纳消费税税款的计算公式为：

当期准予扣除的委托加工应税消费品已纳税款 = 期初库存的委托加工应税消费品已纳税款 + 当期收回的应税消费品已纳税款 - 期末库存的委托加工应税消费品已纳税款

任务六　明确征收管理要求

思维启发

本年度1月,中庆游艇生产企业与客户签订一份销售合同,按客户要求制造一艘机动游艇,工期为20个月,按合同约定2月预售款项600万元,游艇生产企业的消费税纳税义务发生时间与纳税地点如何确定？纳税申报表是什么样子呢？

一、纳税义务发生时间

(1) 纳税人销售应税消费品的,按不同的销售结算方式确定,分别为：

① 采取赊销和分期收款结算方式的,为书面合同约定的收款日期的当天,书面合同没有约定收款日期或者无书面合同的,为发出应税消费品的当天。

② 采取预收货款结算方式的,为发出应税消费品的当天。

③ 采取托收承付和委托银行收款方式的,为发出应税消费品并办妥托收手续的当天。

④ 采取其他结算方式的,为收讫销售款或者取得索取销售款凭据的当天。

(2) 纳税人自产自用应税消费品的,为移送使用的当天。

(3) 纳税人委托加工应税消费品的,为纳税人提货的当天。

(4) 纳税人进口应税消费品的,为报关进口的当天。

实战演练

〖单选题〗纳税人采取预收货款结算方式销售应税消费品的,其消费税纳税义务发生时间为(　　)。

A. 签订销售合同的当天　　B. 收到预收货款的当天
C. 发出应税消费品的当天　　D. 开具预收款发票的当天

二、纳税地点

（1）纳税人销售的应税消费品，以及自产自用的应税消费品，除国务院财政、税务主管部门另有规定外，应当向纳税人机构所在地或者居住地的税务机关申报纳税。

（2）委托加工的应税消费品，除受托方为个人外，由受托方向机构所在地或者居住地的税务机关解缴消费税税款。受托方为个人的，由委托方向机构所在地的税务机关申报纳税。

（3）进口的应税消费品，由进口人或者其代理人向报关地海关申报纳税。

（4）纳税人到外县（市）销售或者委托外县（市）代销自产应税消费品的，于应税消费品销售后，向机构所在地或者居住地税务机关申报纳税。

（5）纳税人的总机构与分支机构不在同一县（市）的，应当分别向各自机构所在地的税务机关申报纳税。纳税人的总机构与分支机构不在同一县（市），但在同一省（自治区、直辖市）范围内，经省（自治区、直辖市）财政厅（局）、税务局审批同意，可以由总机构汇总向总机构所在地的税务机关申报缴纳消费税。省（自治区、直辖市）财政厅（局）、税务局应将审批同意的结果，上报财政部、国家税务总局备案。

（6）纳税人销售的应税消费品，如因质量等原因由购买者退回时，经机构所在地或者居住地税务机关审核批准后，可退还已缴纳的消费税税款。

（7）出口的应税消费品办理退税后，发生退关，或者国外退货进口时予以免税的，报关出口者必须及时向其机构所在地或者居住地税务机关申报补缴已退还的消费税税款。纳税人直接出口的应税消费品办理免税后，发生退关或者国外退货，进口时已予以免税的，经机构所在地或者居住地税务机关批准，可暂不办理补税，待其转为国内销售时，再申报补缴消费税。

（8）个人携带或者邮寄进境的应税消费品的消费税，连同关税一并计征，具体办法由国务院关税税则委员会会同有关部门制定。

三、纳税期限

消费税的纳税期限分别为1日、3日、5日、10日、15日、1个月或者1个季度；纳税人的具体纳税期限，由税务机关根据纳税人应纳税额的大小分别核定；不能按照固定期限纳税的，可以按次纳税。

纳税人以1个月或者1个季度为1个纳税期的，自期满之日起15日内申报纳税；以1日、3日、5日、10日或者15日为1个纳税期的，自期满之日起5日内预缴税款，于次月1日起至15日内申报纳税并结清上月应纳税款。

纳税人进口应税消费品，应当自海关填发海关进口消费税专用缴款书之日起15日内缴纳税款。

四、纳税申报表

自2021年8月1日起，消费税与城市维护建设税、教育费附加、地方教育附加申报表整合，启用《消费税及附加税费申报表》，样表见表3-4。

表 3-4 消费税及附加税费申报表

税款所属期：自　年　月　日至　年　月　日

纳税人识别号(统一社会信用代码)：□□□□□□□□□□□□□□□□□□□

纳税人名称：　　　　　　　　　　　　　　金额单位：人民币元(列至角分)

应税消费品名称	项目	适用税率		计量单位	本期销售数量	本期销售额	本期应纳税额
		定额税率	比例税率				
		1	2	3	4	5	6＝1×4＋2×5
合计		—	—	—	—	—	

	栏次	本期税费额
本期减(免)税额	7	
期初留抵税额	8	
本期准予扣除税额	9	
本期应扣除税额	10＝8＋9	
本期实际扣除税额	11[10＜(6－7)，则为10,否则为6－7]	
期末留抵税额	12＝10－11	
本期预缴税额	13	
本期应补(退)税额	14＝6－7－11－13	
城市维护建设税本期应补(退)税额	15	
教育费附加本期应补(退)费额	16	
地方教育附加本期应补(退)费额	17	

声明：此表是根据国家税收法律法规及相关规定填写的,本人(单位)对填报内容(及附带资料)的真实性、可靠性、完整性负责。

纳税人(签章)：　　　　年　月　日

经办人： 经办人身份证号： 代理机构签章： 代理机构统一社会信用代码：	受理人： 受理税务机关(章)： 受理日期：　年　月　日

项目小结

消费税是我国货物和劳务税体系中重要的税种之一,与增值税征税范围相比,通过特定消费品实施选择性征税。在中国境内销售、委托加工和进口应税消费品以及从事卷烟批发业的单位和个人,均为消费税的纳税人。消费税的征税范围包括销售应税消费品、委托加工应税消费品、进口应税消费品。消费税具体划分为 15 个税目。消费税的征收方法灵活,采用从价计税、从量计税和从价从量复合计税三种方法。我国消费税与增值税在纳税环节、计税依据、纳税期限、纳税地点上既有共性又有差异,两者交叉征收,在学习消费税相关内容时,可结合增值税计税特性进行比较分析,深入了解货物劳务税各个税种之间的密切联系。

项 目 测 试

一、单项选择题(将答案填入括号内)

( ) 1. 下列消费品中,应征收消费税的是_____。
A. 手机　　　　B. 手提电脑　　　C. 洗衣粉　　　D. 高档化妆品

( ) 2. 下列消费品中,不征收消费税的是_____。
A. 进口香烟　　B. 进口服装　　　C. 进口法国酒　D. 进口化妆品

( ) 3. 按消费税条例规定,在委托加工应税消费品业务中,受托方成为应纳消费税的_____。
A. 纳税人　　　　　　　　　　　B. 负税人
C. 代收代缴义务人　　　　　　　D. 代理人

( ) 4. 下列各项中,应征消费税的是_____。
A. 啤酒屋销售的自制啤酒　　　　B. 土杂商店出售的烟火鞭炮
C. 黄河牌卡车　　　　　　　　　D. 销售使用过的小轿车

( ) 5. 我国消费税绝大部分选择在生产销售环节征税,下列各项中不在此环节征税的应税消费品是指_____。
A. 化妆品　　　B. 小汽车　　　　C. 鞭炮、焰火　D. 金银首饰

( ) 6. 以下应税消费品中,适用定额税率的是_____。
A. 粮食白酒　　B. 酒精　　　　　C. 黄酒　　　　D. 卷烟

( ) 7. 下列各项中,按从价从量复合计征消费税的是_____。
A. 汽车轮胎　　B. 化妆品　　　　C. 白酒　　　　D. 珠宝玉石

( ) 8. 纳税人将自产自用的应税消费品,用于连续生产应税消费品的_____。
A. 视同销售纳税　　　　　　　　B. 于移送使用时纳税
C. 按组成计税价格纳税　　　　　D. 不纳税

( ) 9. 委托加工的一般应税消费品,没有同类消费品销售价格的,按组成计税价格计算纳税,其组成计税价格=_____。
A. (材料成本+加工费)÷(1+消费税税率)

B. （材料成本＋加工费）÷（1－消费税税率）

C. （材料成本＋加工费）÷（1＋增值税税率）

D. （材料成本＋加工费）÷（1－增值税税率）

（　　）10. 实行从价定率征收消费税的应税消费品的计税依据应是_____。

A. 含增值税不含消费税的销售额　　B. 含增值税含消费税的销售额

C. 不含增值税不含消费税的销售额　D. 不含增值税含消费税的销售额

二、多项选择题（将答案填入括号内）

（　　）1. 下列商品中适用定额税率征收消费税的有_____。

A. 汽油　　　B. 柴油　　　C. 小汽车　　　D. 啤酒

（　　）2. 下列货物销售征收消费税的有_____。

A. 汽车销售公司代销小汽车

B. 汽车修理厂销售汽车轮胎

C. 金店零售金银首饰

D. 手表厂生产销售不含税单价为 12 000 元的手表

（　　）3. 消费税不同应税产品的纳税环节包括_____。

A. 批发环节　　　　　　　B. 进口环节

C. 生产销售环节　　　　　D. 零售环节

（　　）4. 某企业生产的某高档化妆用品，用于_____用途时应征收消费税。

A. 促销活动中赠送品　　　B. 本企业职工运动会奖品

C. 加工生产其他系列化妆用品　D. 电视广告的样品

（　　）5. 实行从价定率和从量定额复合计税办法计算应纳税额的应税消费品是_____。

A. 白酒　　　B. 卷烟　　　C. 汽车轮胎　　　D. 珠宝玉石

三、判断题（判断正确的在括号内标记"√"，错误的在括号内标记"×"）

（　　）1. 消费税应在应税消费品的生产、流通或消费的每一环节缴纳，实行的是价内税。

（　　）2. 应征收增值税的货物均应征收消费税。

（　　）3. 缴纳消费税的纳税人一般要缴纳增值税。

（　　）4. 金银首饰在生产环节征收消费税。

（　　）5. 消费税的复合税率适用于黄酒、啤酒。

（　　）6. 消费税是价内税，即应税消费品的计税销售额中包括增值税和消费税的税款。

（　　）7. 受托方以委托方名义购进原材料生产的应税消费品，作为委托加工应税消费品缴纳消费税。

（　　）8. 纳税人 A 委托纳税人 B 加工应税消费品，交货时由 B 代收代缴 A 应缴纳的消费税，A 收回的产品直接出售时，不再征收消费税。

（　　）9. A 市甲企业委托 B 市乙企业加工一批应税消费品，该批消费品应缴纳的消费税税款应由乙企业向 B 市税务机关解缴。

（　　）10. 甲企业 3 月受托加工一批烟丝，已收到由委托方提供的材料及加工费，该烟丝计划于 4 月 10 日加工完成并交付。则甲企业应于 4 月 15 日前向税务机关缴纳代收代缴的委托加工环节消费税。

四、计算题

〖业务 1〗A 企业生产销售高档化妆品,不含税价款为 40 000 元,适用的消费税税率为 15%。

要求:计算该化妆品生产企业上述业务应纳消费税额。

〖业务 2〗B 化妆品生产企业为增值税一般纳税人。3 月 20 日销售一批高档化妆品,开具普通发票,取得含增值税销售额 56 500 元。适用的消费税税率为 15%。

要求:计算该化妆品生产企业上述业务应缴纳的消费税税额。

〖业务 3〗某啤酒厂 4 月份销售 400 吨甲类啤酒,每吨出厂价格为 5 000 元。

要求:计算该啤酒厂上述业务应纳消费税税额。

〖业务 4〗某增值税一般纳税人企业从国外进口一批农产品,海关审定的关税计税价格为 20 000 000 元,关税税率为 13%,增值税税率为 9%。

要求:(1) 计算该批货物的组成计税价格。
      (2) 计算该批货物应纳增值税税额。

〖业务 5〗某增值税一般纳税人从国外进口一批高档化妆品,海关审定的关税计税价格为 8 500 000 元,进口该批化妆品关税税率为 10%;消费税税率为 15%,增值税税率为 13%。

要求:(1) 计算组成计税价格。
(2) 计算应纳增值税税额。

_____
_____
_____
_____

五、拓展题

请扫描二维码 3-3、3-4 获取数字资源,按小组对比分析我国和世界各国消费税特点,并推选小组代表进行汇报展示。

3-3 拓展阅读
世界各国消费税征税概况

3-4 拓展阅读
消费税的绿色革命

项 目 评 价

根据本项目学习情况,在表 3-5 中进行评价,"A"为优良,"B"为一般,"C"为需要帮助。

表 3-5 项目三学习评价表

序号	学习重点	自我评价 (在方框内打勾)	教师反馈与评价
1	识别消费税征税范围	A□ B□ C□	
2	辨析纳税义务人	A□ B□ C□	
3	选择适用税率	A□ B□ C□	
4	确定计税依据	A□ B□ C□	
5	计算应纳消费税额	A□ B□ C□	
6	明确消费税征管要求	A□ B□ C□	
	总体评价	A□ B□ C□	

项目四 认识关税

项目简介

本项目主要介绍关税的纳税义务人、税率、计税价格以及征收管理要求。通过本项目的学习,学生全面了解关税的具体征税规定,并能够运用关税税收政策对关税涉税业务进行准确处理。这不仅有助于学生在国际贸易活动中更好地规避风险、提高经营效益,而且能够增强对国际经济秩序和贸易规则的理解与尊重。同时,还有助于培养全球视野和开放意识,引导大家更理性地看待国际贸易和关税政策,从而在日常生活中为推动国际贸易的健康发展、促进全球经济的繁荣稳定贡献自己的一份力量。

知识导航

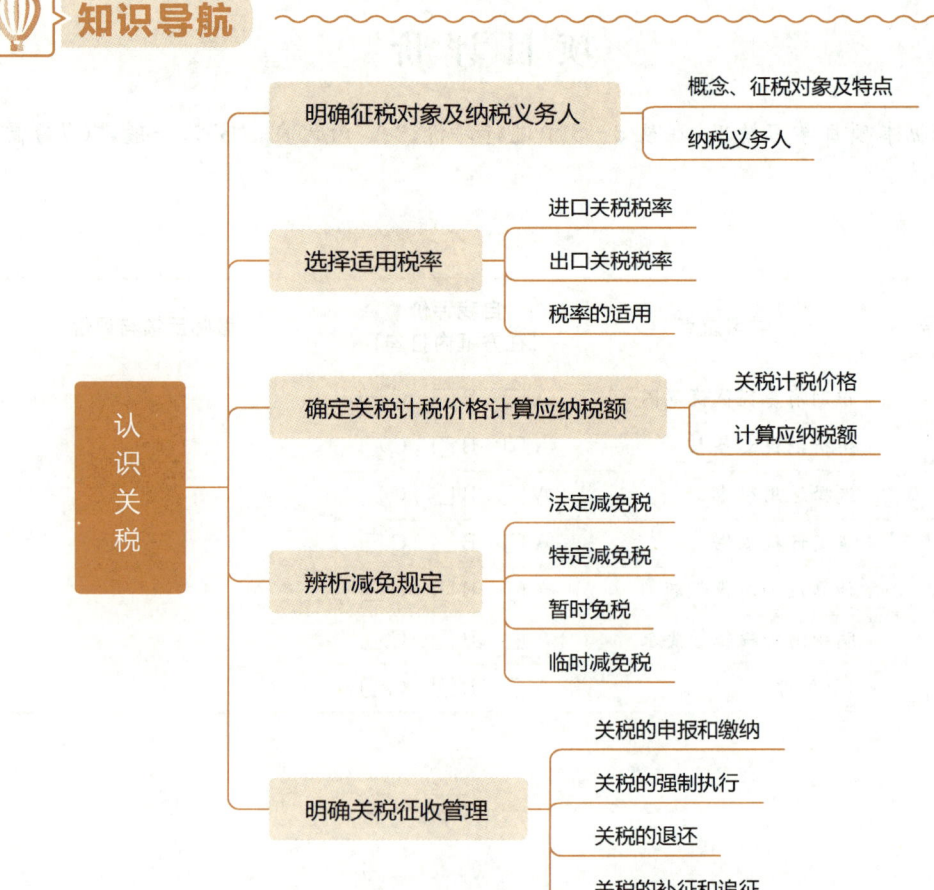

项目四　认识关税

学习目标

○ 知识目标
- 辨认关税纳税义务人；
- 根据不同的情形选择适用的税率；
- 确定关税计税价格。

○ 技能目标
- 计算一般进口货物的计税价格；
- 计算特殊进口货物的计税价格；
- 计算关税的应纳税额。

○ 情感目标
- 培养学生树立国家经济安全意识，正确看待关税的作用；
- 引导学生关注关税对国际贸易与产业发展的影响，增强经济敏感性；
- 培养学生全球视野，强化国际合作意识，共促经济发展。

关税——国际贸易的"双刃剑"与国家经济的平衡器

关税，作为国际贸易中的重要政策工具，历来承担着多重职能。它不仅是国家财政收入的重要来源，更是调节国际贸易平衡、保护国内产业安全、推动产业结构优化升级的重要手段。在全球化日益深入的今天，关税政策不仅影响着国家与国家之间的经贸关系，更深刻地塑造着世界经济格局和贸易秩序。

关税的设立初衷在于为国家经济发展提供必要的保护与支持。通过合理的关税税率和征收方式，国家可以有效地调控进出口商品的规模与结构，保护国内的产业免受过度冲击，同时鼓励出口，增强国际竞争力。此外，关税还发挥着维护国家主权和经济安全的重要作用，是维护国家经济利益的重要防线。

然而，关税政策的制定与实施并非易事。在全球经济一体化的背景下，各国之间的经贸联系日益紧密，关税政策往往需要在多方利益之间寻求平衡。如何在保护国内产业的同时，避免引发贸易战和引起贸易摩擦，成为各国政府面临的共同挑战。因此，制定科学合理的关税政策，对于促进国际贸易健康发展、推动全球经济繁荣具有重要意义。

4-1
动画视频
关税一点通

任务一　明确征税对象及纳税义务人

思维启发

假设你是一家跨国电子产品制造公司的财务经理,负责处理公司的全球财务运管。最近,你的公司计划将最新研发的智能手机推向国际市场,并计划从国外进口一些关键零部件以支持生产。在这个过程中,关税的征税对象是什么？关税的纳税义务人又是谁？相信通过本任务的学习能解开你心中的疑惑。

一、概念、征税对象及特点

(一) 概念

关税是以进出口的货物和进出境物品为征税对象,由海关在进出口环节而征收的一种税收。2024年4月,十四届全国人大常委会第九次会议通过了《关税法》,自2024年12月1日起施行。

(二) 征税对象

关税征税对象是准许进出口的货物和进出境物品。具体来说,货物通常指的是贸易性商品,而物品则包括多种类型,如入境旅客随身携带的行李物品、个人邮递物品、各种运输工具上的服务人员携带进口的自用物品、馈赠物品以及其他方式进境的个人物品。这些货物和物品在进出国境时,都可能成为关税的征税对象。

(三) 特点

(1) 征收的对象是准许进出口的货物和进出境物品。关税只对有形的货品征收,对无形的劳务服务等不征税。

(2) 关税是价外税,且只在进出境单一环节征收。即关税计税价格不包括关税,但增值税、消费税计税依据含关税。

(3) 有较强的涉外性。

实战演练

〖单选题〗关于关税特点的说法,正确的是(　　)。
A. 关税的高低对进口国的生产影响较大,对国际贸易影响不大
B. 关税是多环节价内税
C. 关税是单一环节的价外税
D. 关税不仅对进出口的货物征税,还对进出境的劳务征税

二、纳税义务人

（一）纳税人

进口货物收货人、出口货物发货人、进出境物品所有人，都是关税的纳税人。进出境物品纳税人见表 4-1。

表 4-1 进出境物品纳税人

情形	纳税义务人
携带进境的物品	携带人
分离运输的行李	进出境旅客
邮寄方式进境的物品	收件人
邮递或其他运输方式出境的物品	寄件人或托运人

实战演练

〖连线题〗

情形	纳税义务人
进口货物	携带人
出口货物	托运人
进境物品	收货人
出境物品	发货人

（二）扣缴义务人

从事跨境电子商务零售进口的电子商务平台经营者、物流企业和报关企业，以及法律、行政法规规定的负有代扣代缴、代收代缴关税税款义务的单位和个人，是关税的扣缴义务人。

任务二　选择适用税率

● 思维启发 ●

假设你是一家国际贸易公司的市场部经理，在海外市场发现了一款在当地颇受欢迎但国内尚未生产的家居装饰品。经过评估，决定从国外进口这款家居装饰品，并在国内进行销售。

然而,在准备进口流程时,除了物流成本、汇率等因素外,关税税率也是一个不可忽视的成本因素。不同国家对于进口商品的关税税率不尽相同,这直接影响到成本预算和最终的市场定价。我们应该如何确定进出口关税税率呢?

一、进口关税税率

(一)进口货物税率

4-2
参考资料
进口商品
暂定税率表

进口关税税率包括最惠国税率、协定税率、特惠税率、普通税率、关税配额税率等形式,对进口的货物在一定期限内可以实行暂定税率。适用最惠国税率、协定税率、特惠税率的国家或者地区名单,由国务院关税税则委员会决定。进口货物税率及适用情形见表4-2。

表4-2 进口货物税率及适用情形

税率类型	适用情形
最惠国税率	适用原产于与我国共同适用最惠国待遇条款的世界贸易组织(WTO)成员的进口货物,或原产于与我国签订有相互给予最惠国待遇条款的双边贸易协定的国家或地区进口的货物,以及原产于我国境内的进口货物。
协定税率	适用原产于与我国签订含有关税优惠条款的区域性贸易协定的国家或地区的进口货物。
特惠税率	适用原产于与我国签订有特殊关税优惠条款的贸易协定的国家或地区的进口货物。
普通税率	适用于原产于上述国家或地区以外的其他国家或地区的进口货物,以及原产地不明的进口货物。按照普通税率征税的进口货物,经国务院关税税则委员会特别批准,可以适用最惠国税率。
关税配额税率	指对实行关税配额管理的进口货物,关税配额内的,适用配额税率;配额外的,按不同情况分别适用于最惠国税率、协定税率、特惠税率或普通税率。
暂定税率	在海关进出口税则规定的进口优惠税率的基础上,对进口的某些重要的工农业生产原材料和机电产品关键部件和出口的特定货物实施的更为优惠的关税税率。

实战演练

〖单选题〗某进口商品的原产国未与中国签订最惠国条款,其适用的进口关税税率为( )。

A. 最惠国税率 B. 协定税率 C. 特惠税率 D. 普通税率

(二)进境物品进口税率

我国对准许应税进口的旅客行李物品,个人邮递物品以及其他个人自用物品,除另有规定的除外,均由海关按照入境旅客行李物品和个人邮递物品进口税税率表征收进口关税。中华人民共和国进境物品进口税税率见表4-3。

表4-3 中华人民共和国进境物品进口税税率表

税目序号	物品名称	税率
1	书报、刊物、教育影视资料;计算机、视频摄录一体机、数字照相机等信息技术产品;食品、饮料;金银;家具;玩具、游戏品、节日或其他娱乐用品和药品	13%
2	运动用品(不含高尔夫球及球具)、钓鱼用品;纺织品及其制成品;电视摄像机及其他电器用品;自行车(税目1、3中未包含的其他商品)	20%
3	烟、酒;贵重首饰及珠宝玉石;高尔夫球及球具;高档手表;高档化妆品	50%

二、出口关税税率

我国出口税则为一栏税率,即出口税率。国家仅对少数资源性产品及易于竞相杀价、盲目进口、需要规范出口秩序的半制成品征收出口关税。

与进口关税税率一样,出口关税税率也规定有暂定税率。与进口暂定税率一样,出口暂定税率优先适用于出口税则中规定的出口关税税率。未订有出口关税税率的货物,不征出口关税。

4-3 参考资料 出口商品 暂定税率表

三、税率的适用

关税税率适用见表4-4。具体相关税率规定及变动,可在中华人民共和国海关总署(www.customs.gov.cn)官网进行查询。

表4-4 关税税率适用表

具体情况	适用税率
进出口货物	海关接受货物申报进出口之日实施的税率
进出口货物到达前,经海关核准先行申报的	装载此货物的运输工具申报进境之日实施的税率
进口转关运输货物	指运地海关接受该货物申报进口之日实施的税率;先行申报的,应当适用装载该货物的运输工具抵达指运地之日实施的税率
出口转关运输货物	启运地海关接受该货物申报出口之日实施的税率
经批准实行集中申报的进出口货物	每次货物进出口时海关接受该货物申报之日实施的税率

续　表

具体情况	适用税率
超期限未申报,海关依法变卖的进口货物	装载该货物的运输工具申报进境之日实施的税率
因纳税义务人违反规定需要追征税款的进出口货物	违反规定的行为发生之日实施的税率;行为发生之日不能确定的,适用海关发现该行为之日实施的税率
有下列情形之一,需缴纳税款的: ① 保税货物经批准不复运出境的。 ② 保税仓储货物转入国内市场销售的。 ③ 减免税货物经批准转让或者移作他用的。 ④ 可以暂不缴纳税款的暂时进出境货物,经批准不复运出境或者进境的。 ⑤ 租赁进口货物,分期缴纳税款的。	适用海关接受申报办理纳税手续之日实施的税率

实战演练

〖单选题〗下列关于关税税率适用的说法中,正确的是(　　)。

A. 进出口货物应当按照纳税义务人签订购买合同或者销售合同的当天实施的税率征收

B. 协定税率适用原产于与我国签订有特殊优惠关税协定的国家或地区的进口货物

C. 因纳税义务人违反规定需要追征税款的进出口货物应当适用原进口之日实施的税率

D. 减免税货物经批准转让或者移作他用的,应当适用海关接受纳税义务人再次填写报关单申报办理纳税及有关手续之日实施的税率

任务三　确定关税计税价格计算应纳税额

思维启发

在一个繁忙的国际贸易港口,实习生小李正忙于处理一批即将进口的精密仪器的关税事务。这批仪器是公司最新引进的高科技产品,对于提升生产效率至关重要。然而,在准备报关文件时,实习生小李意识到关税计税价格的确定以及应纳税额的计算是至关重要的一环。关税计税价格不仅是海关评估商品价值并计算关

税的依据,而且直接关系到公司的财务成本和产品定价。影响关税计税价格的影响因素有哪些呢?应该如何根据计税价格来计算关税的应纳税额呢?

一、关税计税价格

依据《海关法》规定,进出口货物的计税价格,由海关以该货物的成交价格为基础审查确定(以下称成交价格估价方法)。成交价格不能确定时,计税价格由海关依法估定(以下称进口货物海关估价方法)。计税价格按照一般进口货物、特殊进口货物、出口货物等情形分别确定。

(一) 一般进口货物的计税价格

进口货物的计税价格由海关以符合相关规定所列条件的成交价格以及该货物运抵中华人民共和国境内输入地点起卸前的运输及其相关费用、保险费为基础审查确定。

1. 成交价格估计方法

进口货物的成交价格是指卖方向中华人民共和国境内销售该货物时,买方为进口该货物向卖方实付、应付的,并按照规定调整后的价款总额,包括直接支付的价款和间接支付的价款。

(1) 成交价格应符合的条件如下:

① 对买方处置或者使用进口货物不予限制,但是法律、行政法规规定实施的限制、对货物销售地域的限制和对货物价格无实质性影响的限制除外。有下列情形之一的,应当视为对买方处置或者使用进口货物进行了限制:进口货物只能用于展示或者免费赠送的;进口货物只能销售给指定第三方的;进口货物加工为成品后只能销售给卖方或者指定第三方的。

② 进口货物的价格不得受到使得该货物成交价格无法确定的条件或者因素的影响。有下列情形之一的,应当视为进口货物的价格受到了使该货物成交价格无法确定的条件或者因素的影响:进口货物的价格是以买方向卖方购买一定数量的其他货物为条件而确定的;进口货物的价格是以买方向卖方销售其他货物为条件而确定的。

③ 卖方不得直接或间接获得因买方销售、处置或者使用进口货物而产生的任何收益。

④ 符合独立交易原则,买卖双方之间没有特殊关系,或虽然有特殊关系,但是按照规定未对成交价格产生影响。

(2) 应计入计税价格的调整项目如下:

① 由买方负担的除购货佣金以外的佣金和经纪费。购货佣金是指买方为购买进口货物向自己的采购代理人支付的劳务费用。经纪费是指买方为购买进口货物向代表买卖双方利益的经纪人支付的劳务费用。

② 由买方负担的与该货物视为一体的容器费用。

③ 由买方负担的包装材料费用和包装劳务费用。

④ 与该货物的生产和向我国境内销售有关的料件、工具、模具、消耗材料及类似货物的价款,以及在境外开发、设计等相关服务的费用。

⑤ 与该货物有关并作为卖方向我国销售该货物的一项条件,应由买方向卖方或者

有关方直接或间接支付的特许权使用费。

⑥ 卖方直接或间接从买方对该货物进口后转售、处置或使用所得中获得的收益。

(3) 不计入计税价格的调整项目如下：

① 厂房、机械或者设备等货物进口后发生的建设、安装、装配、维修或者技术援助费用，但是保修费用除外。

② 进口货物运抵我国境内输入地点起卸后发生的运输及其相关费用、保险费。

③ 进口关税、进口环节海关代征税及其他国内税。

(4) 进口货物计税价格中相关费用的确定方法如下：

① 进口货物的运输及其相关费用，应当按照由买方实际支付或者应当支付的费用计算。如果进口货物的运输及其相关费用无法确定，海关应当按照该货物进口同期的正常运输成本审查确定。如果进口运输工具（即运输工具本身是进口货物）利用自身动力进境，海关在审查确定计税价格时，不再另行计入运费。

② 进口货物的保险费应当按照实际支付的费用计算。如果进口货物的保险费无法确定或者未实际发生，海关应当按照"货价"和"运费"两者总额的3‰计算保险费，其计算公式为：

$$保险费 = (货价 + 运费) \times 3‰$$

③ 邮运进口的货物，应当以邮费作为运输及其相关费用、保险费。

2. 进口货物海关估价方法

进口货物的成交价格不符合规定条件或成交价格不能确定的，海关经了解有关情况，并且与纳税义务人进行价格磋商后，依次以下列方法审查确定该货物的计税价格。

(1) 相同货物成交价格估价方法，是指海关以与进口货物同时或者大约同时向中国境内销售的相同货物的成交价格为基础审查确定。

(2) 类似货物成交价格估价方法，是指海关以与进口货物同时或者大约同时向中国境内销售的类似货物的成交价格为基础审查确定。

(3) 倒扣价格估价方法，是指海关以进口货物、相同或类似进口货物在境内的销售价格为基础，扣除境内发生的有关费用后，审查确定进口货物计税价格的估价方法。

(4) 计算价格估价方法，是指海关以生产该货物所使用的料件成本和加工费、向境内销售同等级或同种类货物通常的利润和一般费用（包括直接费用和间接费用）、运抵境内输入地点起卸前的运输及其相关费用和保险费的总和为基础，审查确定进口货物计税价格的估价方法。

(5) 合理估价方法，是指当海关使用上述任何一种估价方法都无法确定海关估价时，遵循客观、公正、统一的原则，以客观量化的数据资料为基础审查确定进口货物计税价格的估价方法。海关在采用合理方法确定进口货物的计税价格时，不得使用以下价格：

① 境内生产的货物在境内的销售价格。

② 可供选择的价格中较高的价格。

③ 货物在出口地市场的销售价格。

④ 以计算价格估价方法规定之外的价值或者费用计算的相同或者类似货物的价格。

⑤ 出口到第三国或者地区的货物的销售价格。

⑥ 最低限价或者武断、虚构的价格。

实战演练

【多选题】下列税费中,应计入进口货物关税计税价格的有( )。
A. 由买方负担的购货佣金
B. 进口货物运抵我国境内输入地点起卸后的保险费
C. 由买方负担的与进口货物视为一体的容器费用
D. 由买方负担的境外包装劳务费用

【多选题】上网查询相关资料,区别 CIF,CFR 和 FOB 这三个贸易术语,并进一步归纳进口货物的关税计税价格为( )。
A. CIF
B. CFR 价格÷(1-保险费率)
C.(FOB 价格+运费)÷(1-保险费率)
D. FOB

(二)特殊进口货物的计税价格

特殊进口货物的计税价格确定,见表 4-5。

表 4-5 特殊进口货物的计税价格确定

情形	计税价格
运往境外修理的货物	出境时已向海关报明,并在规定期限内复运进境的,以境外修理费和物料费为基础审查确定计税价格
运往境外加工的货物	出境时已向海关报明,并在规定期限内复运进境的,以境外加工费、料件费、复运进境的运输及相关费用、保险费为基础审查确定计税价格
暂时进境的货物	按照一般进口货物计税价格确定的有关规定,审查确定计税价格
租赁方式进口的货物	① 以租金方式对外支付的租赁货物,在租赁期间以海关审定的租金作为计税价格,利息应当予以计入。 ② 留购的租赁货物,以海关审定的留购价格作为计税价格。 ③ 承租人申请一次性缴纳税款的,可按照"进口货物海关估价方法"确定计税价格,或者按照海关审查确定的租金总额作为计税价格
留购的进口货样	以海关审定的留购价格作为计税价格
予以补税的减免税货物	① 特定地区、特定企业或者特定用途的特定减免税进口货物,应当接受海关监管。其监管年限依次为:船舶、飞机:8 年;机动车辆:6 年;其他货物:3 年。监管年限自货物进口放行之日起计算。 ② 监管年限内转让等原因需要补税的,以海关审定的该货物原进口时的价格,扣除折旧部分价值作为计税价格。其计算公式为: 补税的计税价格=减免税货物原进口时的计税价格×[1-减免税货物已进口时间÷(监管年限×12)] 上述公式中,减免税货物已进口时间自货物放行之日起按月计算,不足一个月但超过 15 日的,按照一个月计算;不超过 15 日的,不予计算

续 表

情形	计税价格
不存在成交价格的进口货物	易货贸易、寄售、捐赠、赠送等不存在成交价格的进口货物,由海关与纳税人进行价格磋商后,按照"进口货物海关估价方法"估定计税价格
进口软件介质	进口载有专供数据处理设备用软件的介质,具有下列情形之一的,应当以介质本身的价值或者成本为基础审查确定计税价格: ① 介质本身的价值或者成本与所载软件的价值分列。 ② 介质本身的价值或者成本与所载软件的价值虽未分列,但是纳税人能够提供介质本身的价值或者成本的证明文件,或者能提供所载软件价值的证明文件。 若含有美术、摄影、声音、图像、影视、游戏、电子出版物的介质不适用上述规定

【例 4-1】 某科技公司 2023 年 5 月 7 日经批准进口一套特定免税设备用于研发项目, 2024 年 10 月 27 日经海关批准,该公司将设备出售,取得销售收入 240 万元,该设备进口时经海关审定的计税价格为 320 万元,已提折旧 60 万元。海关规定的监管年限为 3 年。

要求:计算该公司 2024 年 10 月补税的计税价格。

解析:补税的计税价格 = 320 × [1 − 18 ÷ (3×12)] = 160(万元)

(三)出口货物的计税价格

1. 以成交价格为基础的计税价格

出口货物的计税价格,由海关以该货物的成交价格为基础审查确定,应当包括货物运至我国境内输出地点装载前的运输及其相关费用、保险费。下列不应计入出口货物的计税价格:

(1) 出口关税。

(2) 在货物价款中单独列明的货物运至我国境内输出地点装载后的运输及其相关费用、保险费。

2. 出口货物海关估价方法

出口货物的成交价格不能确定时,海关与纳税义务人进行价格磋商后,依次以下列价格审查确定该货物的计税价格:

(1) 同时或大约同时向同一国家或地区出口的相同货物的成交价格。

(2) 同时或大约同时向同一国家或地区出口的类似货物的成交价格。

(3) 根据境内生产相同或类似货物的成本、利润和一般费用(包括直接费用和间接费用)、境内发生的运输及其相关费用、保险费计算所得的价格。

(4) 按照合理方法估定的价格。

实战演练

〖判断题〗出口货物的关税计税价格是由海关以该货物的成交价格为基础审查确定的,包括货物运至我国境内输出地点装载前的运输及其相关费用、保险费。( )

二、计算应纳税额

(一) 计算进口货物关税

1. 从价税应纳税额的计算

以货物的价格作为征税标准而征收的税,税率为货物价格的百分比。以计税价格乘以关税税则中规定的税率,就可得出应纳税额。其计算公式为:

$$关税税额 = 应税进(出)口货物数量 \times 单位计税价格 \times 税率$$

2. 从量税应纳税额的计算

按货物的计量单位(重量、长度、面积、容积、数量等)作为征税标准,以每一计量单位应纳的关税金额作为税率。其计算公式为:

$$关税税额 = 应税进(出)口货物数量 \times 单位货物税额$$

3. 复合税应纳税额的计算

复合税又称混合税。征税时既采用从量又采用从价两种税率计征税款。复合税有较好的相互补偿作用,特别是在物价波动时可以减少对财政收入的影响,又能起到一定的保护作用。其计算公式为:

$$关税税额 = 应税进(出)口货物数量 \times 单位货物税额 +$$
$$应税进(出)口货物数量 \times 单位计税价格 \times 税率$$

4. 滑准税应纳税额的计算

滑准税又称滑动税,是在税则中预先按产品的价格高低分档制定若干不同的税率,然后根据进出口商品价格的变动而增减进出口税率的一种关税。商品价格上涨,采用较低税率,商品价格下跌则采用较高税率,其目的是使该种商品的国内市场价格保持稳定,免受或少受国际市场价格波动的影响。滑准税的优点在于它能平衡物价,保护国内产业发展。其计算公式为:

$$关税税额 = 应税进(出)口货物数量 \times 单位计税价格 \times 滑准税税率$$

【例 4-2】 某公司将货物运往境外加工,出境时已向海关报明,并在海关规定期限内复运进境。已知货物价值为 100 万元,境外加工费和料件费为 30 万元,复运进境的运费为 1 万元、保险费为 0.39 万元。关税税率为 10%。

要求:计算该公司应缴纳关税。

解析:应缴纳关税=(30+1+0.39)×10%=3.139(万元)。

实战演练

【计算题】东方外贸进出口公司进口一批纺织品,到岸价为 120 000 欧元,另支付包装费 4 050 欧元,港口到仓库的公路运费为 2 000 元人民币,取得国际货物运输发票。当期欧元与人民币汇率 1∶8,关税税率为 28%。

要求:计算进口环节应纳关税税额。

（二）计算进口环节税

1. 进口环节增值税的计算

进口环节增值税＝（关税计税价格＋关税税额＋消费税税额）×增值税税率

2. 进口环节消费税的计算

进口环节消费税＝（关税计税价格＋关税税额）÷（1－消费税税率）×消费税税率

【例 4-3】 上海申通进出口公司从美国进口货物一批，货物以离岸价格成交，成交价格折合人民币 1 410 万元，其中包括单独计价并已经海关审查属实的向境外采购代理人支付的买方佣金 10 万元，但不包括适用该货物而向境外支付的软件费 50 万元、向卖方支付的佣金 15 万元。另支付货物运抵我国上海港的运费、保险费等 35 万元。假设该货物适用的关税税率为 20%、增值税税率为 13%、消费税税率为 10%。暂不考虑船舶吨税。

要求：分别计算该公司应纳关税、消费税和增值税。

解析：关税计税价格＝1 410－10＋50＋15＋35＝1 500（万元）

进口环节关税＝1 500×20%＝300（万元）

进口环节海关代征消费税＝（1 500＋300）÷（1－10%）×10%＝200（万元）

进口环节海关代征增值税＝（1 500＋300＋200）×13%＝260（万元）

实战演练

【计算题】某公司进口一批货物，到岸价折人民币 85 000 元，关税税率 10%，增值税税率为 13%，该批货物应征消费税税率 10%。

要求：计算进口环节应纳关税税额、消费税税额、增值税税额。

（三）计算出口货物关税

出口货物关税计算公式推导如下：

出口货物计税价格＝FOB－出口关税

出口关税＝出口货物计税价格×出口关税税率

出口货物计税价格＝FOB－出口货物计税价格×出口关税税率
　　　　　　　　＝FOB÷（1＋出口关税税率）

【例 4-4】 国内某企业从广州出口去新加坡的一批合金生铁，申报出口量为 80 吨，每吨价格为 FOB 广州 100 美元。已知外汇折算率 1 美元＝人民币 7.11 元，税率为 20%。

要求：计算出口关税。

解析：出口计税价格＝(80×100×7.11)÷(1＋20%)＝47 400(元)

出口关税＝47 400×20%＝9 480(元)

任务四　辨析减免规定

思维启发

在一个充满竞争的国际市场中，企业总是寻求各种方式来降低成本、提高竞争力。其中，关税减免规定成为众多企业关注的焦点。这些规定，旨在鼓励特定行业的进口、促进国际贸易的繁荣，同时也为企业提供了降低进口成本的机会。对于希望在国际市场上取得成功的企业来说，了解和利用关税减免规定成为不可或缺的一部分。这些规定不仅能够降低企业的进口成本，还能够为企业带来更大的市场机遇和发展空间。

一、法定减免税

法定减免税是明确列出的减税或免税。符合税法规定可予减免税的下列进出口货物，纳税义务人无须提出申请，海关可按规定直接予以减免税。海关对法定减免税货物一般不进行后续管理。

下列进出口货物予以减征或免征关税：

(1) 关税税额在人民币 50 元以下的一票货物，可免征关税。

(2) 无商业价值的广告品和货样，可免征关税。

(3) 外国政府、国际组织无偿赠送的物资，可免征关税。

(4) 进出境运输工具装载的途中必需的燃料、物料和饮食用品，可免征关税。

(5) 在海关放行前损失的货物，可免征关税。

(6) 在海关放行前遭受损坏的货物，可以根据海关认定的受损程度减征关税。

(7) 我国缔结或者参加的国际条约规定减征、免征关税的货物、物品，按照规定予以减免关税。

(8) 法律规定减征、免征关税的其他货物、物品。

二、特定减免税

特定减免税也称政策性减免税，是在法定减免税之外，按照国际通行规则和我国实际情况制定发布的有关进出口货物减免关税的政策。特定减免税货物一般有地区、企业和用途的限制，海关需要进行后续管理，也需要减免税统计。

(1) 科教用品。
(2) 残疾人专用品。
(3) 慈善捐赠物资。
(4) 重大技术装备。

三、暂时免税

暂时进境或者暂时出境的货物,在进境或者出境时纳税义务人向海关缴纳相当于应纳税款的保证金或者提供其他担保的,可以暂不缴纳关税,并应当自进境或者出境之日起 6 个月内复运出境或者复运进境;需要延长期限的,纳税义务人应按规定向海关办理延期手续。具体如下:

(1) 在展览会、交易会、会议及类似活动中展示或者使用的货物。
(2) 文化、体育交流活动中使用的表演、比赛用品。
(3) 进行新闻报道或者摄制电影、电视节目使用的仪器、设备及用品。
(4) 开展科研、教学、医疗活动使用的仪器、设备及用品。
(5) 在上述第(1)项至第(4)项所列活动中使用的交通工具及特种车辆。
(6) 货样。
(7) 供安装、调试、检测设备时使用的仪器、工具。
(8) 盛装货物的容器。
(9) 其他用于非商业目的的货物。

四、临时减免税

由国务院对某个单位、某类商品、某个项目或某批进出口货物的特殊情况,给予特别照顾,一案一批,专文下达的减免税。一般有单位、品种、期限、金额或数量等限制,不能比照执行。

 实战演练

〖单选题〗下列进口货物中,属于法定减免关税的是( )。
A. 关税税额为人民币 80 元的一票货物   B. 具有商业价值的广告品
C. 在海关放行前损失的货物   D. 科教用品

任务五　明确关税征收管理

● 思维启发 ●

在关税征收管理方面,国家通常设立专门的税务机构负责关税的征收、核算和监管工作。这些机构通过制定详细的关税税率表、征收程序和监管措施,确保关税的征收工作能够依法进行,并防止关税的逃漏和滥用。

一、关税的申报和缴纳

(一)关税申报

进出口货物应向货物的进出境地海关申报。申报期限要求如下:

(1) 进口货物的纳税义务人应当自运输工具申报进境之日起 14 日内。

(2) 出口货物的纳税义务人除海关特准外,应当在货物运抵海关监管区后、装货的 24 小时以前。

(二)缴纳期限

(1) 纳税义务人应当自海关填发税款缴款书之日起 15 日内,向指定银行缴纳关税税款。

(2) 纳税义务人因不可抗力或者国家税收政策调整不能按期缴纳税款的,依法提供税款担保后,可以直接向海关办理延期缴纳税款手续。延期纳税最长不超过 6 个月。

二、关税的强制执行

关税的强制执行主要包括征收滞纳金、保全措施及强制措施。

(一)征收关税滞纳金

(1) 滞纳金自关税缴纳期限届满滞纳之日起,至纳税义务人缴纳关税之日止,按滞纳税款万分之五的比例按日征收(休息日或法定节假日不予扣除)。其计算公式为:

$$关税滞纳金金额 = 滞纳关税税额 \times 滞纳金征收比率 \times 滞纳天数$$

(2) 滞纳金的起征点为 50 元。

(二)保全措施

出口货物的纳税义务人在规定的纳税期限内有明显的转移、藏匿其应税货物以及其他财产迹象的,海关可以责令纳税义务人提供担保;纳税义务人不能提供担保的,海关可以采取以下税收保全措施:

(1) 书面通知纳税义务人开户银行或者其他金融机构暂停支付纳税义务人相当于应纳税款的存款。

(2) 扣留纳税义务人价值相当于应纳税款的货物或者其他财产。

(三)强制措施

纳税义务人自缴纳税款期限届满之日起 3 个月仍未缴纳税款,经直属海关关长或者其授权的隶属海关关长批准,海关可以采取强制扣缴、变价抵缴等强制措施:

(1) 书面通知纳税义务人开户银行或者其他金融机构从其存款中扣缴税款。

(2) 将纳税义务人的应税货物依法变卖,或者扣留并依法变卖其价值相当于应纳税款的货物或者其他财产,以变卖所得抵缴税款。

三、关税的退还

(一) 申请退还

有下列情形之一的,纳税义务人自缴纳税款之日起1年内,可以申请退还关税,应当以书面形式向海关说明理由,提供原缴款凭证及相关资料:

(1) 已征进口关税的货物,因品质或者规格原因,原状退货复运出境的。

(2) 已征出口关税的货物,因品质或者规格原因,原状退货复运进境,并已重新缴纳因出口而退还的国内环节有关税收的。

(3) 已征出口关税的货物,因故未装运出口,申报退关的。

(二) 多征税款退还

(1) 海关发现多征税款,应当立即退还。纳税义务人应当自收到海关通知之日起3个月内办理有关退税手续。

(2) 纳税义务人发现多缴税款的,可以自缴纳税款之日起1年内,可以以书面形式要求海关退还多缴的税款并加算银行同期活期存款利息。海关应当自受理退税申请之日起30日内查实并通知纳税义务人办理退还手续。

四、关税的补征和追征

(1) 进出口货物放行后,非因纳税人违反海关规定造成短征关税的,称为补征。海关发现少征或漏征税款,应当自缴纳税款或者货物、物品放行之日起1年内补征税款。

(2) 由于纳税人违反海关规定造成短征关税的,称为追征。海关可以自纳税义务人缴纳税款或者货物、物品放行之日起3年以内追征,并从缴纳税款或者货物、物品放行之日起按日加收少征或者漏征税款万分之五的滞纳金。海关确认的应纳税额与纳税人、扣缴义务人申报的税额不一致的,海关应当向纳税人、扣缴义务人出具税额确认书。纳税人、扣缴义务人应当按照税额确认书载明的应纳税额,在海关规定的期限内补缴税款或者办理退税手续。

> **实战演练**
>
> 〖多选题〗关于关税征收管理,下列说法正确的有( )。
>
> A. 纳税人因不可抗力原因不能按期缴纳税款的,延期纳税最长不超过6个月
>
> B. 进口货物放行后,海关发现少征税款的,应当自缴纳税款或者货物放行之日起1年内向纳税人补征
>
> C. 纳税人逾期缴纳关税的,由海关征收滞纳金
>
> D. 已征出口关税的货物,因故未装运出口申请退关的,纳税人可以自缴纳税款之日起1年内,申请退还关税

4-4 拓展阅读 初识船舶吨税

项目小结

关税作为国际贸易中的重要税收工具,与消费税、增值税等税种共同构成了我国货

物劳务税体系。关税的征收主要针对进口商品,通过对特定商品的选择性征税,实现保护国内产业、平衡贸易收支、增加财政收入等多重目的。

与消费税相似,关税也通过具体列明的税目对商品进行分类征收,但其税目往往更为广泛和细致,以适应不同商品在国际市场上的竞争态势。

关税的征收方法同样灵活多样,可以根据商品的特性、市场需求以及国家政策等因素,选择从价计征、从量计征或复合计征等不同方式。这使得关税政策能够更好地适应复杂多变的国际贸易环境,有效地发挥其在贸易调控中的作用。

在纳税环节、计税依据、纳税期限和纳税地点等方面,关税与增值税和消费税既有共性也有差异。例如,关税的纳税环节主要发生在商品进口时,而增值税和消费税的纳税环节则可能涉及生产、流通等多个环节。此外,关税的计税依据通常是商品的计税价格或数量,而增值税和消费税的计税依据则可能是销售额或应税消费品的数量等。

学习关税内容时,我们不仅可以结合增值税和消费税的计税特性进行比较分析,还可以深入了解关税在国际贸易中的重要作用和地位。通过对比不同税种之间的异同点,我们可以更好地理解货物与劳务税各个税种之间的密切联系,为我国的税收政策制定和实施提供更加全面和深入的理论支持。

项 目 测 试

一、单项选择题(将答案填入括号内)

( ) 1. 下列关于关税的说法中,正确的是_____。
   A. 关税是单一环节的价内税
   B. 关税对有形和无形物品都征税
   C. 普通税率适用于原产于特定国家或地区以外的其他国家或地区的进口货物,以及原产地不明的进口货物
   D. 目前没有国家征收出口关税

( ) 2. 关于进口货物的关税计税价格,下列说法正确的是_____。
   A. 留购的租赁货物,以海关审定的租金为关税计税价格
   B. 以租赁方式进口的货物,以海关审定的成交价格为关税计税价格
   C. 留购的租赁货物,以海关审定的留购价格为关税计税价格
   D. 以租赁方式进口的货物,以海关审定的购买价格为关税计税价格

( ) 3. 某演出公司进口舞台设备一套,实付金额折合人民币185万元,其中包含单独列出的进口后设备安装费10万元、中介经纪费5万元;运输保险费无法确定,海关按同类货物同期同程运输费计算的运费为25万元。起卸后发生运费0.4万元。关税税率为20%,该公司进口设备应缴纳的关税为_____万元。
   A. 34   B. 35.12
   C. 40   D. 40.12

( ) 4. 2023年8月1日,某企业经海关审批免税进口一批货物,8月6日该货物报关入境;后来该企业因经营范围改变,于2024年3月10日经海关批准转让

该货物,3月15日海关接收了企业再次填写的报关单,当日办理相关补税手续。企业应根据_____的税率来计算并缴纳相应的关税和其他可能涉及的税费。

A. 2023年8月1日 B. 2023年8月6日
C. 2024年3月10日 D. 2024年3月15日

( ) 5. 2024年3月,某贸易公司进口一批货物。合同中约定成交价格为人民币600万元,支付境内特许销售权费用人民币10万元、卖方佣金人民币5万元。该批货物运抵境内输入地点起卸前发生的运费和保险费共计人民币8万元。该批货物关税计税价格为_____万元。

A. 623 B. 615
C. 613 D. 610

( ) 6. 某企业2023年4月向境外企业租赁一台大型设备,租期1年,支付租金10万元,另支付境内运费、保险费2万元。2024年4月,企业决定将该设备买下,双方成交价格60万元,海关审定的留购价格65万元,以上金额均为人民币。该企业2024年4月应缴纳关税为_____万元。(关税税率为10%)

A. 6.50 B. 6.00
C. 1.20 D. 1.00

( ) 7. 2023年5月1日,某企业进口一台设备,享受免征进口关税优惠,海关审核的计税价格为110万元,经调试后投入使用的设备账面原值为120万元,使用年限为10年,海关监管期为3年。2024年11月5日,企业将该设备转让,转让收入80万元,已提折旧12万元。该企业转让设备应补缴关税为_____万元。(设备关税税率为8%)

A. 6.5 B. 4.4
C. 6.4 D. 8.8

( ) 8. 下列关于跨境电子商务零售进口税收政策的表述中,不正确的是_____。

A. 跨境电子商务零售进口商品的单次交易限值为人民币5 000元,个人年度交易限值为人民币26 000元
B. 在限值内进口的跨境电子商务零售进口商品,关税税率暂设为0
C. 在限值内进口的跨境电子商务零售进口商品,进口环节增值税、消费税取消免征税额,暂按法定应纳税额的50%征收
D. 跨境电子商务零售进口商品自海关放行之日起30日内退货的,可申请退税,并相应调整个人年度交易总额

二、多项选择题(将答案填入括号内)

( ) 1. 下列关于关税税率的表述中,不正确的有_____。

A. 进口货物到达前,经海关核准先行申报的,应当适用装载该货物的运输工具申报进境之日实施的税率
B. 出口转关运输货物,应当适用指运地海关接受该货物申报出口之日实施的税率

C. 进口转关运输货物,应当适用指运地海关接受该货物申报进口之日实施的税率

D. 经海关批准,实行集中申报的进出口货物,应当适用运输工具申报进境之日实施的税率

(　　) 2. 下列进口货物中,免征进口关税的有＿＿＿＿。
A. 外国企业无偿赠送的物资
B. 进口残疾人专用品
C. 进出境运输工具装载的途中必需的燃料、物料和饮食用品
D. 无商业价值的广告品和货样

(　　) 3. 关于关税减免税,下列说法正确的有＿＿＿＿。
A. 外国政府、国际组织无偿赠送的物资免征关税
B. 进出境运输工具装载的娱乐设施暂免征关税
C. 给予特别照顾,一案一批的进口物资全部免征关税
D. 科学研究机构进口的科学研究用品实行特定减免关税

(　　) 4. 下列税费中,应计入进口货物关税计税价格的有＿＿＿＿。
A. 进口环节缴纳的消费税
B. 单独支付的境内技术培训费
C. 由买方负担的境外包装材料费用
D. 由买方负担的与该货物视为一体的容器费用

(　　) 5. 海关对进口货物估价时不允许使用的估价方法有＿＿＿＿。
A. 出口到第三国的货物的销售价格
B. 相同货物成交价格估价方法
C. 最低限价
D. 计算价格估价方法

(　　) 6. 下列有关关税处理的表述错误的有＿＿＿＿。
A. 对运往境外加工的货物,规定期限复运进境的,以海关审定的境外加工费和料件费作为计税价格
B. 运往境外修理的货物,规定期限内复运进境的,以境外修理费、料件费以及复运进境的运输及相关费用、保险费为基础审查确定计税价格
C. 对留购的进口展览品,以留购价格作为关税计税价格
D. 以租赁方式进口货物,承租人申请一次性缴纳税款的,可以选择申请按照海关审查确定的租金总额作为计税价格

(　　) 7. 纳税义务人发现多缴税款的,下列说法正确的有＿＿＿＿。
A. 自缴纳税款之日起 3 年内,可以要求海关退还
B. 自缴纳税款之日起 1 年内,可以要求海关退还
C. 可以口头形式要求海关加算银行同期活期存款利息
D. 海关应当自受理退税申请之日起 30 日内查实并通知纳税义务人办理退还手续

(　　) 8. 有_____情形之一的,纳税义务人自缴纳税款之日起1年内,可以申请退还关税。
　　A. 已征进口关税的货物,因品质或者规格原因,原状退货复运出境的
　　B. 已征出口关税的货物,因品质或者规格原因,原状退货复运进境,并已重新缴纳因出口而退还的国内环节有关税收的
　　C. 已征出口关税的货物,因故未装运出口,申报退关的
　　D. 已征进口关税的货物,因滞销原因,原状退货复运出境的

三、判断题(判断正确的在括号内标记"√",错误的在括号内标记"×")

(　　) 1. 关税纳税义务人应当自海关填发税款缴款书之日起14日内,向指定银行缴纳关税税款。
(　　) 2. 关税税款在人民币100元以下的货物免征进口关税。
(　　) 3. 进口关税应计入进口货物关税计税价格。
(　　) 4. 予以补税的减免税货物,以货物原进口时的计税价格为基础扣除折旧确定计税价格。
(　　) 5. 进口货物自运输工具申报进境之日起14日内,向货物进境地海关申报纳税。
(　　) 6. 关税的延期缴纳税款期限,最长不得超过12个月。
(　　) 7. 进出境货物和物品放行后,海关发现少征或者漏征税款,应当自缴纳税款或者货物、物品放行之日起2年内,向纳税义务人补征关税。
(　　) 8. 对纳税人违反海关规定造成短征关税税款的追征,海关可以自纳税义务人缴纳税款或者货物、物品放行之日起3年以内追征。

四、计算题

〖业务1〗医疗器械厂为增值税一般纳税人。该厂进口一批医疗器械。该批医疗器械成交价格202万元。支付购货佣金3万元。运抵我国海关前发生运费8万元。保险费无法确定。医疗器械进口关税税率30%。

要求:计算该厂进口该批医疗器械应缴纳关税。

〖业务2〗某公司进口一批货物,海关于2024年11月1日填发税款缴款书,但公司迟至11月27日才缴纳500万元的关税。

要求:计算海关应征收关税滞纳金。

〖业务3〗某演出公司进口一套舞台设备,实付金额折合人民币185万元,其中包含单独列出的进口后设备安装费10万元、中介经纪费5万元;运输保险费无法确定,海关按同类货物同期同程运输费计算的运费为25万元。起卸后发生运费0.4万元。关税税率为20%。

要求:计算该公司进口设备应缴纳的关税。

〖业务4〗某单位进口一批化妆品,货价为1555万元,运抵我国海关前发生的运输费用、保险费用无法确定,经海关查实其他运输公司相同业务的运输费用占货价的比例为3%。关税税率为30%。

要求:计算应向海关缴纳的关税。

〖业务5〗某公司将货物运往境外加工,出境时已向海关报明,并在海关规定期限内复运进境。已知货物价值100万元,境外加工费和料件费为30万元,复运进境的运费为1万元、保险费为0.39万元。关税税率为10%。

要求:计算该公司应缴纳的关税。

五、拓展题

请扫描二维码4-5获取数字资源,了解跨境电商零售进口税收政策,并制作PPT进行宣讲。

4-5 拓展阅读
跨境电商零售进口税收政策

项 目 评 价

根据本项目学习情况,在表4-6中进行评价,"A"为优良,"B"为一般,"C"为需要帮助。

表4-6 项目四学习评价表

序号	学习重点	自我评价 (在方框内打勾)	教师反馈与评价
1	辨析关税纳税义务人	A□ B□ C□	
2	选择适用税率	A□ B□ C□	
3	确定关税计税价格	A□ B□ C□	
4	计算应纳关税税额	A□ B□ C□	
5	明确关税征管要求	A□ B□ C□	
	总体评价	A□ B□ C□	

项目五 认识企业所得税

项目简介

本项目主要介绍企业所得税的征税对象、纳税义务人、应纳税所得额、税额、税收优惠以及征收管理要求。通过本项目的学习，学生可以全面了解企业所得税具体征税规定，并能应用企业所得税税收政策对企业所得税涉税业务进行税务处理。认知企业所得税有利于提升学生对企业依法纳税的认识，感悟我国税收政策引导资源合理配置，促进产业结构合理调整，并最终促进我国经济发展。

知识导航

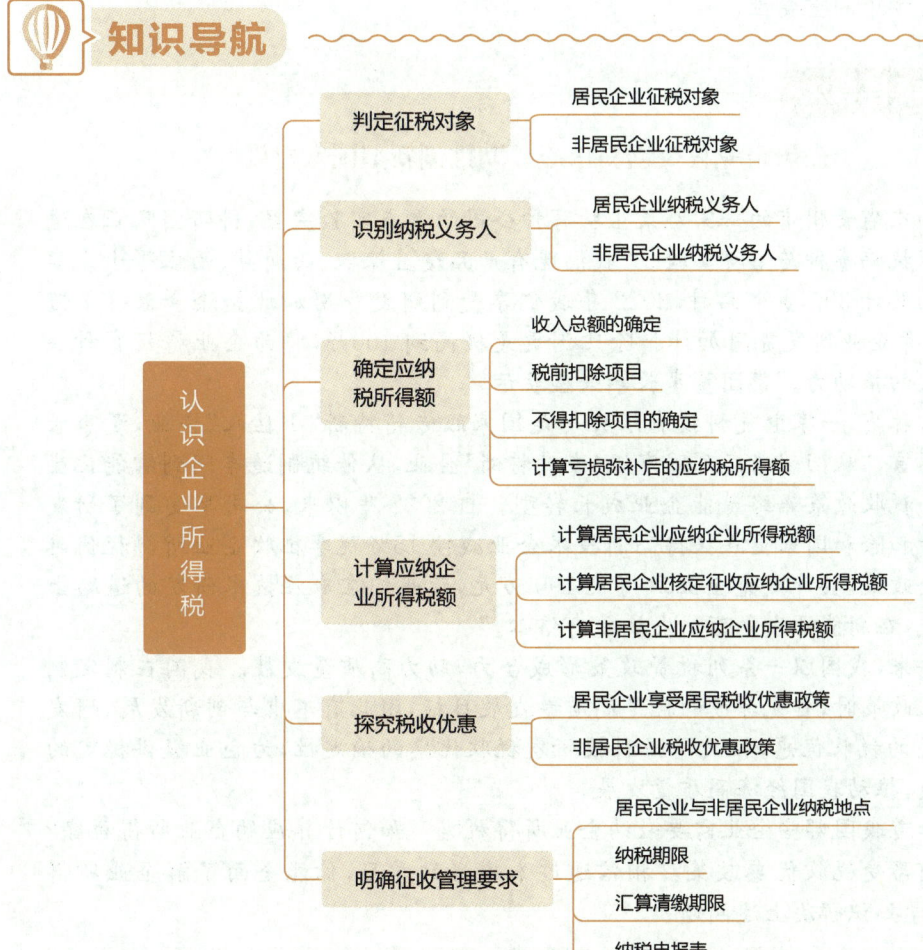

学习目标

○ **知识目标**
- 辨认企业所得税征税对象；
- 识别企业所得税的纳税义务人；
- 根据税目选择适用税率；
- 确认企业所得税纳税义务发生地点、纳税期限与汇算清缴期限。

○ **技能目标**
- 计算应纳税所得额；
- 计算应纳所得税额；
- 计算税收优惠减免。

○ **情感目标**
- 正确认识企业所得税，深刻理解企业依法纳税的社会责任；
- 积极关注企业所得税税收优惠政策引导各行业资源合理配置的作用；
- 增强对国家税收政策的认同，认识到企业所得税税收政策在促进经济发展和社会进步中的重要性。

提振企业科技创新信心　助推创新型国家建设

在山东省青州市的一家蔬菜生物育种公司的重点实验室里，科研团队正在进行西葫芦抗病毒种苗培育实验。"我们现有产品覆盖辣椒、西葫芦、西瓜等十六类蔬菜作物共计300多个品种，2022年我们享受到研发费用加计扣除金额837万元，2023年企业研发费用加计扣除比例更是提高到100%，将为企业科研育种注入更强大的推动力。"集团董事长李兴盛表示。

在吉林省，一家电气科技有限公司是国家级专精特新"小巨人"企业，董事长王先生感言，"从国营老厂到国家级'专精特新'企业，从传统制造车间到智能化生产线……税收政策始终赋能企业成长转型。自2022年以来，公司享受到了研发费用加计扣除和国家重点扶持高新技术企业减按15%税率征收企业所得税优惠两项惠企政策，共计减免企业所得税190万元，让我们在专注技术研发的道路上更有底气，在新能源发电领域发展更有信心。"

近年来，我国以一系列税费政策形成合力，助力高质量发展。我国在制定制造业税收政策时，首先考虑的就是高质量发展目标，因此有不少与创新发展、研发投入相关的税收优惠，极大增强科技研发税收优惠的确定性，为企业提供稳定的政策环境，推动我国经济高质量发展。

你知道我国哪些企业需要缴纳企业所得税吗？如何计算应纳企业所得税额？企业如何享受税收优惠政策？相信通过本项目的学习，你能全面了解企业所得税，用所学知识解决上述问题。

5-1
动画视频
企业所得税
基础知识

任务一　判定征税对象

思维启发

企业创造财富、提供就业、带动经济增长；企业推动创造发明、产生新的社会文化；企业甚至影响社会秩序、制度建设。可见，企业对社会经济运行有着重要影响，它们是经济活动中的重要组织。在企业经营和发展过程中，哪些属于企业所得税的征税对象呢？

企业所得税是对我国境内的企业和其他取得收入的组织的生产、经营所得、其他所得和清算所得征税的一种税。它是国家参与企业利润分配并调节其收益水平的一个关键税种，体现国家与企业的分配关系，是现代市场经济国家普遍征收的重要税种。

企业分为居民企业和非居民企业，企业所得税的征税对象是指企业取得的生产经营所得、其他所得和清算所得。

一、居民企业征税对象

居民企业应就来源于中国境内、境外的所得缴纳企业所得税，包括销售货物所得、提供劳务所得、转让财产所得、股息红利等权益性投资所得、利息所得、租金所得、特许权使用费所得、接受捐赠所得和其他所得。

二、非居民企业征税对象

非居民企业在中国境内设立机构、场所的，应当就其所设机构、场所取得的来源于中国境内的所得，以及发生在中国境外但与其所设机构、场所有实际联系的所得，缴纳企业所得税。非居民企业在中国境内未设立机构、场所，或者虽设立机构、场所，但取得的所得与其所设机构、场所没有实际联系的，应当就其来源于中国境内的所得缴纳企业所得税。上述所称实际联系，是指非居民企业在中国境内设立的机构、场所拥有的据以取得的股权、债权，以及拥有、管理、控制据以取得所得的财产。

实战演练

〖判断题〗居民企业仅就来源于中国境内的所得缴纳企业所得税。（　　）

〖判断题〗非居民企业在中国境内未设立机构、场所，不缴纳企业所得税。（　　）

任务二 识别纳税义务人

● 思维启发 ●

5-3 动画视频 企业所得税的 纳税义务人

在经济全球化的今天,我们经常能接触到多种多样的企业,例如:
(1) 总部设在海外,在我国注册成立的沃尔玛(中国)公司。
(2) 在我国注册成立通用汽车(中国)公司。
(3) 在我国境内注册成立的中国石油公司,公司业务遍布全球多个国家和地区。
(4) 在英国、百慕大群岛等国家和地区注册的公司,但实际管理机构在我国境内的企业。

上述企业是否是我国企业所得税法规定的纳税义务人?如何判断上述企业属于居民企业纳税义务人还是非居民企业纳税义务人?

根据《中华人民共和国企业所得税法》(以下简称《企业所得税法》)第一条的规定,除个人独资企业、合伙企业不适用企业所得税法外,凡在我国境内,企业和其他取得收入的组织(以下统称"企业")为企业所得税的纳税人,依照该法的规定缴纳企业所得税。

企业所得税的纳税人分为居民企业和非居民企业。

一、居民企业纳税义务人

居民企业是指依法在中国境内成立,或者依照外国(地区)法律成立但实际管理机构在中国境内的企业。这里的企业包括国有企业、集体企业、私营企业、联营企业、股份制企业、外商投资企业、外国企业以及有生产、经营所得和其他所得的其他组织。其中,有生产经营所得和其他所得的其他组织是指经国家有关部门批准、依法注册、登记的事业单位、社会组织等。由于我国的一些事业单位、社会组织在完成国家事业计划的过程中,开展了多种经营和有偿服务活动,取得了除财政部门各项拨款、财政部和国家物价部门批准的各项规费收入以外的经营收入,具有了经营的特点,应当视同企业纳入征税范围。

实际管理机构是指对企业的生产经营、人员、财务、财产等实施实质性全面管理和控制的机构,需要同时符合以下三个方面的要求:第一,对企业有实质性管理和控制的机构;第二,对企业实行全面的管理和控制的机构;第三,管理和控制的内容是企业的生产经营、人员、财务、财产等。

 实战演练

【多选题】依据我国《企业所得税法》的规定,判定居民企业的标准有(   )。
A. 登记注册地标准　　　　　　　　B. 所得来源地标准

C. 经营行为实际发生地标准　　D. 实际管理机构所在地标准

【判断题】不缴纳企业所得税的合伙企业仅指合伙人均为自然人的合伙企业。（　　）

二、非居民企业纳税义务人

根据我国《企业所得税法》的规定，非居民企业是指依照外国（地区）法律成立且实际管理机构不在中国境内，在中国境内设立机构、场所的，或者在中国境内未设立机构、场所，但有来源于中国境内所得的企业。

上述所称机构、场所是指在中国境内从事生产经营活动的机构、场所，包括：
（1）管理机构、营业机构、办事机构。
（2）工厂、农场、开采自然资源的场所。
（3）提供劳务的场所。
（4）从事建筑、安装、装配、修理、勘探等工程作业的场所。
（5）其他从事生产经营活动的机构、场所。

非居民企业委托营业代理人在中国境内从事生产经营活动的，包括委托单位或者个人经常代其签订合同，或者储存、交付货物等，该营业代理人视为非居民企业在中国境内设立的机构、场所。

 实战演练

【判断题】在中国境内未设立机构、场所，但有来源于中国境内所得的企业是非居民企业。（　　）

任务三　确定应纳税所得额

● 思维启发 ●

某新能源汽车制造企业在某年内取得的收入如下：
(1) 销售汽车及相关产品获得收入 760 亿元。
(2) 销售二次充电电池及光伏 89.5 亿元。
(3) 取得利息收入 1.87 亿元。
(4) 处置交易性金融资产取得的投资收益 2 687 万元。
上述企业收入属于什么类型的收入？是否应计入该企业的应纳税所得额？

一、收入总额的确定

企业的收入总额包括以货币形式和非货币形式从各种来源取得的收入,具体包括:销售货物收入,提供劳务收入,转让财产收入,股息、红利等权益性投资收益,利息收入,租金收入,特许权使用费收入,接受捐赠收入,其他收入。

企业取得收入的货币形式,包括现金、存款、应收账款、应收票据、准备持有至到期的债券投资以及债务的豁免等;纳税人以非货币形式取得的收入,包括固定资产、生物资产、无形资产、股权投资、存货、不准备持有至到期的债券投资、劳务以及有关权益等,这些非货币资产应当按照公允价值确定收入额。公允价值是指按照市场价格确定的价值。

(一) 一般收入的确认

收入的确认应遵循权责发生制原则和实质重于形式原则,一般收入的确认基本包括以下内容:

(1) 销售货物收入是指企业销售商品、产品、原材料、包装物、低值易耗品以及其他存货取得的收入。

(2) 提供劳务收入是指企业从事建筑安装、修理修配、交通运输、仓储租赁、金融保险、邮电通信、咨询经纪、文化体育、科学研究、技术服务、教育培训、餐饮住宿、中介代理、卫生保健、社区服务、旅游、娱乐、加工以及其他劳务服务活动取得的收入。

(3) 转让财产收入是指企业转让固定资产、生物资产、无形资产、股权、债权等财产取得的收入。

(4) 股息、红利等权益性投资收益是指企业因权益性投资从被投资方取得的收入。对于股息、红利等权益性投资收益,除国务院财政、税务主管部门另有规定外,按照被投资方做出利润分配决定的日期确认收入的实现。被投资企业将股权(票)溢价所形成的资本公积转为股本的,不作为投资方企业的股息、红利收入,投资方企业也不得增加该项长期投资的计税基础。对内地企业投资者通过沪港通、深港通投资香港联交所上市股票取得的股息、红利所得,计入其收入总额,依法计征企业所得税。其中,内地居民企业连续持有 H 股满 12 个月取得的股息、红利所得,依法免征企业所得税。内地企业投资者在自行申报缴纳企业所得税时,对香港联交所非 H 股上市公司已代扣代缴的股息、红利所得税,可依法申请税收抵免。

(5) 利息收入是指企业将资金提供给他人使用但不构成权益性投资,或者因他人占用该企业资金取得的收入,包括存款利息、贷款利息、债券利息、欠款利息等收入。利息收入按照合同约定的债务人应付利息的日期确认收入的实现。

(6) 租金收入是指企业提供固定资产、包装物或者其他有形资产的使用权取得的收入。租金收入应按照合同约定的承租人应付租金的日期确认收入的实现。

(7) 特许权使用费收入是指企业提供专利权、非专利技术、商标权、著作以及其他特许权的使用权取得的收入。特许权使用费收入应按照合同约定的特许权使用人应付特许权使用费的日期确认收入的实现。

(8) 接受捐赠收入是指企业接受的来自其他企业、组织或者个人无偿给予的货币性资产、非货币性资产。接受捐赠收入应按照实际收到捐赠资产的日期确认收入的实现。

(9) 其他收入是指企业取得的除以上收入外的其他收入，包括企业资产溢余收入、逾期未退包装物押金收入、确实无法偿付的应付款项、已作坏账损失处理后又收回的应收款项、债务重组收入、补贴收入、违约金收入、汇兑收益等。

> **实战演练**
>
> 〖多选题〗企业所得税法规定的转让财产收入包括转让（　　　）。
> A. 无形资产　　　B. 存货　　　C. 股权　　　D. 债权
>
> 〖多选题〗下列属于企业所得税法规定的"其他收入"的项目有（　　　）。
> A. 债务重组收入　B. 补贴收入　C. 违约金收入　D. 视同销售收入

（二）特殊收入的确认

（1）以分期收款方式销售货物的，按照合同约定的收款日期确认收入的实现。

（2）企业受托加工制造大型机械设备、船舶、飞机，以及从事建筑、安装、装配工程业务或者提供其他劳务等，持续时间超过 12 个月的，按照纳税年度内的完工进度或者完成的工作量确认收入的实现。

（3）采取产品分成方式取得收入的，按照企业分得产品的日期确认收入的实现，其收入额按照产品的公允价值确定。

（4）企业发生非货币性资产交换，以及将货物、财产、劳务用于捐赠、偿债、赞助、集资、广告、样品、职工福利或者利润分配等用途的，应当视同销售货物、转让财产或者提供劳务，但国务院财政、税务主管部门另有规定的除外。

（三）处置资产收入的确认

（1）企业发生下列情形的处置资产，除将资产转移至境外以外，由于资产所有权属在形式和实质上均不发生改变，可作为内部处置资产，不视同销售确认收入，相关资产的计税基础延续计算。

① 将资产用于生产、制造、加工另一产品。
② 改变资产形状、结构或性能。
③ 改变资产用途（如自建商品房转为自用或经营用途）。
④ 将资产在总机构及其分支机构之间转移。
⑤ 上述两种或两种以上情形的混合。
⑥ 其他不改变资产所有权属的用途。

（2）企业将资产移送他人的下列情形，因资产所有权属已发生改变而不属于内部处置资产，应按规定视同销售确定收入。企业发生下列视同销售情形的，应按照被移送资产的公允价值确定销售收入。

① 用于市场推广或销售。
② 用于交际应酬。
③ 用于职工奖励或福利。
④ 用于股息分配。
⑤ 用于对外捐赠。

⑥ 其他改变资产所有权属的用途。

（四）不征税收入

（1）财政拨款。财政拨款是指各级人民政府向纳入预算管理的事业单位、社会组织等拨付的财政资金，但国务院和国务院财政、税务主管部门另有规定的除外。

（2）依法收取并纳入财政管理的行政事业性收费、政府性基金。行政事业性收费是指依照法律法规等有关规定，按照国务院规定程序批准，在实施社会公共管理以及在向公民、法人或者其他组织提供特定公共服务的过程中，向特定对象收取并纳入财政管理的费用。政府性基金是指企业依照法律、行政法规等有关规定，代政府收取的具有专项用途的财政资金。

（3）国务院规定的其他不征税收入。国务院规定的其他不征税收入是指企业取得的，由国务院财政、税务主管部门规定专项用途并经国务院批准的财政性资金。

（五）免税收入

（1）国债利息收入。为鼓励企业积极购买国债、支援国家建设，企业因购买国债所得的利息收入，免征企业所得税。

（2）符合条件的居民企业之间的股息、红利等权益性收益。该收益是指居民企业直接投资于其他居民企业取得的投资收益。

（3）在中国境内设立机构、场所的非居民企业从居民企业取得的与该机构、场所有实际联系的股息、红利等权益性收益。该收益不包括连续持有居民企业公开发行并上市流通的股票不足12个月取得的投资收益。

（4）符合条件的非营利组织的收入。非营利组织的下列收入为免税收入：

① 接受其他单位或者个人捐赠的收入。

② 除《企业所得税法》第七条规定的财政拨款以外的其他政府补助收入，但不包括因政府购买服务而取得的收入。

③ 按照省级以上民政、财政部门规定收取的会费。

④ 不征税收入和免税收入滋生的银行存款利息收入。

⑤ 财政部、国家税务总局规定的其他收入。

实战演练

【多选题】企业取得的下列收入，属于企业所得税免税收入的有（　　　　）。

A. 国债利息收入

B. 金融债券的利息收入

C. 居民企业直接投资于其他居民企业取得的投资收益

D. 在中国境内设立机构、场所的非居民企业连续持有居民企业公开发行并上市流通的股票1年以上取得的投资收益

二、税前扣除项目

（一）税前扣除项目的原则

企业申报的扣除项目和金额要真实、合法。真实是指能证明有关支出确属已实际

发生;合法是指符合国家税法的规定,若其他法规的规定与税收法规的规定不一致,应以税收法规的规定为标准。除税收法规另有规定外,税前扣除一般应遵循以下原则:

(1) 权责发生制原则是指企业发生的费用应在所属期扣除,而不是在实际支付时确认扣除。

(2) 配比原则是指企业发生的费用应当与收入配比扣除。除特殊规定外,企业发生的费用不得提前或滞后申报扣除。

(3) 相关性原则是指企业可扣除的费用从性质和根源上必须与取得的应税收入直接相关。

(4) 确定性原则是指企业可扣除的费用不论何时支付,其金额必须是确定的。

(5) 合理性原则是指符合生产经营活动常规,应当计入当期损益或者有关资产成本的必要和正常支出。

(二) 扣除项目的范围

企业所得税法规定,企业实际发生的与取得收入有关的、合理的支出,包括成本、费用、税金、损失和其他支出,准予在计算应纳税所得额时扣除。

(1) 成本是指企业在生产经营活动中发生的销售成本、销货成本、业务支出以及其他耗费,即企业销售商品(产品、材料、下脚料、废料、废旧物资等),提供劳务,转让固定资产、无形资产(包括技术转让)的成本。

(2) 费用是指企业每一个纳税年度为生产经营商品和提供劳务等所发生的销售(经营)费用、管理费用和财务费用,已经计入成本的有关费用除外。

销售费用是指应由企业负担的为销售商品而发生的费用,包括广告费、运输费、装卸费、包装费、展览费、保险费、销售佣金(能直接认定的进口佣金可调整商品的进价成本)、代销手续费、经营性租赁费及销售部门发生的差旅费、工资、福利费等费用。

管理费用是指企业的行政管理部门为管理组织的经营活动,提供各项支援性服务而发生的费用。

财务费用是指企业筹集经营性资金而发生的费用,包括利息净支出、汇兑净损失、金融机构手续费以及其他非资本化支出。

(3) 税金指企业发生的除企业所得税和允许抵扣的增值税以外的企业缴纳的各项税金及其附加,即企业按规定缴纳的消费税、城市维护建设税、关税、资源税、土地增值税、房产税、车船税、土地使用税、印花税、教育费附加等。

(4) 损失是指企业在生产经营活动中发生的固定资产和存货的盘亏、毁损、报废损失,转让财产损失,呆账损失,坏账损失,自然灾害等不可抗力因素造成的损失以及其他损失。

企业发生的损失,减除责任人赔偿和保险赔款后的余额,依照国务院财政、税务主管部门的规定扣除。

企业已经作为损失处理的资产,在以后纳税年度又全部收回或者部分收回时,应当计入当期收入。

(5) 其他支出是指除成本、费用、税金、损失外,企业在生产经营活动中发生的与生产经营活动有关的、合理的支出。

(三) 扣除项目及其标准

在计算应纳税所得额时,下列项目可按照实际发生额或规定的标准扣除。

1. 工资、薪金支出

工资、薪金支出是企业每一纳税年度支付给本企业任职或与其有雇佣关系的员工的所有现金或非现金形式的劳动报酬,包括基本工资、奖金、津贴、补贴、年终加薪、加班工资以及与任职或者是受雇有关的其他支出。

合理的工资、薪金是指企业按照股东大会、董事会,薪酬委员会或相关管理机构制定的工资、薪金制度规定实际发放给员工的工资、薪金。税务机关在对工资、薪金进行合理性确认时,可按以下原则掌握:

(1) 企业制定了较为规范的员工工资、薪金制度。

(2) 企业所制定的工资、薪金制度符合行业及地区水平。

(3) 企业在一定时期所发放的工资、薪金是相对固定的,工资、薪金的调整是有序进行的。

(4) 企业对实际发放的工资、薪金,已依法履行了代扣代缴个人所得税义务。

(5) 有关工资、薪金的安排,不以减少或逃避税款为目的。

2. 职工福利费、工会经费、职工教育经费

企业发生的职工福利费、工会经费、职工教育经费按标准扣除,未超过标准的按实际数扣除,超过标准的只能按标准扣除。

(1) 企业发生的职工福利费支出,不超过工资、薪金总额14%的部分准予扣除。

(2) 企业拨缴的工会经费,不超过工资、薪金总额2%的部分准予扣除。

(3) 除国务院财政、税务主管部门另有规定外,企业发生的职工教育经费支出,不超过工资、薪金总额2.5%的部分准予扣除,超过部分准予结转以后纳税年度扣除。自2018年1月1日起,一般企业的职工教育经费税前扣除限额与高新技术企业的限额统一,从2.5%提高到8%。

(4) 集成电路设计企业和符合条件的软件企业的职工培训费用,应单独进行核算并按实际发生额在计算应纳税所得额时扣除。航空企业实际发生的飞行员养成费、飞行训练费、乘务训练费、空中保卫员训练费等空勤训练费用,可以作为航空企业的运输成本在税前扣除。核力发电企业为培养核电厂操纵员发生的培养费用,可作为企业的发电成本在税前扣除。

以上所称的职工培训费用必须单独核算,与职工教育经费严格区分,据实税前扣除。

【例 5-1】 在我国设立的某高新技术企业是增值税一般纳税人,全年实际发生工资支出50万元、职工福利费支出9万元、职工教育经费10万元。其中,职工培训费用支出为4万元。该公司在计算应纳税所得额时,认为这些是合法且合理的费用,因此三项费用全部扣除。

要求: 请辨析该公司的做法是否正确。

解析: 该公司的做法是错误的,因为职工福利费、工会经费、职工教育经费的扣除是有比例限制的。

职工福利费扣除限额=50×14%=7(万元)

应调增所得额=9−7=2(万元)

职工教育经费扣除限额=50×8%=4(万元)

应调增所得额＝10－4－4＝2(万元)
合计应调增应纳税所得额＝2＋2＝4(万元)

3. 社会保险费

(1) 企业依照国务院有关主管部门或者省级人民政府规定的范围和标准为职工缴纳的"五险一金"，即基本养老保险费、基本医疗保险费、失业保险费、工伤保险费、生育保险费和住房公积金，准予扣除。

(2) 企业为投资者或者职工支付的补充养老保险费、补充医疗保险费，不超过职工工资总额5%的部分，准予扣除。企业依照国家有关规定为特殊工种职工支付的人身安全保险费和符合国务院财政、税务主管部门规定可以扣除的商业保险费，准予扣除。

(3) 企业参加财产保险，按照规定缴纳的保险费，准予扣除。企业为投资者或者职工支付的商业保险费，不得扣除。

4. 利息费用

企业在生产经营活动中发生的利息费用，按下列规定扣除：

(1) 非金融企业向金融企业借款的利息支出、金融企业的各项存款利息支出和同业拆借利息支出、企业经批准发行债券的利息支出，可据实扣除。

(2) 非金融企业向非金融企业借款的利息支出，不超过按照金融企业同期同类贷款利率计算的数额部分可据实扣除，超过部分不予扣除。

(3) 企业从其关联方接受的债权性投资与权益性投资的比例超过规定标准而发生的利息支出，不得在计算应纳税所得额时扣除。

(4) 企业向自然人借款的利息支出。

第一，企业向股东或其他与企业有关联关系的自然人借款的利息支出，应根据《企业所得税法》第四十六条及《财政部、国家税务总局关于企业关联方利息支出税前扣除标准有关税收政策问题的通知》(财税〔2008〕121号)规定的条件，计算企业所得税扣除额。

第二，企业向除第一条规定以外的内部职工或其他人员借款的利息支出，其借款情况同时符合以下条件的，其利息支出不超过按照金融企业同期同类贷款利率计算的数额部分，根据《企业所得税法》第八条以及《企业所得税法实施条例》第二十七条的规定准予扣除。企业与个人之间的借贷是真实、合法、有效的，并且不具有非法集资目的或其他违反法律、法规的行为。企业与个人之间签订了借款合同。

【例5-2】 甲公司是一家从事农机生产制造的企业。2024年，甲公司"财务费用"账户中的利息，既含有以年利率8%向银行借入的9个月期的生产用3 000万元贷款的借款利息，也包括向非金融企业借入的与银行同期的生产周转用1 000万元资金的借款利息105万元。

要求： 请计算公司当年可在计算应纳税所得额时扣除的利息费用是多少。

解析： 可在计算应纳税所得额时扣除的银行利息费用＝3 000×8%÷12×9＝180(万元)

向非金融企业借入款项可扣除的利息费用限额＝1 000×8%÷12×9＝60(万元)

由于该企业支付的利息超过了按照同期同类银行贷款利率计算的利息，所以只能按照限额扣除。

该公司可在计算应纳税所得额时扣除的利息费用为240万元,即180万元加60万元。

5. 借款费用

(1) 企业在经营活动中产生的合理的不需要资本化的借款费用,准予扣除。

(2) 企业为购置、建造固定资产、无形资产和经过12个月以上的建造才能达到预定可销售状态的存货发生借款的,在有关资产购置、建造期间发生的合理的借款费用,应予以资本化,作为资本性支出计入有关资产的成本;有关资产交付使用后发生的借款利息,可在发生当期扣除。

企业通过发行债券、取得贷款、吸收保户储金等方式融资而发生的合理费用支出,符合资本化条件的,应计入相关资产成本;不符合资本化条件的,应作为财务费用,准予在企业所得税前据实扣除。

6. 汇兑损失

企业在货币交易中以及纳税年度终了时将人民币以外的货币性资产负债按照期末即期人民币汇率中间价折算为人民币时产生的汇兑损失,除已经计入有关资产成本以及与向所有者进行利润分配相关的部分外,准予扣除。

7. 业务招待费

企业发生的与生产经营活动有关的业务招待费支出,按照发生额的60%扣除,但最高不得超过当年销售(营业)收入的5‰。

对从事股权投资业务的企业(包括集团公司总部、创业投资企业等),其从被投资企业分配的股息、红利以及股权转让收入,可以按规定的比例计算业务招待费扣除限额。

企业在筹建期间发生的与筹办活动有关的业务招待费支出,可按实际发生额的60%计入企业筹办费,并按有关规定在税前扣除。

【例5-3】 某企业的年销售收入为3 000万元,固定资产处置收益为40万元,业务招待费支出为30万元。

要求: 请根据企业所得税法律制度的规定,计算该企业在计算应纳税所得额时,准予在税前扣除的业务招待费支出是多少。

解析: 在计算业务招待费的扣除限额时,销售(营业)收入包括主营业务收入、其他业务收入、视同销售收入,但不包括资产处置收益,因此固定资产处置收益40万元不应计入销售收入。

业务招待费×60%=30×60%=18(万元)

销售收入×5‰=3 000×5‰=15(万元)

因此,业务招待费的扣除限额为15万元。

该企业业务招待费的实际发生额为30万元,准予在税前扣除的业务招待费支出为15万元。

8. 广告费和业务宣传费

企业发生的符合条件的广告费和业务宣传费支出,除国务院财政、税务主管部门另有规定外,不超过当年销售(营业)收入15%的部分,准予扣除;超过部分,准予结转以后纳税年度扣除。对化妆品制造或销售、医药制造和饮料制造(不含酒类制品)企业发生的广告费和业务宣传费支出,不超过当年销售(营业)收入30%的部分,准予扣除;超过部分,准予在以后纳税年度结转扣除。

烟草企业的烟草广告费和业务宣传费,一律不得在计算应纳税所得额时扣除。

【例 5-4】 某居民企业实现商品销售收入 2 000 万元,发生现金折扣 200 万元,接受捐赠收入为 10 万元,转让无形资产所有权收入为 10 万元。该企业当年实际发生业务招待费为 30 万元,广告费为 240 万元,业务宣传费为 80 万元。

要求: 请求出该企业可税前扣除的业务招待费广告费、业务宣传费合计多少万元?

解析: 接受捐赠收入及转让无形资产所有权收入属于企业的营业外收入。

可扣除业务招待费=2 000×5‰=10(万元)

10 万元≤30 万元×60%

可扣除广告费、业务宣传费=2 000×15%=300(万元)

300 万元<240 万元+80 万元

合计可扣除的业务招待费广告费、业务宣传费=10+300=310(万元)

9. 环境保护专项资金

企业依照法律、行政法规有关规定提取的用于环境保护、生态恢复等方面的专项资金,准予扣除。上述专项资金提取后改变用途的,不得扣除。

10. 保险费

企业参加财产保险,按照规定缴纳的保险费,准予扣除。

11. 租赁费

企业根据生产经营活动的需要租入固定资产支付的租赁费,按照以下方法扣除:

(1) 经营租赁方式租入固定资产发生的租赁费支出,按照租赁期限均匀扣除。经营性租赁是指所有权不转移的租赁。

(2) 以融资租赁方式租入固定资产发生的租赁费支出,按照规定构成融资租入固定资产价值的部分应当提取折旧费用,分期扣除。融资租赁是指在实质上转移与一项资产所有权有关的全部风险和报酬的一种租赁。

12. 劳动保护费

企业发生的合理的劳动保护支出,准予扣除。自 2011 年 7 月 1 日起,企业根据其工作性质和特点,由企业统一制作并要求员工工作时统一着装所发生的工作服饰费用,可以作为企业合理的支出给予税前扣除。

13. 公益性捐赠支出

公益性捐赠是指企业通过公益性社会组织或者县级(含县级)以上人民政府及其部门,用于《中华人民共和国公益事业捐赠法》规定的公益事业的捐赠。

企业发生的公益性捐赠支出,在年度利润总额 12% 以内的部分,准予在计算应纳税所得额时扣除;超过年度利润总额 12% 的部分,准予结转以后三年内在计算应纳税所得额时扣除。年度利润总额是指企业依照国家统一会计制度的规定计算的年度会计利润。

企业当年发生以及以前年度结转的公益性捐赠支出,不超过年度利润总额 12% 的部分,准予扣除。企业发生的公益性捐赠支出未在当年税前扣除的部分,准予向以后年度结转扣除,但结转年限自捐赠发生年度的次年起计算最长不得超过三年。企业在计算扣除公益性捐赠支出时,应先扣除以前年度结转的捐赠支出,再扣除当年发生的捐赠支出。

【例 5-5】 乙企业按照国家统一会计制度的规定计算出利润总额为 500 万元。当年直接给受灾灾民发放慰问金 25 万元,通过政府机关对受灾地区捐赠 55 万元。

要求: 请问乙企业当年捐赠的调整额是多少?

解析: 直接给受灾灾民发放的 25 万元慰问金不能扣除。

该企业当年可在企业所得税前列支的公益性捐赠的限额为 60 万元(500×12%)所以它通过政府机关对受灾地区捐赠的 55 万元可以全部扣除。

因此,该企业当年捐赠的调整额为 25 万元。

14. 有关资产的费用

企业转让各类固定资产发生的费用,允许扣除。企业按规定计算的固定资产折旧费、无形资产和递延资产的摊销费,准予扣除。

15. 总机构分摊的费用

非居民企业在中国境内设立的机构、场所,就其中国境外总机构发生的与该机构、场所生产经营有关的费用,能够提供总机构出具的费用汇集范围、定额、分配依据和方法等证明文件,并合理分摊的,准予扣除。

16. 资产损失

企业当期发生的固定资产和流动资产盘亏、毁损净损失,由其提供清查盘存资料,经主管税务机关审核后,准予扣除。

17. 企业发生与生产经营有关的手续费及佣金支出

不超下规定算出的限额部分,准予扣除;超过部分,不得扣除。

(1) 保险企业:财产保险企业按年全部保费收入扣除退保金等后余额的 15%(含本数,下同)计算限额;人身保险企业按当年全部保费收入扣除退保金等后余额的 10% 计算限额。

(2) 其他企业:按与具有合法经营资格的中介服务机构或个人(不含交易双方及其雇员、代理人和代表人等)所签订服务协议或合同确认的收入金额的 5% 计算限额。

企业应与具有合法经营资格的中介服务企业或个人签订代办协议或合同,并按国家有关规定支付手续费及佣金。除委托个人代理外,企业以现金等非转账方式支付的手续费及佣金不得在税前扣除。企业为发行权益性证券支付给有关证券承销机构的手续费及佣金不得在税前扣除。

企业不得将手续费及佣金支出计入回扣、业务提成、返利、进场费等费用。

企业已计入固定资产无形资产等相关资产的手续费及佣金支出,应当通过折旧,摊销等方式分期扣除。不得在发生当期直接扣除。

18. 其他允许扣除的支出等

实战演练

【计算题】 某居民企业 2023 年发生工资薪金总额 100 万元,当年度发生的职工教育经费支出 6 万元,上年结转 3 万元。要求:计算 2023 年可在税前扣除的职工教育经费。

〖计算题〗某公司 2023 年发生公益性捐赠 10 万元,当年利润总额为 50 万元;2024 年发生公益性捐赠 5 万元,当年利润总额为 60 万元。要求:计算允许税前扣除的 2024 年当年发生的公益性捐赠金额。

三、不得扣除项目的确定

在计算应纳税所得额时,下列支出不得扣除:
(1) 向投资者支付的股息、红利等权益性投资收益款项。
(2) 企业所得税税款。
(3) 税收滞纳金,是指纳税人违反税收法规被税务机关处以的滞纳金。
(4) 罚金、罚款和被没收财物的损失,是指纳税人违反国家有关法律法规的规定,被有关部门处以的罚款,以及被司法机关处以的罚金和被没收财物。
(5) 超过规定标准的捐赠支出。
(6) 赞助支出,是指企业发生的与生产经营活动无关的各种非广告性质支出。
(7) 未经核定的准备金支出,是指不符合国务院财政、税务主管部门规定的各项资产减值准备、风险准备等准备金支出。
(8) 企业之间支付的管理费、企业内营业机构之间支付的租金和特许权使用费,以及非银行企业内营业机构之间支付的利息。
(9) 与取得收入无关的其他支出。

实战演练

〖多选题〗在计算应纳税所得额时不得扣除的项目有(　　)。
A. 为企业员工子女入托支付给幼儿园的赞助支出
B. 利润分红支出
C. 企业违反销售协议被采购方收取的罚款
D. 违反食品卫生法被政府处以的罚款

四、计算亏损弥补后的应纳税所得额

亏损是指企业依照企业所得税法及其实施条例的规定,将每一纳税年度的收入总额减除不征税收入、免税收入和各项扣除后小于零的数额。税法中的亏损和财务会计

中的亏损含义不同,财务会计上的亏损是指当年总收益小于当年总支出;而税法中的亏损是指依照企业所得税法规定每一纳税年度的收入总额减去不征税收入与免税收入后小于按规定标准计算扣除后的总支出。

税法规定,企业在某一纳税年度发生的亏损可以用下一年度的所得弥补,下一年度的所得不足以弥补的,可以逐年延续弥补,但最长不得超过 5 年。此外,企业在汇总计算缴纳企业所得税时,其境外营业机构的亏损不得抵减境内营业机构的盈利。

(1) 企业筹办期间不计算为亏损年度,企业开始生产经营的年度为开始计算企业损益的年度。企业从事生产经营之前在筹办活动期间发生的筹办费用支出,不得计算为当期的亏损。企业可以在开始经营的当年一次性扣除,也可以按照税法中有关长期待摊费用的规定处理,但一经选定,不得改变。

(2) 税务机关对企业以前年度纳税情况进行检查时调增的应纳税所得额,凡企业以前年度发生亏损且该亏损属于《企业所得税法》规定允许弥补的,应允许调增的应纳税所得额弥补该亏损。弥补该亏损后仍有余额的,按照《企业所得税法》的规定计算缴纳企业所得税。对检查调增的应纳税所得额应根据其情节,依照《税收征管法》的有关规定进行处理或处罚。

(3) 自 2018 年 1 月 1 日起,经认定的高新技术企业和科技型中小企业在纳税年度发生的亏损,准予向以后年度结转,用以后年度的所得弥补,但结转年限最长不得超过 10 年。

【例 5-6】 丙居民企业的会计资料显示:第 1 年亏损 50 万元,第 2 年亏损 30 万元。第 3 年盈利 10 万元,第 4 年盈利 12 万元,第 5 年盈利 15 万元,第 6 年盈利 10 万元。第 7 年盈利 50 万元。

要求:第 1 年至第 8 年该企业应缴纳多少企业所得税?(假定该企业适用 25% 的企业所得税税率。)

解析:由于该企业在第 1 年和第 2 年亏损,因而不用缴纳企业所得税;第 1 年的亏损只能弥补 5 年。第 3 年至第 6 年也不用缴纳,抵减第 1 年的亏损,但由于第 1 年的亏损只能弥补 5 年,故只能弥补到第 6 年;第 7 年的盈利可以弥补第 2 年的亏损 30 万元,应纳税所得额应为 20 万元(50-30)。应纳税额为 5 万元(20×25%)。

任务四 计算应纳企业所得税额

● 思维启发 ●

某居民企业,全年发生的经营业务如下:
(1) 取得产品销售收入 4 000 万元。
(2) 发生产品销售成本 2 600 万元。

(3) 发生销售费用770万元（其中,广告费660万元）；管理费用480万元（其中业务招待费25万元）；财务费用60万元。

(4) 税金及附加为40万元。

(5) 营业外收入为80万元，营业外支出为50万元（含向公益性社会组织捐款40万元，支付税收滞纳金6万元）。

(6) 计入成本、费用中的实发工资总额200万元，拨缴职工工会经费5万元，发生职工福利费31万元，发生职工教育经费7万元。该企业该年度实际应缴纳的企业所得税是多少？

一、计算居民企业应纳企业所得税额

居民企业应纳税额的计算公式为：

$$应纳税额＝应纳税所得额×适用税率－减免税额－抵免税额$$

根据计算公式可以看出，应纳税额的多少取决于应纳税所得额和适用税率两个因素。在实践中，应纳税所得额的计算一般有两种方法。

1. 直接计算法

在直接计算法下，企业每一纳税年度的收入总额减除不征税收入、免税收入，各项扣除以及允许弥补的以前年度亏损后的余额为应纳税所得额。相应的计算公式为：

$$应纳所得税额＝收入总额－不征税收入－免税收入－各项扣除－允许弥补的以前年度亏损$$

2. 间接计算法

在间接计算法下，企业在会计利润总额的基础上加或减按照税法规定调整的项目金额后，即为应纳税所得额，相应的计算公式为：

$$应纳税所得额＝会计利润总额±纳税调整项目金额$$

纳税调整项目金额包括两方面的内容：一是企业的财务会计处理和税法规定不一致的应予以调整的金额；二是企业按税法规定准予扣除的税收金额。

【例5-7】 某企业为居民企业，全年发生的经营业务如下：

(1) 取得产品销售收入4 000万元。

(2) 发生产品销售成本2 600万元。

(3) 发生销售费用770万元（其中,广告费为660万元）；管理费用为480万元（其中,业务招待费为25万元）；财务费用为60万元。

(4) 税金及附加为40万元。

(5) 营业外收入为80万元，营业外支出为50万元（含向公益性社会组织捐款40万元，支付税收滞纳金6万元）。

(6) 计入成本、费用中的实发工资总额为200万元，拨缴职工工会经费5万元，发生职工福利费31万元，发生职工教育经费7万元。

要求：计算该企业该年度实际应缴纳的企业所得税。

解析：会计利润总额＝4 000＋80－2 600－770－480－60－40－50＝80（万元）

广告费和业务宣传费扣除限额＝4 000×15％＝600（万元）

广告费和业务宣传费调增所得额＝660－600＝60（万元）

业务招待费扣除限额＝4 000×5‰＝20（万元）＞25×60％＝15（万元）

因此，业务招待费扣除限额为15万元。

业务招待费调增所得额＝25－15＝10（万元）

公益性捐赠扣除限额＝80×12％＝9.6（万元）

公益性捐赠调增所得额＝40－9.6＝30.4（万元）

超过限额部分可向后结转三年进行扣除。

工会经费应调增所得额＝5－200×2％＝1（万元）

职工福利费应调增所得额＝31－200×14％＝3（万元）

职工教育经费扣除限额＝200×8％＝16（万元）＞7万元，可以据实扣除。

应纳税所得额＝80＋60＋10＋30.4＋6＋1＋3＝190.4（万元）

该年度应缴企业所得税＝190.4×25％＝47.6（万元）

二、计算居民企业核定征收应纳企业所得税额

为了加强企业所得税征收管理，规范核定征收企业所得税工作，保障国家税款及时足额入库，维护纳税人合法权益，根据《企业所得税法》及其实施条例、《税收征收管理法》及其实施细则的有关规定，居民企业核定征收企业所得税的有关规定如下。

（一）核定征收企业所得税的范围

居民企业纳税人具有下列情形之一的，核定征收企业所得税。

（1）依照法律、行政法规的规定可以不设置账簿的。

（2）依照法律、行政法规的规定应当设置但未设置账簿的。

（3）擅自销毁账簿或者拒不提供纳税资料的。

（4）虽设置账簿，但账目混乱或者成本资料、收入凭证、费用凭证残缺不全，难以查账的。

（5）发生纳税义务，未按照规定的期限办理纳税申报，经税务机关责令限期申报，逾期仍不申报的。

（6）申报的计税依据明显偏低，又无正当理由的。

特殊行业、特殊类型的纳税人和一定规模以上的纳税人不适用上述办法，依据《国家税务总局关于企业所得税核定征收若干问题的通知》（国税函〔2009〕377号），上述特定纳税人包括：

① 享受《企业所得税法》及其实施条例和国务院规定的一项或几项企业所得税优惠政策的企业（不包括仅享受《企业所得税法》第二十六条规定免税收入优惠政策的企业、第二十八条规定的符合条件的小型微利企业）。

② 汇总纳税企业。

③ 上市公司。

④ 银行信用社小额贷款公司、保险公司、证券公司、期货公司，信托投资公司、金融

资产管理公司、融资租赁公司、担保公司、财务公司、典当公司等金融企业。

⑤ 会计、审计、资产评估税务、房地产估价、土地估价、工程造价、律师、价格鉴证、公证机构、基层法律服务机构、专利代理、商标代理以及其他经济鉴证类社会中介机构。

⑥ 国家税务总局规定的其他企业。

(二) 核定征收的办法

税务机关应根据纳税人的具体情况。对核定征收企业所得税的纳税人，核定应税所得率或者核定应纳所得税额。

1. 核定应税所得率

核定应税所得率征收是指税务机关按照一定的标准、程序和方法，预先核定纳税人的应税所得率，由纳税人根据纳税年度内的收入总额或成本费用等项目的实际发生额，按预先核定的应税所得率计算缴纳企业所得税的办法。具有下列情形之一的，核定其应税所得率：

(1) 能正确核算(查实)收入总额，但不能正确核算(查实)成本费用总额的。

(2) 能正确核算(查实)成本费用总额，但不能正确核算(查实)收入总额的。

(3) 通过合理方法，计算和推定纳税人收入总额或成本费用总额的。

2. 核定应纳所得税额

纳税人不属于核定应税所得率情形的，核定其应纳所得税额，基本方法有：

(1) 参照当地同类行业或者类似行业中经营规模和收入水平相近的纳税人的税负水平核定。

(2) 按照应税收入额或成本费用支出额定率核定。

(3) 按照耗用的原材料、燃料、动力等推算或测算核定。

(4) 按照其他合理方法核定。

采用上述所列一种方法不足以正确核定应纳税所得额或应纳税额的，可以同时采用两种以上的方法核定。采用两种以上方法测算的应纳所得税额不一致时，可按测算的应纳所得税额从高核定。

【例 5-8】 大成公司属于居民企业，当年向主管税务机关申报收入总额为 120 万元，成本费用支出总额为 127.5 万元。全年亏损 7.5 万元。经税务机关检查，成本费用支出核算准确，但收入总额不能确定。税务机关对该企业采取核定征税办法，应税所得率为 25%。

要求：请计算当年大成公司应纳的企业所得税。

解析：应纳企业所得税 = 127.5 ÷ (1 − 25%) × 25% × 25% = 10.625(万元)

 实战演练

〖单选题〗下列关于计算应纳税所得额的选项，正确的是(　　)。

A. 收入总额 − 免税收入 − 各项扣除 − 允许弥补的以前年度亏损

B. 收入总额 − 不征税收入 − 免税收入 − 各项扣除

C. 收入总额 − 不征税收入 − 各项扣除

D. 收入总额 − 不征税收入 − 免税收入 − 各项扣除 − 允许弥补的以前年度亏损

三、计算非居民企业应纳企业所得税额

对于在中国境内未设立机构、场所,或者虽设立机构、场所但取得的所得与其所设机构、场所没有实际联系的非居民企业的所得,按照下列方法计算应纳税所得额:

(1) 股息、红利等权益性投资收益和利息、租金、特许权使用费所得,以收入全额为应纳税所得额。营改增试点的非居民企业,取得上述规定的相关所得,在计算缴纳企业所得税时,应以不含增值税的收入全额作为应纳税所得额。对境外投资者将从中国境内居民企业分配的利润直接投资于鼓励类投资项目,凡符合规定条件的,实行递延纳税政策,暂不征收预提所得税。

(2) 转让财产所得,以收入全额减除财产净值后的余额为应纳税所得额。财产净值是指财产的计税基础减除已经按照规定扣除的折旧、折耗、摊销、准备金等后的余额。

(3) 其他所得,参照前两项规定的方法计算应纳税所得额。

扣缴义务人在每次向非居民企业支付或者到期应支付所得时,应从支付或者到期应支付的款项中扣缴企业所得税。到期应支付的款项,是指支付人按照权责发生制原则应当计入相关成本、费用的应付款项。

扣缴企业所得税应纳税额的计算公式如下,

$$扣缴企业所得税应纳税额 = 应纳税所得额 \times 实际征收率$$

应纳税所得额的计算,依上述第(1)、第(2)项的规定为标准;实际征收率是指《企业所得税法》及其实施条例等相关法律法规规定的税率,或者税收协定规定的更低的税率。

【例 5-9】 当月力达公司向一非居民企业(在中国境内未设立机构、场所)支付利息 23 万元、特许权使用费 20 万元、财产价款 60 万元(该财产的净值为 25 万元)。假定上述数据均不包含增值税。

要求: 该公司应扣缴多少企业所得税?

解析: 该公司应扣缴企业所得税 = (23+20+60-25)×10% = 7.8(万元)

任务五 探究税收优惠

思维启发

A 创业投资企业 2022 年 1 月 1 日向 B 企业(未上市的中小高新技术企业)投资 100 万元,股权持有到 2024 年 12 月 31 日。A 创业投资企业 2024 年度可抵扣的应纳税所得额是多少呢?

一、居民企业享受居民税收优惠政策

税收优惠指国家在税收法律、行政法规中规定对一部分特定企业和课税对象给予

减轻或免除税收负担的一种措施。税法规定的企业所得税的税收优惠方式包括三类。

(1) 税基式减免,如免税收入、减计收入、加计扣除、加速折旧等。

(2) 税率式减免,如低税率。

(3) 税额式减免,如免税、减税、税额抵免等。

(一) 税基式减免

1. 免税收入

(1) 企业的下列收入为免税收入:

① 国债利息收入。

② 符合条件的居民企业之间的股息、红利等权益性投资收益。

③ 在中国境内设立机构、场所的非居民企业从居民企业取得与该机构、场所有实际联系的股息、红利等权益性投资收益。

④ 符合条件的非营利组织的收入。

(2) 根据《财政部国家税务总局关于非营利组织企业所得税免税收入问题的通知》(财税〔2009〕122号)的规定,非营利组织的下列收入为免税收入:

① 接受其他单位或者个人捐赠的收入。

② 除《企业所得税法》第七条规定的财政拨款以外的其他政府补助收入,但不包括因政府购买服务取得的收入。

③ 按照省级以上民政、财政部门规定收取的会费。

④ 不征税收入和免税收入孳生的银行存款利息收入。

⑤ 财政部、国家税务总局规定的其他收入。

2. 减计收入

(1) 企业综合利用资源,生产符合国家产业政策规定的产品所取得的收入。可以在计算应纳税所得额时减按90%计入收入总额。

综合利用资源指企业以《资源综合利用企业所得税优惠目录》规定的资源作为主要原材料,生产国家非限制和禁止并符合国家和行业相关标准的产品取得的收入。

(2) 根据《财政部税务总局发展改革委 民政部商务部 卫生健康委关于养老、托育、家政等社区家庭服务业税费优惠政策的公告》(财政部公告2019年第76号)的规定,提供社区养老、托育、家政服务取得的收入,在计算应纳税所得额时,减按90%计入收入总额。

3. 加计扣除

加计扣除优惠包括以下两项内容。

(1) 研究开发费用。企业开展研发活动中实际发生的研发费用,未形成无形资产计入当期损益的,在按规定据实扣除的基础上,自2023年1月1日起,再按照实际发生额的100%在税前加计扣除;形成无形资产的,自2023年1月1日起,按照无形资产成本的200%在税前摊销。研发费用加计扣除政策的适用主体为除烟草制造业、住宿和餐饮业、批发和零售业、房地产业、租赁和商务服务业、娱乐业等以外的其他行业企业。

研发费用的具体范围包括:

① 人员人工费用,指直接从事研发活动人员的工资薪金、基本养老保险费、基本医疗保险费、失业保险费、工伤保险费、生育保险费和住房公积金,以及外聘研发人员的劳

务费用。

② 直接投入费用，包括研发活动直接消耗的材料、燃料和动力费用；用于中间试验和产品试制的模具、工艺装备开发及制造费，不构成固定资产的样品、样机及一般测试手段购置费，试制产品的检验费；用于研发活动的仪器、设备的运行维护、调整、检验、维修等费用，以及通过经营租赁方式租入的用于研发活动的仪器、设备租赁费。

③ 折旧费用，指用于研发活动的仪器、设备的折旧费。

④ 无形资产摊销，指用于研发活动的软件、专利权、非专利技术（包括许可证、专有技术、设计和计算方法等）的摊销费用。

⑤ 新产品设计费、新工艺规程制定费、新药研制的临床试验费、勘探开发技术的现场试验费。

⑥ 其他相关费用。与研发活动直接相关的其他费用，如技术图书资料费，资料翻译费，专家咨询费，高新科技研发保险费，研发成果的检索、分析、评议、论证、鉴定、评审、评估、验收费用，知识产权的申请费、注册费、代理费，差旅费、会议费等。此项费用总额不得超过可加计扣除研发费用总额的10%。

⑦ 财政部和国家税务总局规定的其他费用。

自2018年1月1日起，委托境外进行研发活动所发生的费用，按照费用实际发生额的80%计入委托方的委托境外研发费用，委托境外研发费用不超过境内符合条件的研发费用2/3的部分，可以按规定在企业所得税前加计扣除。委托外部研究开发费用实际发生额应按照独立交易原则确定。委托方与受托方存在关联关系的，受托方应向委托方提供研发项目费用支出明细情况。

企业共同合作开发的项目，由合作各方就自身实际承担的研发费用分别计算加计扣除。企业集团根据生产经营和科技开发的实际情况，对技术要求高、投资数额大、需要集中研发的项目，其实际发生的研发费用，可以按照权利和义务相一致、费用支出和收益分享相配比的原则，合理确定研发费用的分摊方法，在受益成员企业间进行分摊，由相关成员企业分别计算加计扣除。

企业的研发费用加计扣除优惠在年度汇算清缴时享受，平时预缴时不享受。此外，企业在2021年10月预缴申报税款时，允许享受2021年上半年研发费用加计扣除优惠，并可多享受1个季度的研发费用加计扣除。

（2）企业安置残疾人员所支付的工资。企业安置残疾人员所支付工资费用的加计扣除，是指企业安置残疾人员的，在按照支付给残疾职工工资据实扣除的基础上，按照支付给残疾职工工资的100%加计扣除。残疾人员的范围适用《中华人民共和国残疾人保障法》的有关规定。

4. 加速折旧

企业的固定资产由于技术进步等原因，确需加速折旧的，可以缩短折旧年限或者采取加速折旧的方法，可采用以上折旧方法的固定资产如下：

（1）由于技术进步，产品更新换代较快的固定资产。

（2）常年处于强震动、高腐蚀状态的固定资产。

采取缩短折旧年限方法的，最低折旧年限不得低于规定折旧年限的60%；采取加速折旧方法的，可以采取双倍余额递减法或者年数总和法。

为贯彻落实国务院完善固定资产加速折旧政策精神。2014年起,财政部和国家税务总局陆续出台文件《财政部 国家税务总局关于完善固定资产加速折旧企业所得税政策的通知》(财税〔2014〕75号)、《关于进一步完善固定资产加速折旧企业所得税政策的通知》(财税〔2015〕106号)、《关于设备器具扣除有关企业所得税政策的通知》(财税〔2018〕54号)、《关于扩大固定资产加速折旧优惠政策适用范围的公告》(财政部 税务总局公告2019年第66号)等。扩大固定资产加速折旧政策见表5-1。

表5-1 2014年后加速折旧政策简表

行业	加速折旧政策	
	缩短折旧年限或加速折旧	一次性扣除
全行业	2014年1月1日后新购进的固定资产	企业持有的单位价值不超过5 000元的固定资产
	小型微利企业2014年1月1日后新购进单位价值超过100万元的研发和生产经营共用的仪器、设备	小型微利企业2014年1月1日后新购进单位价值超过100万元的研发和生产经营共用的仪器、设备
	企业2015年1月1日后新购进的固定资产	企业持有的单位价值不超过5 000元的固定资产
	小型微利企业2014年1月1日后新购进的研发和生产经营共用的仪器、设备,单位价值超过100万元	小型微利企业2014年1月1日后新购进的研发和生产经营共用的仪器、设备,单位价值超过100万元
	单位价值超过100万元的2014年1月1日后新购进的专门用于研发的仪器、设备	企业在2018年1月1日至2023年12月31日期间新购进的设备、器具,单位价值不超过500万元的,允许一次性计入当期成本费用在计算应纳税所得额时扣除,不再分年度计算折旧

5. 符合条件的技术转让所得可以享受免征和减半征收企业所得税的优惠

一个纳税年度内,居民企业转让符合条件的技术所有权取得的所得不超过500万元的部分,免征企业所得税;超过500万元的部分,减半征收企业所得税。自2015年10月1日起。全国范围内的居民企业转让5年以上非独占许可使用权取得的技术转让所得,也纳入享受企业所得税优惠的技术转让所得范围。

【例5-10】 天达公司取得符合条件的技术转让所得400万元;力达公司取得符合条件的技术转让所得750万元。

要求: 请计算上述企业技术转让所得应纳企业所得税。

解析: 天达公司:400万元<500万元,应纳税额为0;

力达公司:750万元>500万元。

应纳企业所得税=(750-500)×50%×25%=31.25(万元)

6. 公司制创业投资企业股权投资抵扣政策

自2018年1月1日起,公司制创业投资企业采取股权投资方式直接投资于种子期、初创期科技型企业(以下简称初创科技型企业)满2年(24个月,下同)的,可以按照投资额的70%在股权持有满2年的当年抵扣该公司制创业投资企业的应纳税所得额;当年不足抵扣的,可以在以后纳税年度结转抵扣。

7. 有限合伙制创业投资企业股权投资抵扣政策

有限合伙制创业投资企业(以下简称合伙创投企业)采取股权投资方式直接投资于初创科技型企业满2年的,该合伙创投企业的合伙人分别按以下方式处理:

(1)法人合伙人可以按照对初创科技型企业投资额的70%抵扣法人合伙人从合伙创投企业分得的所得;当年不足抵扣的,可以在以后纳税年度结转抵扣。

(2)个人合伙人可以按照对初创科技型企业投资额的70%抵扣个人合伙人从合伙创投企业分得的经营所得;当年不足抵扣的。可以在以后纳税年度结转抵扣。

【例5-11】 天力创业投资企业2022年1月1日向力达企业(未上市的中小高新技术企业)投资100万元,股权持有到2024年12月31日。

要求: 请计算天河创业投资企业2024年度可抵扣的应纳税所得额。

解析: 天河创业投资企业2024年度可抵扣的应纳税所得额为70万元(100×70%)。

8. 天使投资个人股权投资抵扣政策

天使投资个人采取股权投资方式直接投资于初创科技型企业满2年的,可以按照投资额的70%抵扣转让该初创科技型企业股权取得的应纳税所得额;当期不足抵扣的,可以在以后取得转让该初创科技型企业股权的应纳税所得额时结转抵扣。

天使投资个人投资多个初创科技型企业的,对其中办理注销清算的初创科技型企业,天使投资个人对其投资额的70%尚未抵扣完的,可自注销清算之日起36个月内抵扣天使投资个人转让其他初创科技型企业股权取得的应纳税所得额。

实战演练

【计算题】 亚泰公司2024年取得销售收入80万元,支付工资薪金支出10万元,其中支付残疾职工工资5万元,其他税前扣除费用合计20万元,不考虑其他纳税调整项目。

要求:计算该企业2024年应纳税所得额。

_____

_____

_____

(二)税率式减免

1. 国家需要重点扶持的高新技术企业减按15%的税率征收企业所得税

国家需要重点扶持的高新技术企业,是指拥有核心自主知识产权,并同时符合下列八个条件的企业:

(1)企业申请认定时须注册成立1年以上。

(2)企业通过自主研发、受让、受赠、并购等方式,获得对其主要产品(服务)在技术上发挥核心支持作用的知识产权的所有权。

(3) 对企业主要产品(服务)发挥核心支持作用的技术属于《国家重点支持的高新技术领域》规定的范围。

(4) 企业从事研发和相关技术创新活动的科技人员占企业当年职工总数的比例不低于10%。

(5) 企业近三个会计年度(实际经营期不满3年的按实际经营时间计算,下同)的研究开发费用总额占同期销售收入总额的比例符合如下要求:

① 最近一年销售收入小于5 000万元(含)的企业,比例不低于5%。
② 最近一年销售收入在5 000万元至2亿元(含)的企业,比例不低于4%。
③ 最近一年销售收入在2亿元以上的企业,比例不低于3%。

其中,企业在中国境内发生的研究开发费用总额占全部研究开发费用总额的比例不低于60%。

(6) 近一年高新技术产品(服务)收入占企业同期总收入的比例不低于60%。

(7) 企业创新能力评价应达到相应要求。

(8) 企业申请认定前一年内未发生重大安全,重大质量事故或严重环境违法行为。

【例5-12】 国家需要重点扶持的高新技术企业,减按15%的税率征收企业所得税。高新技术企业除拥有核心自主知识产权外,还应同时符合的条件有(　　)。

A. 科技人员占企业职工总数的比例不低于规定比例
B. 研究开发费用占销售收入的比例不低于规定比例
C. 来源于境外的所得须占企业应纳税所得额的一定比例
D. 产品(服务)属于《国家重点支持的高新技术领域》规定的范围

解析:答案为ABD,选项C错误,对来源于境内、境外的所得没有规定比例。

2. 符合条件的从事污染防治的第三方企业减按15%的税率征收企业所得税

对符合条件的从事污染防治的第三方企业(以下称第三方防治企业)减按15%的税率征收企业所得税。第三方防治企业是指受排污企业或政府委托,负责环境污染治理设施(包括自动连续监测设施,下同)运营维护的企业。第三方防治企业应当同时符合以下条件:

(1) 在中国境内(不包括港、澳、台地区)依法注册的居民企业。

(2) 具有1年以上连续从事环境污染治理设施运营实践,且能够保证设施正常运行。

(3) 具有至少5名从事本领域工作且具有环保相关专业中级及以上技术职称的技术人员,或者至少2名从事本领域工作且具有环保相关专业高级及以上技术职称的技术人员。

(4) 从事环境保护设施运营服务的年度营业收入占总收入的比例不低于60%。

(5) 具备检验能力。拥有自有实验室,仪器配置可满足运行服务范围内常规污染物指标的检测需求。

(6) 保证其运营的环境保护设施正常运行,使污染物排放指标能够连续稳定达到国家或者地方规定的排放标准要求。

(7) 具有良好的纳税信用,近3年内纳税信用等级未被评定为C级或D级。

3. 横琴新区企业所得税优惠目录增列旅游产业项目减按15%的税率征收企业所得税

在横琴新区企业所得税优惠目录中增列有关旅游产业项目。横琴新区内享受减按

15%的税率征收企业所得税优惠政策的鼓励类产业企业,统一按照《横琴新区企业所得税优惠目录(2019版)》执行。

4. 小型微利企业减按20%的税率征收企业所得税

小型微利企业的条件如下:
(1) 从事国家非限制和禁止行业。
(2) 年度应纳税所得额不超过300万元。
(3) 从业人数不超过300人。
(4) 资产总额不超过5 000万元。

对小型微利企业年应纳税所得额不超过100万元部分、100万元到300万元的部分,分别减按25%、50%计入应纳税所得额,按20%的税率缴纳企业所得税,企业实际税负降至5%和10%。其中,对小微企业和个体工商户年应纳税所得额不到100万元的部分,在现行优惠政策基础上,再减半征收企业所得税。

【例5-13】 某小型微利企业经主管税务机关核定。2021年度亏损9万元,2022年度盈利5万元,2023年度盈利13万元(假设没有纳税调整事项)。

要求:请计算该企业2023年度应纳的企业所得税(假设该企业其他年度没有亏损)。

解析:2023年应纳企业所得税=[13-(9-5)]×50%×20%=0.9(万元)

(三) 税额式减免

企业的下列所得项目,可以免征、减征企业所得税;企业如果从事国家限制和禁止发展的项目,不得享受企业所得税优惠。

1. 从事农、林、牧、渔业项目的所得

企业从事农、林、牧、渔业项目的所得,包括免征和减征两部分。
(1) 企业从事下列项目的所得,免征企业所得税:
① 蔬菜、谷物、薯类、油料、豆类、棉花、麻类、糖料、水果、坚果的种植。
② 农作物新品种的选育。
③ 中药材的种植。
④ 林木的培育和种植。
⑤ 牲畜、家禽的饲养。
⑥ 林产品的采集。
⑦ 灌溉、农产品初加工、兽医、农技推广、农机作业和维修等农、林、牧、渔服务业项目。
⑧ 远洋捕捞。
(2) 企业从事下列项目的所得,减半征收企业所得税:
① 花卉、茶以及其他饮料作物和香料作物的种植。
② 海水养殖、内陆养殖。

2. 从事国家重点扶持的公共基础设施项目投资经营的所得

企业从事国家重点扶持的公共基础设施项目投资经营的所得,自项目取得第一笔生产经营收入所属纳税年度起,第1~3年免征企业所得税,第4~6年减半征收企业所得税。所称国家重点扶持的公共基础设施项目,是指《公共基础设施项目企业所得税优惠目录》规定的港口码头、机场、铁路、公路、电力、水利等项目。

3. 从事符合条件的环境保护、节能节水项目的所得

企业从事环境保护、节能节水项目的所得，自项目取得第一笔生产经营收入所属纳税年度起，第1~3年免征企业所得税，第4~6年减半征收企业所得税。符合条件的环境保护、节能节水项目，包括公共污水处理、公共垃圾处理、沼气综合开发利用节能减排技术改造、海水淡化等。项目的具体条件和范围见《财政部 国家税务总局 国家发展改革委关于公布环境保护节能节水项目企业所得税优惠目录（试行）的通知》（财税〔2019〕66号），以及财政部等四部门关于公布《环境保护、节能节水项目企业所得税优惠目录（2021年版）》。

4. 集成电路设计和软产业企经营所得

对于依法成立且符合条件的集成电路设计企业和软件企业自2018年12月31日前自获利年度起计算优惠期，第1~2年免征企业所得税，第3~5年按照25%的法定税率减半征收企业所得税，并享受至期满为止。"符合条件"是指符合《财政部 国家税务总局关于进一步鼓励软件产业和集成电路产业发展企业所得税政策的通知》（财税〔2012〕27号）和《财政部 国家税务总局 发展改革委 工业和信息化部关于软件和集成电路产业企业所得税优惠政策有关问题的通知》（财税〔2016〕49号）规定的条件。

5. 永续债企业所得税

企业发行的永续债，可以适用股息、红利企业所得税政策，即投资方取得的永续债利息收入属于股息、红利性质，按照现行企业所得税政策相关规定进行处理，其中发行方和投资方均为居民企业的，永续债利息收入可以适用企业所得税法规定的居民企业之间的股息、红利等权益性投资收益，免征企业所得税；同时，发行方支付的永续债利息支出不得在企业所得税税前扣除。

企业发行符合规定条件的永续债，也可以按照债券利息适用企业所得税政策，即发行方支付的永续债利息支出准予在其企业所得税税前扣除；投资方取得的永续债利息收入应当依法纳税。

此外，根据《财政部税务总局关于铁路债券利息收入所得税政策的公告》（财政部税务总局公告2019年第57号）的规定，对企业投资者持有2019—2023年发行的铁路债券取得的利息收入，减半征收企业所得税。

以上规定享受减免税优惠的项目，在减免税期限内转让的。受让方自受让之日起，可以在剩余期限内享受规定的减免税优惠，减免税期限属满后转让的，受让方不得就该项目重复享受减免税优惠。

6. 生产和装配伤残人员专门用品的企业免征企业所得税

自2021年1月1日至2023年12月31日期间，对符合下列条件的居民企业免征企业所得税：

（1）生产和装配伤残人员专门用品，且在民政部发布的《中国伤残人员专门用品目录》范围之内。

（2）以销售本企业生产或者装配的伤残人员专门用品为主，其所取得的年度伤残人员专门用品销售收入（不含出口取得的收入）占企业收入总额60%以上。

（3）企业账证健全，能够准确、完整地向主管税务机关提供纳税资料，且本企业生产或者装配的伤残人员专门用品所取得的收入能够单独、准确核算。

（4）企业拥有假肢制作师，矫形器制作师资格证书的专业技术人员不得少于1人；

其企业生产人员如超过20人,则其拥有假肢制作师、矫形器制作师资格证书的专业技术人员不得少于全部生产人员的1/6。

(5)具有与业务相适应的测量取型、模型加工、接受腔成型、打磨、对线组装、功能训练等生产装配专用设备和工具。

(6)具有独立的接待室,假肢或者矫形器(辅助器具)制作室和假肢功能训练室,使用面积不少于115平方米。

7. 税额抵免

税额抵免是指企业购置并实际使用《环境保护专用设备企业所得税优惠目录》《节能节水专用设备企业所得税优惠目录》《安全生产专用设备企业所得税优惠目录》规定的环境保护、节能节水、安全生产等专用设备的,该专用设备的投资额的10%可以从企业当年的应纳税额中抵免;当年不足抵免的,可以在以后5个纳税年度结转抵免。

享受上述企业所得税优惠的企业,应当实际购置并自身实际投入使用优惠目录中规定的专用设备;企业购置上述专用设备在5年内转让、出租的,应当停止享受企业所得税优惠,并补缴已经抵免的企业所得税税款,转让的受让方可以按照该专用设备投资额的10%抵免当年企业所得税应纳税额;当年应纳税额不足抵免的,可以在以后5个纳税年度结转抵免,企业所得税优惠目录,由国务院财政、税务主管部门商国务院有关部门制定,报国务院批准后公布施行。

【例5-14】A居民企业购买符合规定的安全生产专用设备用于生产经营,取得的增值税普通发票上注明价税合计金额10.5万元。已知该企业2022年亏损30万元,2023年盈利15万元。本年度经审核的未弥补亏损前应纳税所得额为45万元。

要求:请计算本年度A企业实际应纳的企业所得税。

解析:企业购置并实际使用规定的安全生产专用设备的,该专用设备投资额的10%可以从企业当年企业所得税应纳税额中抵免。

当年应纳企业所得税=[45-(30-15)]×25%=7.5(万元)

实际缴纳企业所得税=7.5-10.5×10%=6.45(万元)

8. 民族自治地方的优惠

民族自治地方的自治机关对本民族自治地方的企业应缴纳的企业所得税中属于地方分享的部分,可以决定减征或者免征。自治州、自治县决定减征或者免征的,须报省、自治区、直辖市人民政府批准。

《企业所得税法》中所称的民族自治地方,是指依照《中华人民共和国民族区域自治法》的规定,实行民族区域自治的自治区、自治州、自治县。对民族自治地方内国家限制和禁止行业的企业,不得减征或者免征企业所得税。

二、非居民企业税收优惠政策

非居民企业减按10%的税率征收企业所得税,非居民企业是指在中国境内未设立机构、场所的,或者虽设立机构、场所但取得的所得与其所设机构、场所没有实际联系的企业。该类非居民企业取得的下列所得免征企业所得税:

(1)外国政府向中国政府提供贷款取得的利息所得。

(2)国际金融组织向中国政府和居民企业提供优惠贷款取得的利息所得。

(3) 经国务院批准的其他所得。

实战演练

〖多选题〗在下列各项中,免征企业所得税的有(　　　　)。
A. 外国政府向中国政府提供贷款取得的利息所得
B. 国际金融组织向中国政府提供优惠贷款取得的利息所得
C. 国际金融组织向中国居民企业提供贷款取得的利息所得
D. 外国政府向中国居民企业提供贷款取得的利息所得

任务六　明确征收管理要求

思维启发

荣华企业于2024年3月15日在上海注册成功,并在2024年5月1日举行了开业仪式,开始正式对外营业,该企业主要经营半导体元件的销售业务。该企业填报2024年《企业所得税年度纳税申报表(A类)》时,其所属期限,应当如何填写呢? 我们一起学习企业所得税征收管理要求。

5-4 动画视频 企业所得税的 计算、征收 方式及申报

一、居民企业与非居民企业纳税地点

除税收法律、行政法规另有规定外,居民企业以企业登记注册地为纳税地点;但登记注册地在境外的,以实际管理机构所在地为纳税地点。企业登记注册地是指企业依照国家有关规定登记注册的住所地。

居民企业在中国境内设立不具有法人资格的营业机构的,应当汇总计算并缴纳企业所得税。企业在汇总计算并缴纳企业所得税时,应当统一核算应纳税所得额,具体办法由国务院财政、税务主管部门另行制定。

非居民企业在中国境内设立机构、场所的,应当就其所设机构、场所取得的来源于中国境内的所得,以及发生在中国境外但与其所设机构、场所有实际联系的所得,以机构、场所所在地为纳税地点,非居民企业在中国境内设立两个或者两个以上机构、场所的。经税务机关审核批准,可以选择由其主要机构、场所汇总缴纳企业所得税。

非居民企业在中国境内未设立机构、场所的,或者虽设立机构、场所但取得的所得与其所设机构、场所没有实际联系的所得,以扣缴义务人所在地为纳税地点。

除国务院另有规定外,企业之间不得合并缴纳企业所得税。

二、纳税期限

企业所得税按年计征,分月或者分季预缴,年终汇算清缴,多退少补。

企业所得税的纳税年度,自公历1月1日起至12月31日止。企业在一个纳税年度的中间开业,或者由于合并、关闭等原因终止经营活动,使该纳税年度的实际经营期不足12个月的,应当以其实际经营期为1个纳税年度。企业清算时,应当以清算期间作为1个纳税年度。

自年度终了之日起5个月内,企业应向税务机关报送年度企业所得税纳税申报表,并汇算清缴,结清应缴应退税款。

企业在年度中间终止经营活动的,应当自实际经营终止之日起60日内,向税务机关办理当期企业所得税汇算清缴。

扣缴义务人每次代扣的税款,应当自代扣之日起7日内缴入国库,并向所在地的税务机关报送扣缴企业所得税报告表。

按月或按季预缴的,应当自月份或者季度终了之日起15日内,向税务机关报送预缴企业所得税纳税申报表,预缴税款。

三、汇算清缴期限

在正常情况下,企业自年度终了之日起5个月内,向税务机关报送年度企业所得税纳税申报表,并汇算清缴,结清应缴应退税款。企业在年度中间终止经营活动的,应当自实际经营终止之日起60日内,向税务机关办理当期企业所得税汇算清缴。企业清算的,应当自清算结束之日起15日内,向主管税务机关报送企业所得税纳税申报表,并结清税款。企业在报送企业所得税纳税申报表时,应当按照规定附送财务会计报告和其他有关资料。

依照《企业所得税法》缴纳的企业所得税,以人民币计算。所得以人民币以外的货币计算的,应当折合成人民币计算并缴纳税款。

四、纳税申报表

实行查账征收企业所得税的居民企业纳税人在年度企业所得税汇算清缴时,应当填报《中华人民共和国企业所得税年度纳税申报表(A类)》,见表5-2。

表5-2 中华人民共和国企业所得税年度纳税申报表(A类)

行次	类别	项目	金额
1	利润总额计算	一、营业收入(填写 A101010\101020\103000)	
2		减:营业成本(填写 A102010\102020\103000)	
3		减:税金及附加	
4		减:销售费用(填写 A104000)	
5		减:管理费用(填写 A104000)	
6		减:财务费用(填写 A104000)	
7		减:资产减值损失	
8		加:公允价值变动收益	

续　表

行次	类别	项目	金额
9	利润总额计算	加：投资收益	
10		二、营业利润(1−2−3−4−5−6−7+8+9)	
11		加：营业外收入(填写 A101010\101020\103000)	
12		减：营业外支出(填写 A102010\102020\103000)	
13		三、利润总额(10+11−12)	
14	应纳税所得额计算	减：境外所得(填写 A108010)	
15		加：纳税调整增加额(填写 A105000)	
16		减：纳税调整减少额(填写 A105000)	
17		减：免税、减计收入及加计扣除(填写 A107010)	
18		加：境外应税所得抵减境内亏损(填写 A108000)	
19		四、纳税调整后所得(13−14+15−16−17+18)	
20		减：所得减免(填写 A107020)	
21		减：弥补以前年度亏损(填写 A106000)	
22		减：抵扣应纳税所得额(填写 A107030)	
23		五、应纳税所得额(19−20−21−22)	
24	应纳税额计算	税率(25%)	
25		六、应纳所得税额(23×24)	
26		减：减免所得税额(填写 A107040)	
27		减：抵免所得税额(填写 A107050)	
28		七、应纳税额(25−26−27)	
29		加：境外所得应纳所得税额(填写 A108000)	
30		减：境外所得抵免所得税额(填写 A108000)	
31		八、实际应纳所得税额(28+29−30)	
32		减：本年累计实际已缴纳的所得税额	
33		九、本年应补(退)所得税额(31−32)	
34		其中：总机构分摊本年应补(退)所得税额(填写 A109000)	
35		财政集中分配本年应补(退)所得税额(填写 A109000)	
36		总机构主体生产经营部门分摊本年应补(退)所得税额(填写 A109000)	
37	实际应纳税额计算	减：民族自治地区企业所得税地方分享部分：(□ 免征 □ 减征：减征幅度__%)	
38		十、本年实际应补(退)所得税额(33−37)	

实战演练

〖单选题〗某企业 2023 年 3 月 15 日开业,则该企业填报 2023 年《企业所得税年度纳税申报表(A 类)》时,其所属期限,应当填写(　　)。
A. 2023 年 1 月 1 日至 2023 年 12 月 31 日
B. 2023 年 3 月 15 日至 2023 年 12 月 31 日
C. 2023 年 3 月 1 日至 2023 年 12 月 31 日
D. 2023 年 3 月 16 日至 2023 年 12 月 31 日

项目小结

企业所得税是对我国境内的企业和其他取得收入的组织的生产、经营所得,其他所得和清算所得征收的一种税,旨在调节企业收入分配,促进经济发展,并为国家提供财政收入。企业所得税的纳税人是在我国境内的企业和其他取得收入的组织。征税对象是企业的生产、经营所得,其他所得和清算所得等。企业所得税实行比例税率。企业所得税实行境外所得已纳税额抵免制度。企业所得税的税收优惠包括免税、减税、加计扣除、加速折旧、减计收入及税额抵免等。企业所得税按年计征,分月或分季预缴,年终汇算清缴,多退少补。

项 目 测 试

一、单项选择题(将答案填入括号内)

(　　) 1. 除税法另有规定外,关于企业所得税纳税地点,下列说法中不正确的是_____。
　　A. 居民企业以企业登记注册地为纳税地点
　　B. 登记注册地在境外的,以实际管理机构所在地为纳税地点
　　C. 居民企业在中国境内设立不具有法人资格的营业机构,应当汇总计算并缴纳企业所得税,纳税地点为总机构注册地
　　D. 在中国境内未设立场所、机构而从中国境内取得所得的非居民企业,以扣缴义务人所在地为纳税地点

(　　) 2. 2024 年 9 月某化肥厂购进一台污水处理设备并投入使用(该设备属于环境保护专用设备企业所得税优惠目录列举项目),取得增值税专用发票注明设备价款 100 万元、进项税额 13 万元。该厂可抵免企业所得税税额_____万元。
　　A. 10　　　　　B. 11.6　　　　　C. 100　　　　　D. 116

(　　) 3. 我国居民企业 2024 年符合条件的公益性捐赠支出,当年超限额未税前扣除的捐赠支出,可以结转以后扣除的期限为_____年。

　　　　　A. 2　　　　　B. 3　　　　　C. 5　　　　　D. 10

（　　）4. 某小型微利企业，2024年按税法调整后所得为80万元，则其全年应纳的企业所得税是＿＿＿＿万元。
　　　　　A. 8　　　　　B. 12　　　　　C. 16　　　　　D. 20

（　　）5. 天音公司2024年度符合研发费加计扣除条件，当年发生研发费100万元计入管理费用。2024年度该公司研发费可税前加计扣除的金额是＿＿＿＿万元。
　　　　　A. 50　　　　B. 75　　　　　C. 100　　　　D. 150

（　　）6. 甲企业委托英国A公司研发，支付的研发费应按一定比例计入甲企业的委托境外研发费用，该比例是＿＿＿＿。
　　　　　A. 70%　　　B. 80%　　　C. 90%　　　D. 100%

（　　）7. 某企业2024年度符合小型微利企业条件，其年应纳税所得额应低于或等于一定数额。该数额是＿＿＿＿万元。
　　　　　A. 20　　　　B. 30　　　　C. 50　　　　D. 100

（　　）8. 下列收入中，属于企业所得税免税收入的是＿＿＿＿。
　　　　　A. 甲公司取得的财政拨款50万元
　　　　　B. 乙单位收取的行政事业性收费60万元
　　　　　C. 丙单位收取的政府性基金70万元
　　　　　D. 丁公司取得国债利息收入80万元

（　　）9. 广元公司于2024年9月25日新购进一台机器设备，在2024年第3季度预缴申报时享受了一次性税前扣除的优惠。该公司新购进的这台设备，单位价值最高可达＿＿＿＿万元。
　　　　　A. 200　　　B. 300　　　C. 400　　　D. 500

（　　）10. 2024年某居民企业取得产品销售收入6 800万元，直接扣除的成本及税金共计5 000万元。3月投资100万元购买B公司A股股票，12月份以120万元转让，2024年取得国债利息收入5万元。2024年该企业应缴纳企业所得税为＿＿＿＿万元（企业所得税税率为25%）。
　　　　　A. 45　　　　B. 455　　　C. 455.5　　　D. 456.25

二、多项选择题（将答案填入括号内）

（　　）1. 企业所得税纳税征收方式主要有＿＿＿＿。
　　　　　A. 查账征收　　　　　　　B. 核定定率征收
　　　　　C. 查验征收　　　　　　　D. 核定定额征收

（　　）2. 下列非居民企业均未在我国设立机构、场所，其从我国境内取得的各项所得中，以收入全额为应纳税所得额计算缴纳企业所得税的有＿＿＿＿。
　　　　　A. 杰克公司出租一台机器给西安市某公司取得的租金
　　　　　B. 约翰公司转让一套旧设备给扬州市某公司取得的所得
　　　　　C. 山本公司自南京市某公司取得的特许权使用费所得
　　　　　D. 琳达公司投资长沙市某企业分得的权益性投资收益

(　　) 3. 黛尔公司进行企业所得税汇算清缴时,对工资、薪金的合理确认应把握的原则有＿＿＿＿＿。
A. 不以减少或逃避税款为目的
B. 制定了较为规范的工薪制度
C. 已履行代扣代缴个税义务
D. 有关工资、薪金的安排,不以减少或逃避税款为目的

(　　) 4. 某外国企业将2023年从中国境内A公司(非上市公司)分配的利润,用于我国境内直接投资,暂不征收预提所得税。直接投资的形式包括＿＿＿＿＿。
A. 增加A公司的实收资本　　　B. 购买境内公司发行的债券
C. 新投资设立另一居民企业　　D. 增加A公司的资本公积

(　　) 5. 某企业2023年10月取得了下列凭证,可以作为企业所得税税前扣除凭证的有＿＿＿＿＿。
A. 租用厂房取得的水电费分割单
B. 购买原材料取得上游公司开具的收据
C. 支付贷款利息取得的银行业务凭证
D. 从国外进口设备取得的海关完税凭证

三、判断题(判断正确的在括号内标记"√",错误的在括号内标记"×")

(　　) 1. 甲企业于2022年8月17日至2023年11月22日进行清算,甲企业应将整个清算期作为一个独立纳税年度计算清算所得。

(　　) 2. 2023年,小微企业财务报表由按月报送改为按季报送。

(　　) 3. 某居民企业技术转让所得不超过500万元的部分,可以免征企业所得税;超过500万元的部分,全额征收企业所得税。

(　　) 4. 2023年8月B公司注销,A公司未能及时取得B公司开具的发票,但是已经通过银行转账方式收取货款。针对该情形,A公司在确实无法取得发票的情况下,可凭借合同等资料在企业所得税前列支。

(　　) 5. 2024年甲企业委托英国的约翰先生进行研发活动,向其个人支付研发费100万元,该研发费支出可在企业所得税前加计扣除。

(　　) 6. 某企业在2023年8月15日新购进了一套单位价值600万元的设备,在计算应纳税所得额时,允许一次性计入当期成本费用扣除。

(　　) 7. A公司为高新技术企业,符合研发费加计扣除有关规定,2023年度发生的研发费税前加计扣除比例为50%。

(　　) 8. 某公司2023年享受国债利息免征企业所得税优惠政策,该公司需要去主管税务机关办理企业所得税免税备案手续。

(　　) 9. 我国国内某人工智能公司2020年委托美国斯坦福大学进行研发,研发活动所发生的费用可以按照费用实际发生额计入委托境外研发费用。

(　　) 10. 企业购买国债的利息收入,不计入应纳税所得额。

四、计算题

〖业务1〗某企业2024年全年取得销售收入总额为3 000万元,另取得租金收入

50万元；销售成本、销售费用、管理费用共计2 800万元；营业外支出35万元，其中，通过希望工程基金委员会向某灾区捐款10万元，直接向某困难地区捐赠5万元；非广告性赞助20万元。其从业人数和资产总额全年季度平均值分别为120人、1 800万元。

要求：
(1) 该企业2024年会计利润是多少。
(2) 通过希望工程基金委员会向某灾区捐款该如何处理。
(3) 直接捐赠该如何处理。
(4) 非广告性赞助如何处理。
(5) 计算应纳税所得额。
(6) 计算应纳所得税税额。

〖业务2〗某企业2024年发生下列业务：
(1) 销售产品收入2 000万元。
(2) 接受捐赠材料一批，取得赠出方开具的增值税发票，注明价款10万元，增值税1.3万元；企业找一运输公司将该批材料运回企业，支付运杂费0.3万元，取得普通发票。
(3) 收取当年让渡资产使用权的专利实施许可费，取得其他业务收入10万元。
(4) 取得国债利息2万元。
(5) 全年销售成本为1 000万元；税金及附加为100万元。
(6) 全年销售费用为500万元，含广告费400万元；全年管理费用为200万元，含招待费80万元；全年财务费用为50万元。
(7) 全年营业外支出为40万元，含直接对私立小学捐款10万元，违反政府规定被工商局罚款2万元。

要求：根据上述资料，按要求计算，单位为万元，保留小数点后两位。
(1) 计算该企业的会计利润总额。
(2) 计算该企业国债利息的纳税调整额。
(3) 计算该企业广告费的纳税调整额。
(4) 计算该企业招待费的纳税调整额。
(5) 该企业营业外支出的纳税调整额。
(6) 该企业应纳税所得额。
(7) 该企业应纳所得税税额。

五、拓展题

请扫描二维码 5-5、5-6 获取数字资源，了解企业所得税的历史演变及其发展，同时上网搜索相关案例，组内交流后推选代表介绍企业所得税优惠政策赋能企业发展的新案例。

5-5 拓展阅读
企业所得税的历史演变

5-6 拓展阅读
简化跨境办税流程 为企业降本增效

项 目 评 价

根据本项目学习情况，在表 5-3 中进行评价，"A"为优良，"B"为一般，"C"为需要帮助。

表 5-3 项目五学习评价表

序号	学习重点	自我评价（在方框内打勾）	教师反馈与评价
1	判定企业所得税征税对象	A□ B□ C□	
2	识别纳税义务人	A□ B□ C□	
3	确定应纳税所得额	A□ B□ C□	
4	计算应纳企业所得税额	A□ B□ C□	
5	明确税收优惠	A□ B□ C□	
6	明确征管要求	A□ B□ C□	
	总体评价	A□ B□ C□	

认识个人所得税

项目简介

本项目主要介绍个人所得税的纳税义务人、税目、税率、计税依据、税额以及征收管理要求。通过本项目的学习,学生可以全面了解个人所得税具体征税规定,并能应用个人所得税税收政策对个人所得税涉税业务进行税务处理。学生应树立依法纳税的法治观念;逐渐培养认真负责,严谨细致,主动学习,爱岗敬业的职业态度;增强责任担当,具备大局意识;体会政府颁布的一系列减税降费政策,增强理论自信和文化自信。

知识导航

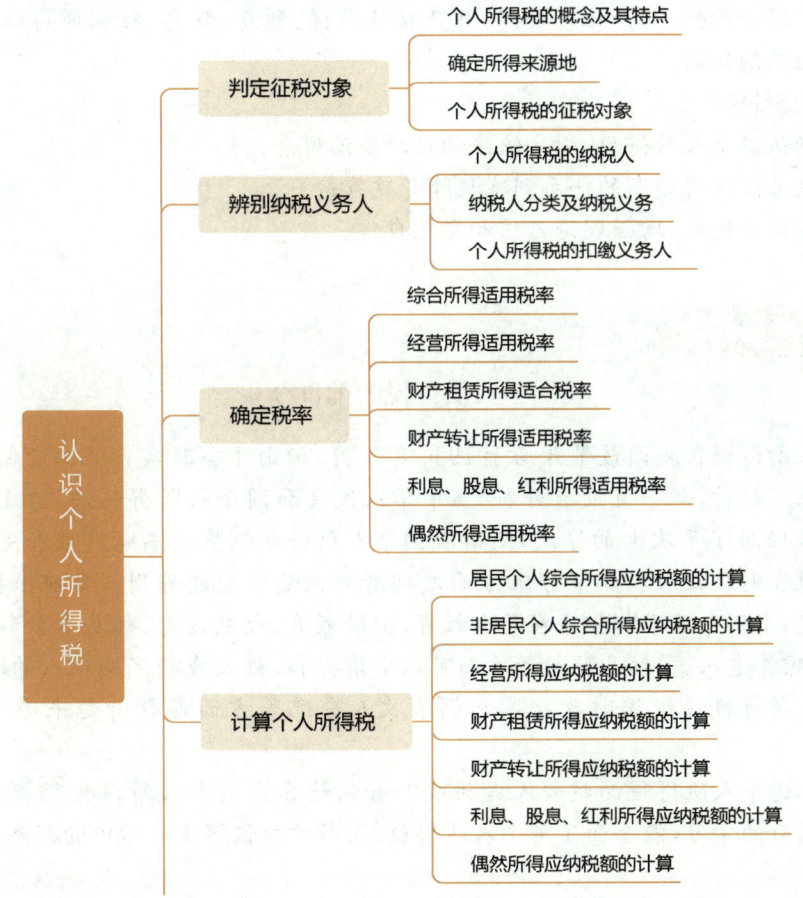

税收基础

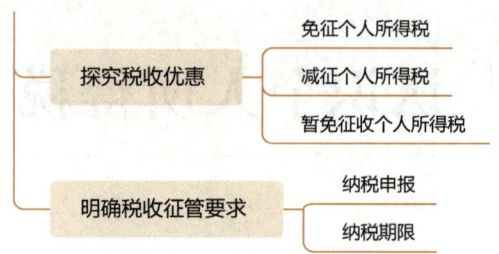

○ 知识目标
- 辨认个人所得税纳税义务人;
- 识别个人所得税的征税范围;
- 根据税目选择适用税率;
- 确认个人所得税纳税义务发生时间、纳税期限与纳税地点。

○ 技能目标
- 计算居民个人综合所得应纳税额;
- 计算非居民个人工资、薪金所得,劳务报酬所得,稿酬所得和特许权使用费所得的应纳税额;
- 计算经营所得、财产租赁所得、财产转让所得、利息、股息、红利所得以及偶然所得的应纳税额。

○ 情感目标
- 正确认识个人所得税、树立依法纳税的法治观念;
- 积极关注政府颁布的一系列减税降费政策;
- 关心国计民生,增强理论自信和文化自信。

我国个人所得税的前世今生

个人所得税在我国最早开始于1950年1月,但由于当时实行低工资制,所以虽然设立了税种,却一直没有开征。《中华人民共和国个人所得税法》自1980年出台以来经历了7次大的修改,随着我国个人所得税制度的不断发展和完善,个人所得税在财政收入和调节分配方面发挥着越来越重要的作用。目前根据最新个税规定,个税专项附加扣除在子女教育、继续教育、大病医疗、住房贷款利息、住房租金、赡养老人、婴幼儿照护等方面可以申请抵扣,极大减轻了纳税人的缴税压力。个人所得税在组织财政收入和调节收入分配等方面发挥着越来越重要的作用。

你知道个人所得税的纳税人是谁吗?如何计算应纳个人所得税税额?相信通过本项目的学习,能全面了解个人所得税,用所学知识解决你心中的疑惑。

6-1
动画视频
个人所得税
是什么

任务一　判定征税对象

思维启发

> 爸爸妈妈每个月的工资、叔叔作为退伍军人的转业费、爷爷奶奶的退休工资、阿姨买彩票中的大奖、弟弟的托儿补助费……是不是这些在日常生活中的收入都要缴个人所得税呢？到底哪些属于个人所得税的征税对象呢？

一、个人所得税的概念及其特点

个人所得税是以自然人取得的各类应税所得为征税对象而征收的一种所得税，是政府利用税收对个人收入进行调节的一种手段。

我国个人所得税采用分类与综合相结合的混合所得税制，对工资薪金、劳务报酬、稿酬和特许权使用费采用超额累进税率实行综合征税，对其他所得采用分类征税。我国个人所得税具有累进税率与比例税率并用、费用扣除方式多样、源泉扣税与自行申报并行的特点。

二、确定所得来源地

所得来源地与所得支付地，两者可能是一致的，也可能是不同的，我国个人所得税依据"所得来源地"判断经济活动的实质，征收个人所得税。

（一）来源于中国境内的所得

下列所得，不论支付地点是否在中国境内，均为来源于中国境内的所得：

(1) 因任职、受雇、履约等而在中国境内提供劳务取得的所得。
(2) 将财产出租给承租人在中国境内使用而取得的所得。
(3) 许可各种特许权在中国境内使用而取得的所得。
(4) 转让中国境内的不动产等财产或者在中国境内转让其他财产取得的所得。
(5) 从中国境内企事业单位和其他经济组织以及居民个人取得的利息、股息、红利所得。

（二）来源于中国境外的所得

下列所得，不论支付地是否在中国境外，均为来源于中国境外的所得：

(1) 因任职、受雇、履约等而在中国境外提供劳务取得的所得。
(2) 中国境外企业以及其他组织支付且负担的稿酬所得。
(3) 许可各种特许权在中国境外使用而取得的所得。
(4) 在中国境外从事生产、经营活动而取得的与生产、经营活动相关的所得。
(5) 从中国境外企业、其他组织以及非居民个人取得的利息、股息、红利所得。

(6) 将财产出租给承租人在中国境外使用而取得的所得。

(7) 转让中国境外的不动产、转让对中国境外企业以及其他组织投资形成的股票、股权以及其他权益性资产(以下称权益性资产)或者在中国境外转让其他财产取得的所得。但转让对中国境外企业以及其他组织投资形成的权益性资产,该权益性资产被转让前三年(连续36个公历月份)内的任一时间,被投资企业或其他组织的资产公允价值50%以上直接或间接来自位于中国境内的不动产的,取得的所得为来源于中国境内的所得。

(8) 中国境外企业、其他组织以及非居民个人支付且负担的偶然所得。

(9) 财政部、税务总局另有规定的,按照相关规定执行。

> **实战演练**
>
> 〖判断题〗中国居民王某在境外工作,只就来源于中国境外的所得征收个人所得税。(　　)
>
> 〖多选题〗根据个人所得税法律制度的规定,下列各项中,属于来源于中国境内所得的有(　　)。
> A. 许可各种特许权在中国境内使用而取得的所得
> B. 转让中国境外的不动产取得的所得
> C. 因任职、受雇、履约等而在中国境外提供劳务取得的所得
> D. 将财产出租给承租人在中国境内使用而取得的所得

三、个人所得税的征税对象

个人所得税的征税对象,也称个人所得税的应税项目,目前个人所得税共有9个应税项目。

(一) 工资、薪金所得

工资、薪金所得是指个人因"任职或者受雇"而取得的工资、薪金、奖金、年终加薪、劳动分红、津贴、补贴以及与任职或者受雇有关的其他所得。

下列项目不属于工资、薪金性质的补贴、津贴,不予征收个人所得税:

(1) 独生子女补贴。

(2) 执行公务员工资制度未纳入基本工资总额的补贴,津贴差额和家属成员的副食品补贴。

(3) 托儿补助费。

(4) 差旅费津贴,误餐补助。

(5) 外国来华留学生,领取的生活津贴费,奖学金。

(6) 离退休人员按规定领取离退休工资或养老金。

(二) 劳务报酬所得

劳务报酬所得是指个人独立从事"非雇佣"的各种劳务所得,包括从事设计、装潢、安装、制图、化验、测试、医疗、法律、会计、咨询、讲学、翻译、审稿、书画、雕刻、影视、录

音、录像、演出、表演、广告、展览、技术服务、介绍服务、经纪服务、代办服务以及其他劳务取得的所得。

工资薪金所得和劳务报酬所得的区别,关键看个人是否属于独立从事某项活动还是任职受雇某个单位。"任职受雇"即劳动者和用工单位是任职或者受雇关系,双方签订劳动合同。"个人从事劳务"中劳动者和用工单位是平等的劳务合同关系,劳动者按约定提供符合要求的劳动成果,用工单位按约定给付报酬;用工单位无须为劳动者缴纳社保。

> **实战演练**
>
> 〖填空题〗某大学教授在所任职的学校上课每月取得收入 5 000 元,其因任职受雇而取得的报酬属于工资薪金所得性质,按照_____项目缴纳个人所得税。而若某大学教授去校外兼职上课而取得的收入 500 元,由于该教授不在该校任职受雇,其取得的收入属于劳务报酬所得性质,按照_____项目缴纳个人所得税。

(三) 稿酬所得

稿酬所得是指个人因其作品以图书、报刊形式出版、发表而取得的所得。稿酬所得应当与一般劳务报酬相对区别,并给予适当优惠照顾。

这里所说的"作品",是指包括中外文字、图片、乐谱等能以图书、报刊方式出版、发表的作品;"个人作品",包括本人的著作、翻译的作品等。个人取得遗作稿酬,应按稿酬所得项目计税。

(四) 特许权使用费所得

特许权使用费所得是指个人提供专利权、商标权、著作权、非专利技术以及其他特许权的使用权取得的所得。

(五) 经营所得

经营所得是指个体工商户业主、个人独资企业投资者、合伙企业个人合伙人、承包承租经营者个人以及其他从事生产、经营活动的个人取得的所得,具体包括以下情形:

(1) 个体工商户从事生产、经营活动取得的所得,个人独资企业投资人、合伙企业的个人合伙人来源于境内注册的个人独资企业、合伙企业生产、经营的所得。

(2) 个人依法从事办学、医疗、咨询以及其他有偿服务活动取得的所得。

(3) 个人对企业、事业单位承包经营、承租经营以及转包、转租取得的所得。

(4) 个人从事其他生产、经营活动取得的所得。

(六) 财产租赁所得

财产租赁所得是指个人"出租"不动产、土地使用权、机器设备、车船以及其他财产而取得的所得。

(七) 财产转让所得

财产转让所得是指个人"转让"有价证券、股权、合伙企业中的财产份额、不动产、机器设备、车船以及其他财产取得的所得。

(八) 利息、股息、红利所得

利息、股息、红利所得是指个人拥有债权、股权等而取得的利息、股息、红利性质的所得。我国对股票转让所得暂不征收个人所得税。

(九) 偶然所得

偶然所得是指个人得奖、中奖、中彩以及其他偶然性质的所得。偶然所得应缴纳的个人所得税税款，一律由发奖单位或机构代扣代缴。

实战演练

〖多选题〗根据个人所得税法律制度的规定，下列各项中，应该缴纳个人所得税的有（　　）。

A. 工资薪金　　　B. 劳务报酬　　　C. 退休工资　　　D. 托儿补助费

〖单选题〗根据个人所得税法律制度的规定，下列各项中，属于劳务报酬所得的是（　　）。

A. 王某取得的退休工资　　　　　　B. 演员孙某从其所属单位领取的工资
C. 律师赵某出租房屋取得的租金　　D. 教师王某在校外兼职讲课取得的课酬

〖多选题〗下列收入中，按照"特许权使用费所得"税目缴纳个人所得税的有（　　）。

A. 提供商标权的使用权收入　　　B. 转让土地使用权收入
C. 转让著作权收入　　　　　　　D. 转让专利权收入

任务二　辨别纳税义务人

思维启发

身在中国的外国人、身在外国的中国人，在中国和外国因工作而来回往返的中国人或者是外国人，谁才是我国个人所得税的纳税人呢？他们的纳税义务相同吗？

一、个人所得税的纳税人

个人所得税的纳税人包括中国公民、外籍个人以及中国香港、中国澳门、中国台湾同胞等，又包括"自然人性质的特殊主体"，如个体工商户、个人独资企业的投资人、合伙企业的合伙人。

二、纳税人分类及纳税义务

纳税人按照住所和居住时间两个标准不同可区分为居民个人和非居民个人，分别承担不同的纳税义务,见表6-1。

(一) 居民个人

居民个人是指在中国境内有住所,或者无住所而一个纳税年度内在中国境内居住累计满183天的个人。

居民个人负有无限纳税义务,其所取得的应纳税所得,无论是来源于我国境内还是我国境外任何地方,都要在我国缴纳个人所得税。

(二) 非居民个人

非居民个人是指在中国境内无住所又不居住,或者无住所而一个纳税年度内在中国境内居住累计不满183天的个人。

非居民个人承担有限纳税义务,就其来源于我国境内的所得,向我国缴纳个人所得税。

表6-1 居民个人和非居民个人判定标准和纳税义务

纳税人	判定标准	纳税义务
居民	有住所	无限纳税义务（境内＋境外）
	无住所而"一个纳税年度内"在中国境内居住"满183天"	
非居民	无住所又不居住	有限纳税义务（境内）
	无住所而"一个纳税年度内"在中国境内居住"不满183天"	

实战演练

【单选题】根据个人所得税法律制度的规定,下列在中国境内无住所的外籍人员中,属于2023年度居民个人的是(　　)。

A. 莱特2023年8月1日来到中国,2023年10月31日离开中国
B. 玛丽2023年8月20日来到中国,2024年1月5日离开中国
C. 杰克2023年3月1日来到中国,2023年12月1日离开中国
D. 马丁2023年10月1日来到中国,2024年5月1日离开中国

三、个人所得税的扣缴义务人

个人所得税的扣缴义务人是指根据法律规定,负有代扣代缴个人所得税税款义务的单位和个人。这些义务人包括向个人支付应纳税所得的单位或个人,如支付工资薪金的单位、事业单位、机关、社团组织、军队等。扣缴义务人的主要职责是在向个人支付应纳税所得时,代表纳税人向税务机关上缴应缴纳的个人所得税。这些所得包括工资、薪金、承包经营所得、劳务报酬所得、稿酬所得、特许权使用费、利息、股息、红利所得、财产租赁所得、财产转让所得、偶然所得等。

扣缴义务人的角色在税收征收中非常重要,他们负责确保税款的及时、准确缴纳,有助于控管税源、防止漏税和逃税。如果扣缴义务人未按规定扣缴税款,将承担相应的

法律责任。此外,扣缴义务人还需定期向税务机关报送扣缴个人所得税的报告表,列明每一纳税人的姓名、收入、税款等信息,并承担申报与报告的责任。

> **实战演练**
>
> 〖判断题〗个人所得税以所得人为纳税人,以支付所得的单位或者个人为扣缴义务人。(   )。

任务三 确定税率

思维启发

> 爸爸妈妈每个月的工资收入、阿姨买彩票中的奖金、叔叔在其他公司的兼职收入,奶奶每月出租房屋收到的租金……我们通过之前的学习知道这些都属于个人所得税的征税范围,那么这些收入应该分别按照什么税率来缴纳个人所得税呢?

一、综合所得适用税率

(一)综合所得概述

综合所得是居民个人取得的工资、薪金所得,劳务报酬所得,稿酬所得,特许权使用费所得的合称。

> **实战演练**
>
> 〖单选题〗根据个人所得税法律制度的规定,在中国境内有住所的居民取得的下列所得中,属于综合所得的是(   )。
> A. 经营所得　　　　　　　　B. 劳务报酬所得
> C. 利息、股息、红利所得　　D. 财产租赁所得

(二)综合所得适用税率

居民个人的综合所得按纳税年度"合并计算"个人所得税,非居民个人的综合所得按月或者按次分项计算个人所得税。

综合所得适用7级超额累进税率,税率为3%~45%,见表6-2。其中,应纳税所得额是指居民个人在一个纳税年度内取得的综合所得减去法定的扣除项(如起征点、专项扣除、专项附加扣除等)后的余额;适用税率则根据应纳税所得额所在的区间确定;速算扣除数是对应于每一档税率,用于抵消由于采用最高税率计算而多出来的部分税款。

表 6-2　综合所得个人所得税税率表(一)
（按年）

级数	全"年"应纳税所得额 含税级距	税率	速算扣除数
1	不超过 36 000 元的	3%	0
2	超过 36 000 元至 144 000 元的部分	10%	2 520
3	超过 144 000 元至 300 000 元的部分	20%	16 920
4	超过 300 000 元至 420 000 元的部分	25%	31 920
5	超过 420 000 元至 660 000 元的部分	30%	52 920
6	超过 660 000 元至 960 000 元的部分	35%	85 920
7	超过 960 000 元的部分	45%	181 920

假设某居民个人的年应纳税所得额为 20 万元人民币，使用最接近但不超过该金额的最后一档税率，即 20% 的税率来快速估算应纳税额，再减去相应的速算扣除数 16 920 元，得出应纳税额，即应纳税额＝200 000×20%－16 920＝23 080。通过使用速算扣除数，我们能够更简便地计算出应缴纳的个人所得税金额，而不必逐一按照不同级别的税率进行累加计算。这种方法不仅提高了工作效率，也减少了可能出现的人为错误。

二、经营所得适用税率

经营所得是指个体工商户业主、个人独资企业投资者、合伙企业个人合伙人、承包承租经营者个人以及其他从事生产、经营活动的个人取得的所得，经营所得适用 5 级超额累进税率，税率为 5%～35%，见表 6-3。

表 6-3　经营所得个人所得税税率表

级数	全年应纳税所得额	税率	速算扣除数
1	不超过 30 000 元的	5%	0
2	超过 30 000 元至 90 000 元的部分	10%	1 500
3	超过 90 000 元至 300 000 元的部分	20%	10 500
4	超过 300 000 元至 500 000 元的部分	30%	40 500
5	超过 500 000 元的部分	35%	65 500

三、财产租赁所得适用税率

财产租赁所得是指个人"出租"不动产、土地使用权、机器设备、车船以及其他财产而取得的所得。财产租赁所得适用比例税率为 20%。

四、财产转让所得适用税率

财产转让所得是指个人"转让"有价证券、股权、合伙企业中的财产份额、不动产、机器设备、车船以及其他财产取得的所得。财产转让所得适用比例税率为20%。

五、利息、股息、红利所得适用税率

利息、股息、红利所得是指个人拥有债权、股权等而取得的利息、股息、红利性质的所得。利息、股息、红利所得适用比例税率为20%。我国对股票转让所得暂不征收个人所得税。

六、偶然所得适用税率

偶然所得是指个人得奖、中奖、中彩以及其他偶然性质的所得。偶然所得应缴纳的个人所得税税款,一律由发奖单位或机构代扣代缴。偶然所得适用比例税率为20%。

> **实战演练**
>
> 〖单选题〗根据个人所得税法律制度的规定,取得偶然所得适用的比例税率为(　　)。
> A. 不确定　　B. 20%　　C. 14%　　D. 10%

任务四　计算个人所得税

● 思维启发 ●

> 王华父亲在2024年度取得工资收入200 000元,出租房屋取得收入48 000元,购买彩票取得奖金2 000元,这些收入分别属于个人所得税中的哪一项?又如何分别计算其在2024年的个人所得税应纳税所得额和应纳税额呢?

6-2
动画视频
个人所得税的计算

在计算个人所得税时,根据个人所得税的纳税人和征收范围,可以分为:居民个人综合所得应纳税额的计算;非居民个人综合所得应纳税额的计算;经营所得应纳税额的计算;财产租赁所得应纳税额的计算;财产转让所得的应纳税额的计算;利息、股息,红利所得的应纳税额的计算以及偶然所得的应纳税额的计算。

一、居民个人综合所得应纳税额的计算

1. 居民个人工资、薪金所得的预扣预缴

扣缴义务人向居民个人支付工资、薪金所得时,应当按照累计预扣法计算个人所得税的预扣预缴。

累计预扣法是指扣缴义务人在一个纳税年度内预扣预缴税款时,以纳税人在本单

位截至当前月份工资、薪金所得累计收入减除累计免税收入、累计减除费用、累计专项扣除、累计专项附加扣除和累计依法确定的其他扣除后的余额为累计预扣预缴应纳税所得额,适用个人所得税预扣率表(一),见表6-4。计算累计应预扣预缴税额,再减除累计减免税额和累计已预扣预缴税额,其余额为本期应预扣预缴税额。余额为负值时,暂不退税。纳税年度终了后余额仍为负值时,由纳税人通过办理综合所得年度汇算清缴,税款多退少补。

表6-4 个人所得税预扣率表(一)

(按年)(居民个人工资、薪金所得预扣预缴适用)

级数	全"年"应纳税所得额 含税级距	税率	速算扣除数
1	不超过36 000元的	3%	0
2	超过36 000元至144 000元的部分	10%	2 520
3	超过144 000元至300 000元的部分	20%	16 920
4	超过300 000元至420 000元的部分	25%	31 920
5	超过420 000元至660 000元的部分	30%	52 920
6	超过660 000元至960 000元的部分	35%	85 920
7	超过960 000元的部分	45%	181 920

本期应预扣预缴额=(累计预扣预缴应纳税所得额×预扣率-速算扣除数)-
　　　　　　　　累计减免税额-累计已预扣预缴税额
累计预扣预缴应纳税所得额=累计收入-累计免税收入-累计减除费用-
　　　　　　　　　　　　累计专项扣除-累计专项附加扣除-
　　　　　　　　　　　　累计依法确定的其他扣除

其中:

(1)累计减除费用,按照5 000元/月乘以纳税人当年截至本月在本单位的任职受雇月份数计算。对上一完整纳税年度内每月均在同一单位预扣预缴工资、薪金所得个人所得税且全年工资、薪金收入不超过60 000元的居民个人,扣缴义务人在预扣预缴本年度工资、薪金所得个人所得税时,累计减除费用自1月份起直接按照全年60 000元计算扣除。即在纳税人累计收入不超过60 000元的月份,暂不预扣预缴个人所得税;在其累计收入超过60 000元的当月及年内后续月份,再预扣预缴个人所得税。

(2)累计专项扣除。个人按照国家或省级政府规定的缴费比例或办法实际缴付的基本养老保险、基本医疗保险、失业保险等社会保险费和住房公积金等,简称"三险一金",允许在个人应纳税所得额中扣除,超过规定比例和标准缴付的,超过部分并入个人当期的工资、薪金收入,计征个人所得税。

(3)累计专项附加扣除。专项附加扣除是指个人所得税法规定的子女教育、继续教育、大病医疗、住房贷款利息、住房租金和赡养老人和3岁以下婴幼儿照护等七项专项附加扣除,是落实新修订的个人所得税法的配套措施之一。

① 子女教育。纳税人的子女接受全日制学历教育的相关支出，按照每个子女每月2 000元的标准定额扣除。学历教育包括义务教育（小学、初中教育）、高中阶段教育（普通高中、中等职业、技工教育）、高等教育（大学专科、大学本科、硕士研究生、博士研究生教育）。父母可以选择由其中一方按扣除标准的100%扣除，也可以选择由双方分别按扣除标准的50%扣除，具体扣除方式在一个纳税年度内不能变更。纳税人子女在中国境外接受教育的，纳税人应当留存境外学校录取通知书、留学签证等相关教育的证明资料备查。

② 继续教育。纳税人在中国境内接受学历（学位）继续教育的支出，在学历（学位）教育期间按照每月400元定额扣除。同一学历（学位）继续教育的扣除期限不能超过48个月。纳税人接受技能人员职业资格继续教育、专业技术人员职业资格继续教育的支出，在取得相关证书的当年，按照3 600元定额扣除。个人接受本科及以下学历（学位）继续教育，符合本办法规定扣除条件的，可以选择由其父母扣除，也可以选择由本人扣除。纳税人接受技能人员职业资格继续教育、专业技术人员职业资格继续教育的，应当留存相关证书等资料备查。

③ 大病医疗。在一个纳税年度内，纳税人发生的与基本医保相关的医药费用支出，扣除医保报销后个人负担（指医保目录范围内的自付部分）累计超过15 000元的部分，由纳税人在办理年度汇算清缴时，在80 000元限额内据实扣除。纳税人发生的医药费用支出可以选择由本人或者其配偶扣除；未成年子女发生的医药费用支出可以选择由其父母一方扣除。纳税人应当留存医药服务收费及医保报销相关票据原件（或者复印件）等资料备查。医疗保障部门应当向患者提供在医疗保障信息系统记录的本人年度医药费用信息查询服务。

④ 住房贷款利息。纳税人本人或者配偶单独或者共同使用商业银行或者住房公积金个人住房贷款为本人或者其配偶购买中国境内住房，发生的首套住房贷款利息支出，在实际发生贷款利息的年度，按照每月1 000元的标准定额扣除，扣除期限最长不超过240个月。纳税人只能享受一次首套住房贷款的利息扣除。首套住房贷款是指购买住房享受首套住房贷款利率的住房贷款。经夫妻双方约定，可以选择由其中一方扣除，具体扣除方式在一个纳税年度内不能变更。夫妻双方婚前分别购买住房发生的首套住房贷款，其贷款利息支出，婚后可以选择其中一套购买的住房，由购买方按扣除标准的100%扣除，也可以由夫妻双方对各自购买的住房分别按扣除标准的50%扣除，具体扣除方式在一个纳税年度内不能变更。纳税人应当留存住房贷款合同、贷款还款支出凭证备查。

⑤ 住房租金。纳税人在主要工作城市没有自有住房而发生的住房租金支出，可以按照以下标准定额扣除：直辖市、省会（首府）城市、计划单列市以及国务院确定的其他城市，扣除标准为每月1 500元；除第一项所列城市以外，市辖区户籍人口超过100万的城市，扣除标准为每月1 100元；市辖区户籍人口不超过100万的城市，扣除标准为每月800元。纳税人的配偶在纳税人的主要工作城市有自有住房的，视同纳税人在主要工作城市有自有住房。市辖区户籍人口以国家统计局公布的数据为准。主要工作城市是指纳税人任职受雇的直辖市、计划单列市、副省级城市、地级市（地区、州、盟）全部行政区域范围；纳税人无任职受雇单位的，为受理其综合所得汇算清缴的税务机关所在城市。夫妻双方主要工作城市相同的，只能由一方扣除住房租金支出。住房租金支出

由签订租赁住房合同的承租人扣除。纳税人及其配偶在一个纳税年度内不能同时分别享受住房贷款利息和住房租金专项附加扣除。纳税人应当留存住房租赁合同、协议等有关资料备查。

⑥ 赡养老人。纳税人赡养一位及以上被赡养人的赡养支出可依照标准扣除。被赡养人是指年满60岁的父母,以及子女均已去世的年满60岁的祖父母、外祖父母。扣除标准为每月3 000元,是按照每个纳税人有两位赡养老人测算的。只要父母其中一位达到60岁就可以享受扣除,不按照老人人数计算。纳税人为非独生子女的,由其与兄弟姐妹分摊每月3 000元的扣除额度,每人分摊的额度不能超过每月1 500元。可以由赡养人均摊或者约定分摊,也可以由被赡养人指定分摊。约定或者指定分摊的须签订书面分摊协议,指定分摊优先于约定分摊。具体分摊方式和额度在一个纳税年度内不能变更。

⑦ 婴幼儿照护。纳税人照护3岁以下婴幼儿子女的相关支出,可以按照每个婴幼儿每月2 000元的标准在个人所得税税前定额扣除。婴幼儿照护费支出属于专项附加扣除项目,纳税人照护3岁以下婴幼儿子女的支出,采取按照每个婴幼儿每月2 000元的标准在计算个人所得税应纳税所得额时扣除。婴幼儿照护费支出专项附加扣除从婴幼儿出生的当月即可享受,截止时间为婴幼儿年满3周岁的前一个月,婴幼儿年满3周岁的当月可以享受子女教育专项附加扣除。婴幼儿照护费专项附加扣除标准为每个婴幼儿每月2 000元定额,多个满足条件的婴幼儿,可以叠加享受,即2个未满3周岁的婴幼儿,每月扣除4 000元,以此类推。对于婴幼儿照护费专项附加扣除,父母可以选择由其中一方按扣除标准的100%扣除,也可以选择由双方分别按扣除标准的50%扣除,具体扣除方式在一个纳税年度内不能变更。

> **实战演练**
>
> 〖单选题〗根据个人所得税法律制度的规定,下列各项中,属于专项扣除的是(　　)。
> A. 个人缴付符合国家规定的企业年金
> B. 个人购买符合国家规定的商业健康保险
> C. 个人缴付符合国家规定的职业年金
> D. 个人缴付符合国家规定的基本养老保险
>
> 〖多选题〗根据个人所得税法律制度的规定,下列各项中,可以作为个人专项附加扣除的有(　　)。
> A. 婴幼儿照护　　B. 继续教育　　C. 赡养老人　　D. 子女教育
>
> 〖综合题〗根据教材提供的专项附加扣除标准文字资料,按专项附加名称、扣除标准、使用范围、使用条件等要素设计并绘制电子表格,教师评选出优秀作品分享到班级群。

【例6-1】居民个人黄某1月取得工资、薪金收入20 000元,没有免税收入和其他收入,每月专项扣除4 500元,黄某父母现年66岁,黄某与其妹妹共同赡养老人,兄妹约定以 2∶1 的比例分摊赡养老人专项附加,育有一子现年 7 岁接受小学教育,与妻子分别按扣除标准的 50％扣除子女教育,名下无房,现在上海租房租住。

要求: 计算黄某 1 月、2 月、12 月以及全年工资薪金应预扣预缴个人所得税税额。

解析:

1) 1 月份减除费用＝5 000(元)

1 月份专项扣除＝4 500(元)

1 月份专项附加扣除＝1 000(子女教育)＋1 500(住房租金)＋2 000(赡养老人)＝4 500(元)

1 月份的预扣预缴应纳税所得额＝20 000－5 000－4 500－4 500＝6 000(元)

应纳税所得额不超过 36 000 元,适用税率为 3％。

所以应纳税额＝6 000×3％＝180(元)

2) 2 月份减除费用：5 000×2＝10 000(元)

2 月份专项扣除＝4 500×2＝9 000(元)

2 月份专项附加扣除＝1 000×2(子女教育)＋1 500×2(住房租金)＋2 000×2(赡养老人)＝9 000(元)

2 月份的预扣预缴应纳税所得额＝20 000×2－10 000－9 000－9 000＝12 000(元)

应纳税所得额不超过 36 000 元,适用税率为 3％

应纳税额＝12 000×3％－180(1 月已纳税款)＝180(元)

3) 12 月份减除费用：5 000×12＝60 000(元)

12 月份专项扣除：4 500×12＝54 000(元)

12 月份专项附加扣除＝1 000×12(子女教育)＋1 500×12(住房租金)＋2 000×12(赡养老人)＝54 000(元)

12 月份的预扣预缴应纳税所得额＝20 000×12－60 000－54 000－54 000＝72 000(元)

应纳税所得额超过 36 000 元至 144 000 元的,适用税率为 10％,速算扣除数为 2 520。

1~11 月已纳税额＝180×6＋600×5＝4 080(元)

12 月应纳税额＝72 000×10％－2 520－(180×6＋600×5)＝600(元)

4) 全年工资薪金预扣预缴税额＝(20 000×12－5 000×12－4 500×12－4 500×12)×10％－2 520＝4 680(元)

实战演练

〖单选题〗 中国公民张某 1 月取得工资 10 000 元,缴纳基本养老保险费、基本医疗保险费、失业保险费、住房公积金共 2 000 元,支付首套住房贷款利息 2 500 元。已知工资、薪金所得个人所得税预扣率为 3％,减除费用为 5 000 元/月,住房贷款利息专项附加扣除标准为 1 000 元/月,由张某按扣除标准的 100％扣除。要计算张某当月工资应预扣预缴个人所得税税额,下列算式中正确的是(　　)。

　　A. (10 000－5 000－2 000－1 000)×3％＝60(元)

　　B. (10 000－5 000－2 000－2 500)×3％＝15(元)

C. (10 000−5 000−2 000)×3%=90(元)
D. (10 000−2 500)×3%=225(元)

【单选题】北京某公司职员赵某,每月取得工资、薪金收入20 000元,个人缴纳的五险一金合计为4 500元,赡养老人、子女教育、住房租金等专项附加扣除合计为4 500元,已知赵某前七个月已预缴税款1 680元,累计应纳税所得额在36 000元至144 000元的,适用的预扣率为10%,速算扣除数为2 520。要计算赵某当年8月工资、薪金所得应预缴个人所得税,下列选项中正确的是(   )。

A. (20 000−5 000−4 500−4 500)×8×10%−2 520−1 680=600(元)
B. (20 000−5 000)×8×10%−2 520−1 680=7 800(元)
C. (20 000−5 000−4 500−4 500)×8×10%−2 520=2 280(元)
D. (20 000−5 000−4 500)×8×10%−2 520−1 680=4 200(元)

居民个人取得全年一次性奖金,符合相关规定的,可以"不并入"当年综合所得,"单独"计算纳税,或者选择并入当年综合所得计算纳税。

"不并入"当年综合所得,"单独"计算纳税,即将居民个人取得的全年一次性奖金除以12个月,按其商数依照按月换算后的综合所得税率表(二)(表6-5),确定适用税率和速算扣除数。

表6-5 综合所得个人所得税税率表(二)
(按月)

级数	全"月"(或次)应纳税所得额	税率	速算扣除数
1	不超过3 000元的	3%	0
2	超过3 000元至12 000元的部分	10%	210
3	超过12 000元至25 000元的部分	20%	1 410
4	超过25 000元至35 000元的部分	25%	2 660
5	超过35 000元至55 000元的部分	30%	4 410
6	超过55 000元至80 000元的部分	35%	7 160
7	超过80 000元的部分	45%	15 160

全年一次性奖金应纳税额的计算公式为:

全年一次性奖金应纳税额=全年一次性奖金收入×适用的税率−速算扣除数

"并入"当年工资、薪金所得,执行"累计预扣预缴制",即将居民个人取得全年一次性奖金,并入当年综合所得计算纳税。

【例6-2】王某任职受雇于某公司,每月平均发放工资8 000元,允许扣除的社保等专项扣除费用500元、每月专项附加扣除3 000元;当年12月取得全年一次性奖金36 000元,计算王某全年一次性奖金应缴纳的个人所得税。

方法一:按12个月分摊后,其商数=36 000÷12=3 000元,查表6-5适用税率为3%。

全年一次性奖金应纳税额＝36 000×3％＝1 080(元)

方法二：应纳税所得＝(8 000×12＋36 000)－5 000×12－500×12－3 000×12
＝30 000(元)

全年应纳税额＝30 000×3％＝900(元)

实战演练

〖单选题〗赵某任职受雇于甲公司，每月取得工资10 000元，12月取得全年一次性奖金28 000元，已知甲公司全年一次性奖金采用不并入当年综合所得、单独计算纳税的方法。全月应纳税所得额不超过3 000元的，适用税率为3％，超过3 000元至12 000元的，适用税率为10％，速算扣除数为210，超过12 000元至25 000元的，适用税率为20％，速算扣除数为1 410，超过25 000元至35 000元的，适用税率为25％，速算扣除数为2 660。则下列关于全年一次性奖金应纳税额的计算，正确的是(　　)。

A. 28 000×25％－2 660＝4 340(元)　　　　B. 28 000×3％＝840(元)
C. (28 000－5 000)×20％－1 410＝3 190(元)　　D. 0

2. 居民个人劳务报酬所得、稿酬所得和特许权使用费所得应预扣预缴税额的计算

扣缴义务人向居民个人支付劳务报酬所得、稿酬所得和特许权使用费所得时，应当按照以下方法按次或者按月预扣预缴税款。劳务报酬、稿酬所得、特许权使用费所得，属于一次性收入的，以取得该项收入为一次；属于同一项目连续性收入的，以一个月内取得的收入为一次。

劳务报酬所得、稿酬所得、特许权使用费所得以收入减除费用后的余额为收入额；其中，稿酬所得的收入额减按70％计算。减除费用规定如下：预扣预缴税款时，劳务报酬所得、稿酬所得、特许权使用费所得每次收入不超过4 000元的，减除费用按800元计算；每次收入4 000元以上的，减除费用按收入的20％计算。

应纳税所得额规定如下：劳务报酬所得、稿酬所得、特许权使用费所得，以每次收入额为预扣预缴应纳税所得额，计算应预扣预缴税额。劳务报酬所得适用个人所得税预扣率表(二)，见表6-6，稿酬所得、特许权使用费所得适用20％的比例预扣率。

表6-6　个人所得税预扣率表(二)
(居民个人劳务报酬所得预扣预缴适用)

级数	全"月"(或次)应纳税所得额	预扣率	速算扣除数
1	不超过20 000元的	20％	0
2	超过20 000元至50 000元的部分	30％	2 000
3	超过50 000元的部分	40％	7 000

(1) 居民个人的劳务报酬所得，应预扣预缴税额的计算公式如下：

应预扣预缴税额＝(收入－减除费用)×预扣率－速算扣除数

【例6－3】 我国居民王某年内共取得2次劳务报酬,分别为3 000元和100 000元。

要求:计算各次应缴纳的所得税税额。

解析:第一次劳务报酬收入为3 000元,由于3 000元未超过4 000元,减除费用按800元计算。

预扣预缴应纳税所得额＝3 000－800＝2 200(元)

应预扣预缴税额＝2 200×20％＝440(元)

第二次劳务报酬收入为100 000元,由于100 000元超过4 000元,减除费用按收入的20％计算。

预扣预缴应纳税所得额＝100 000×(1－20％)＝80 000(元)

应预扣预缴税额＝80 000×40％－7 000＝25 000(元)

(2)居民个人的稿酬所得,应预扣预缴税额的计算公式如下:

应预扣预缴税额＝(收入－减除费用)×70％×20％

【例6－4】 我国居民田某在3月出版一部小说,取得稿酬10 000元。

要求:计算田某当月稿酬所得应缴纳个人所得税税额。

解析:由于稿酬收入10 000元超过4 000元,所以减除费用按收入的20％计算。

预扣预缴应纳税所得额＝10 000×(1－20％)×70％＝5 600(元)

应预扣预缴税额＝5 600×20％＝1 120(元)

(3)居民个人特许权使用费所得,应预扣预缴税额的计算公式如下:

应预扣预缴税额＝(收入－减除费用)×20％

实战演练

〖单选题〗王某在6月出版一部散文集,取得稿酬10 000元,已知稿酬所得个人所得税预扣率为20％,每次收入超过4 000元的,减除20％的费用。王某当月稿酬所得应预缴个人所得税税额的下列算式中,正确的是(   )。

A. 10 000×(1－30％)×20％＝1 400(元)
B. 10 000×(1－20％)×20％＝1 600(元)
C. 10 000×20％＝2 000(元)
D. 10 000×(1－20％)×(1－30％)×20％＝1 120(元)

3. 居民个人年度综合所得的应纳税额的汇算清缴

居民个人年度综合所得年度汇算清缴,是指纳税人(居民个人)取得的综合所得(包括工资、薪金所得、劳务报酬所得、稿酬所得、特许权使用费所得)需按年度汇总计算全年应纳税额,并进行结算和清缴(即根据年度内已预缴税款,进行"多退少补"),其计算过程为:

1)确定综合所得的收入额

年度结束后,工资、薪金所得全额计入收入额;劳务报酬所得、稿酬所得,特许权使用费所得的收入额按扣除20%的余额为收入额;稿酬所得在扣除20%的基础上,再减按70%计算。然后把这四项所得的收入额汇总起来,确定综合所得的收入额。

$$全年综合所得收入额＝工资、薪金收入额＋劳务报酬收入额＋\\稿酬收入额＋特许权使用费收入额$$

2) 确定综合所得的应纳税所得额

$$全年综合所得应纳税所得额＝全年综合所得收入额－60\,000元(5\,000元/月\times12月)－\\专项扣除－专项附加扣除－依法确定的其他扣除－\\符合条件的公益慈善事业捐赠$$

3) 计算综合所得应纳税额

$$全年综合所得应纳税额＝全年综合所得应纳税所得额\times适用税率－速算扣除数$$

4) 计算综合所得应补(退)税额

$$应退(或应补)税额＝全年综合所得应纳税额－已预缴税额$$

【例 6-5】 某居民个人李先生在甲企业任职,2024年1月~12月每月在甲企业取得工资薪金收入16 000元,无免税收入;每月缴纳五险一金2 500元,从1月份开始享受子女教育和赡养老人专项附加扣除共计3 000元,无其他扣除。另外,李先生2024年3月取得劳务报酬收入3 000元,稿酬收入2 000元,6月取得劳务报酬收入30 000元,特许权使用费收入2 000元。

要求: 计算该纳税人个人所得税全年预扣预缴税额和全年汇算清缴税额。

解析:

预扣预缴方法如下:

1. 全年工资薪金预扣预缴应纳税所得额＝累计收入－累计免税收入－累计减除费用－累计专项扣除－累计专项附加扣除－累计依法确定的其他扣除＝(16 000×12－0－5 000×12－2 500×12－3 000×12)＝66 000(元)

全年工资薪金预扣预缴应纳税额＝66 000×10%－2 520＝4 080(元)

2. 其他综合所得(劳务报酬、稿酬、特许权使用费所得)预扣预缴个人所得税计算

(1) 2024年3月,取得劳务报酬收入3 000元,稿酬收入2 000元

劳务报酬所得预扣预缴应纳税所得额＝每次收入－800元＝3 000－800＝2 200(元)

劳务报酬所得预扣预缴税额＝预扣预缴应纳税所得额×预扣率－速算扣除数＝2 200×20%－0＝440(元)

稿酬所得预扣预缴应纳税所得额＝(每次收入－800)×70%＝(2 000－800)×70%＝840(元)

稿酬所得预扣预缴税额＝预扣预缴应纳税所得额×预扣率＝840×20%＝168(元)

李先生3月劳务报酬所得预扣预缴个人所得税440元;稿酬所得预扣预缴税额个人所得税168元。

(2) 2024年6月,取得劳务报酬30 000元,特许权使用费所得2 000元

劳务报酬所得预扣预缴应纳税所得额＝每次收入×(1－20%)＝30 000×(1－

20%)＝24 000(元)

劳务报酬所得预扣预缴税额＝预扣预缴应纳税所得额×预扣率－速算扣除数＝24 000×30%－2 000＝5 200(元)

特许权使用费所得预扣预缴应纳税所得额＝(每次收入－800)＝(2 000－800)＝1 200(元)

特许权使用费所得预扣预缴税额＝预扣预缴应纳税所得额×预扣率＝1 200×20%＝240(元)

李先生6月劳务报酬所得预扣预缴个人所得税5 200元;稿酬所得预扣预缴税额个人所得税240元。

汇算清缴方法如下：

年收入额＝工资、薪金所得收入＋劳务报酬所得收入＋稿酬所得收入＋特许权使用费所得收入＝16 000×12＋(3 000＋30 000)×(1－20%)＋2 000×(1－20%)×70%＋2 000×(1－20%)＝221 120(元)

综合所得应纳税所得额＝年收入额－6万元－专项扣除－专项附加扣除－依法确定的其他扣除＝221 120－60 000－(2 500×12)－(3 000×12)＝95 120(元)

应纳税额＝应纳税所得额×税率－速算扣除数＝95 120×10%－2 520＝6 992(元)

预扣预缴税额＝工资、薪金所得预扣预缴税额＋劳务报酬所得预扣预缴税额＋稿酬所得预扣预缴税额＋特许权使用费所得预扣预缴税额＝4 080＋(440＋5 200)＋168＋240＝10 128(元)

年度汇算应补退税额＝应纳税额－预扣预缴税额＝－3 136(元)

汇算清缴应退税额3 136元。

实战演练

〖单选题〗戴某是我国公民,独生子单身,在A公司工作。2024年取得工资收入80 000元;在某大学授课取得收入40 000元;出版著作一部,取得稿酬60 000元;转让商标使用权,取得特许权使用费收入20 000元。已知戴某个人缴纳五险一金20 000元,赡养老人支出等专项附加扣除为24 000元,无其他扣除项目。已知全年综合所得应纳税所得额超过36 000元至144 000元的,适用的预扣率为10%,速算扣除数为2 520,戴某全年已预缴个人所得税23 000元,戴某2024年汇算清缴应补或应退个人所得税的下列计算列式中,正确的是( )。

A. [80 000＋40 000×(1－20%)＋60 000×(1－20%)×70%＋20 000×(1－20%)－60 000－20 000－24 000]×10%－2 520－23 000＝－19 760(元)

B. [80 000＋40 000×(1－20%)＋60 000×(1－20%)×70%＋20 000×(1－20%)－60 000－20 000－24 000]×10%－2 520＝3 240(元)

C. (80 000＋40 000＋60 000＋20 000－60 000－20 000－24 000)×10%－2 520＝7 080(元)

D. (80 000＋40 000＋60 000＋20 000－60 000－20 000－24 000)×10%－2 520－23 000＝－15 920(元)

二、非居民个人综合所得应纳税额的计算

扣缴义务人向非居民个人支付工资、薪金所得,劳务报酬所得,稿酬所得和特许权使用费所得时,应当按照以下方法按月或者按次代扣代缴税款。

非居民个人的工资、薪金所得,以每月收入额减除费用5 000元后的余额为应纳税所得额;劳务报酬、稿酬所得、特许权使用费所得,以每次收入额为应纳税所得额,适用个人所得税税率表(三),见表6-7,计算应纳税额。劳务报酬所得、稿酬所得、特许权使用费所得以收入减除20%的费用后的余额为收入额;其中,稿酬所得的收入额减按70%计算。

表6-7 个人所得税税率表(三)

(非居民个人工资、薪金所得,劳务报酬所得,稿酬所得,特许权使用费所得适用)

级数	全"月"(或次)应纳税所得额	税率	速算扣除数
1	不超过3 000元的	3%	0
2	超过3 000元至12 000元的部分	10%	210
3	超过12 000元至25 000元的部分	20%	1 410
4	超过25 000元至35 000元的部分	25%	2 660
5	超过35 000元至55 000元的部分	30%	4 410
6	超过55 000元至80 000元的部分	35%	7 160
7	超过80 000元的部分	45%	15 160

(一)非居民个人工资、薪金所得应纳税额的计算

以每月收入额减除5 000元后的余额为应纳税所得额。

$$应纳税所得额 = 每月收入额 - 5\ 000\ 元$$

$$应纳税额 = 应纳税所得额 \times 适用税率 - 速算扣除数$$

【例6-6】 非居民个人黄某2024年8月份从一家生产型企业取得应发工资总计8 500元。

要求: 计算黄某该笔收入的个人所得税应扣缴税额。

解析: 应纳税所得额=8 500-5 000=3 500(元)

通过个人所得税税率表(三),确定适用的个人所得税税率为10%,速算扣除数为210。

应扣缴税额=3 500×10%-210=140(元)

(二)非居民个人劳务报酬、稿酬所得、特许权使用费所得

(1)以收入减除20%的费用后的余额为收入额。

(2)以每次收入额为应纳税所得额。

(3)稿酬所得的收入额减按70%计算。

劳务报酬所得、特许权使用费所得应纳税所得额＝每次收入×（1－20％）
稿酬所得应纳税所得额＝每次收入×（1－20％）×70％
应纳税额＝应纳税所得额×适用税率－速算扣除数

【例6－7】 非居民个人汤姆为自由职业者，2024年8月到某公司进行培训授课，一次性取得劳务报酬32 000元。

要求： 计算该学校对汤姆该笔收入的个人所得税应扣缴税额。

解析： 应纳税所得额＝32 000×（1－20％）＝25 600（元）

通过个人所得税税率表（三），确定适用的个人所得税税率为25％，速算扣除数为2 660。

应扣缴税额＝25 600×25％－2 660＝3 740（元）

【例6－8】 非居民个人唐某为某学校聘任教师，唐某在出版社出版了教材，取得稿酬收入20 000元。

要求： 计算唐某取得该笔稿酬的个人所得税应扣缴税额。

解析： 取得稿酬收入应纳税所得额＝20 000×（1－20％）×70％＝11 200（元）

通过个人所得税税率表（三），确定适用的个人所得税税率为10％，速算扣除数为210。

唐某应扣缴税额＝11 200×10％－210＝910（元）

【例6－9】 非居民个人李先生2024年取得一项专利，该专利有偿提供给A公司适用，获得特许权使用费3 000元。

要求： 计算对李先生该特许权使用费的个人所得税应扣缴税额。

解析： 应纳税所得额＝3 000×（1－20％）＝2 400（元）

应扣缴税额＝2 400×3％－0＝72（元）

三、经营所得应纳税额的计算

经营所得是指个体工商户从事生产、经营活动取得的所得，个人独资企业投资人、合伙企业的个人合伙人来源于境内注册的个人独资企业、合伙企业生产、经营的所得；个人依法从事办学、医疗、咨询以及其他有偿服务活动取得的所得；个人对企业、事业单位承包经营、承租经营以及转包、转租取得的所得；个人从事其他生产、经营活动取得的所得。

居民个人综合所得的应纳税所得额是其每年的收入总额减除费用6万元以及各项法定扣除后的金额；而经营所得的应纳税所得额是每年的收入总额减除成本、费用以及损失后的余额等，适用5％～35％的超额累进税率。

应纳税额＝应纳税所得额×适用税率－速算扣除数

即

应纳税额＝（全年收入总额－成本、费用和损失等）×适用税率－速算扣除数

（一）扣除项目及标准

扣除项目是指与收入相关的各项支出，主要包括成本、费用、税金、损失以及其他支出等。其扣除项目标准主要有：

(1) 与企业所得税的扣除项目及标准基本一致的内容。主要包括：在生产经营活动中发生的合理的工资、薪金支出，五险一金支出，标准内据实扣除的工会经费，标准内据实扣除的职工福利费支出，符合规定的补充保险、人身安全保险和准予扣除的其他商业保险，合理的不需要资本化的借款费用，向金融企业借款的利息支出，向非金融企业和个人借款的利息支出不超过按照金融企业同期同类贷款利率计算的数额的部分，标准内的业务招待费，标准内的广告费和业务宣传费，按固定缴纳的摊位费、行政性收费、协会会费，按照规定缴纳的财产保险费，合理的劳动保护支出，标准内的租赁费支出，准予摊销的开办费等。

但是也有一些扣除项目与企业所得税项目不一致，如：

① 职工教育经费支出的扣除标准为 2.5%。

② 对外公益性捐赠支出按步骤超过应纳税所得额的 30% 扣除比例确定。

③ 应当分别核算生产费用和个人、家庭费用。对于因生产费用于个人、家庭生活混用难以分清的费用，其 40% 视为与生产经营有关的费用，准予扣除。

(2) 取得经营所得的个人，没有综合所得的，计算其每一纳税年度的应纳税所得额时，应当减除费用 60 000 元、专项扣除、专项附加扣除以及依法确定的其他扣除。

(二) 个体工商户不得扣除的支出项目

个体工商户下列支出不得扣除：

(1) 个人所得税税款，税收滞纳金，罚金、罚款和被没收财物的损失，不符合扣除规定的捐赠支出，赞助支出，用于个人和家庭的支出，与取得生产经营收入无关的其他支出，国家税务总局规定不准扣除的支出。

(2) 个体工商户业主的工资、薪金支出不得税前扣除。

(3) 个体工商户代其从业人员或者他人负担的税款，不得税前扣除。

【例 6-10】 老杨于 2024 年承包优衣服装厂，享有利润支配权。2024 年 6 月、12 月分别取得承包经营利润 100 000 元、150 000 元，同时每月从该服装厂取得工资 6 000 元。

要求： 假设不考虑其他事项，老杨取得的收入该怎么计缴个人所得税？

解析： 老杨承包服装厂且有利润支配权，取得的所得属于对企事业单位的承包、承租经营所得，应按"经营所得"项目缴纳个人所得税。

老杨应纳税所得额应该包括经营利润即 6 月、12 月取得的收入 250 000 元(100 000＋150 000)加上从服装厂取得的工资、薪金 72 000 元(6 000×12)。

老杨应缴个人所得税＝(250 000＋72 000－60 000)×20%－10 500＝41 900(元)

实战演练

【单选题】根据个人所得税法律制度的规定，个体工商户的下列支出中，在计算经营所得应纳税所得额时，不得扣除的是（　　）。

A. 代扣代缴应由从业人员负担的税款

B. 支付给金融企业的短期流动资金借款利息支出

C. 依照国家有关规定为特殊工种从业人员支付的人身安全保险金

D. 实际支付给从业人员合理的工资薪金支

四、财产租赁所得应纳税额的计算

(一) 基本规定

财产租赁所得是指个人出租建筑物、土地使用权、机器设备、车船以及其他财产取得的所得。

财产租赁所得一般以个人每次取得的收入,定额或定率减除规定费用后的余额为应纳税所得额。每次收入不超过 4 000 元的,定额减除费用 800 元;每次收入在 4 000 元以上的,定率减除 20% 的费用。财产租赁所得以一个月内取得的收入为一次。

个人出租财产取得的财产租赁收入,在计算缴纳个人所得税时,应依次扣除以下费用:

(1) 财产租赁过程中缴纳的税费。
(2) 由纳税人负担的该出租财产实际开支的修缮费用(最高以 800 元为限/月)。
(3) 税法规定的费用扣除标准。

(二) 应纳税所得额的确定

应纳税所得额的计算公式为:

(1) 每次(月)收入不超过 4 000 元的:

$$应纳税所得额 = 每次(月)收入额 - 准予扣除项目 - 修缮费用 - 800 元$$

(2) 每次(月)收入超过 4 000 元的:

$$应纳税所得额 = [每次(月)收入额 - 准予扣除项目 - 修缮费用] \times (1-20\%)$$

(三) 应纳税额的计算

财产租赁所得使用 20% 的税率。个人按市场价出租居民住房的,适用税率为 10%。

应纳税额的计算公式为:

(1) 每次(月)收入不超过 4 000 元的:

$$应纳税额 = [每次(月)收入额 - 财产租赁过程中缴纳的税费 - 修缮费用(800 元为限) - 800] \times 20\%(或 10\%)$$

(2) 每次(月)收入 4 000 元以上的:

$$应纳税额 = [每次(月)收入额 - 财产租赁过程中缴纳的税费 - 修缮费用(800 元为限)] \times (1-20\%) \times 20\%(或 10\%)$$

注意:判定是否达到 4 000 元的基数为"收入额 - 财产租赁过程中缴纳的税费 - 修缮费"。

【例 6-11】王凯于 2024 年 2 月将自有的居民住房出租给李娜居住,租期为 1 年。王凯每月取得房屋租金收入 3 500 元,全年租金收入 42 000 元。

要求:计算王凯全年租金收入个人所得税应纳税额(不考虑出租房屋的其他税费)。

解析:该房屋出租属于个人按市场价出租居民住房,适用税率为 10%。

每月个人所得税应纳税额＝(3 500－800)×10%＝270(元)

全年个人所得税应纳税额＝270×12＝3 240(元)

【例6－12】 接[例6－11]，2024年3月，房屋发生修缮费用1 200元，由出租人王凯承担，并取得维修单位的正式凭证。

要求：计算王凯2024年2月份和3月份的个人所得税应纳税额。

解析：修缮费用1 200元可以分两月扣除，2月份扣除800元，3月份扣除400元，具体如下：

(1) 2月份先扣除修缮费用800元，再扣除收入不足4 000元的扣除标准800元。

个人所得税应纳税额＝(3 500－800－800)×10%＝190(元)

(2) 3月份先扣除修缮费用400，再扣除收入不足4 000元的扣除。

个人所得税应纳税额＝(3 500－400－800)×10%＝230(元)

实战演练

【多选题】王某有A、B、C三套住房，其中A、B两套用于出租，3月共收取租金9 600元，其中住宅A租金为4 799元，住宅B租金为4 801元，同时两套住宅分别发生修缮费用，各900元，不考虑个人出租住房应缴纳的其他税费，则下列说法中正确的有(　　)。

A. 出租A住房应缴纳个人所得税＝[(4 799－0－800)－800]×10%＝319.9(元)

B. 出租A住房应缴纳个人所得税＝(4 799－0－900)×(1－20%)×10%＝311.92(元)

C. 出租B住房应缴纳个人所得税＝(4 801－0－900)×(1－20%)×10%＝312.08(元)

D. 出租B住房应缴纳个人所得税＝(4 801－0－800)×(1－20%)×10%＝320.08(元)

五、财产转让所得应纳税额的计算

财产转让所得是指个人转让有价证券、股权、建筑物、土地使用权、机器设备、车船以及其他财产取得的所得。

(一)应纳税所得额的确定

以转让财产取得的收入额减除财产原值和合理费用后的余额为应纳税所得额。

(二)应纳税额的确定

$$应纳税额＝(收入总额－财产原值－合理费用)×20\%$$

【例6－13】 2024年11月，林某将一套3年前购入的普通住房出售，取得不含税收入160万元，原值为120万元，售房中发生合理费用0.5万元。已知财产转让所得个人所得税税率为20%。

要求：计算林某出售该住房应缴纳个人所得税税额。

解析：应纳税额＝(1 600 000－1 200 000－5 000)×20%＝79 000(元)

六、利息、股息、红利所得应纳税额的计算

个人拥有债权、股权等而取得的利息、股息、红利性质的所得。

(一) 应纳税所得额的确定

利息、股息、红利和偶然所得以每次取得的收入额为应纳税所得额,不得从收入中扣除任何费用。

(二) 应纳税额的确定

其个人所得税税额的计算公式为:

$$应纳税额=应纳税所得额×适用税率=每次收入额×20\%$$

【例 6-14】 唐某于 2024 年建一栋造价为 1 200 000 元的房屋,支付有关费用 60 000 元。一年后,唐某转让该房屋,售价为 2 600 000 元,在交易中支付有关费用 72 000 元。

要求:计算唐某转让房屋个人所得税应纳税额。

解析:应纳税额=[2 600 000-(1 200 000+60 000)-72 000]×20%=253 600(元)

七、偶然所得应纳税额的计算

偶然所得是指个人得奖、中奖、中彩以及其他偶然性质的所得。

(一) 应纳税所得额的确定

应纳税所得额以每次收入额为应纳税所得额,不扣减任何费用。

(二) 应纳税额的确定

其应纳税额的计算公式为:

$$应纳税额=应纳税所得额×20\%$$

【例 6-15】 2024 年 5 月黄某购买福利彩票取得一次中奖收入 100 000 元,购买彩票支出 1 000 元。

要求:计算张某当月该笔中奖收入应缴纳的个人所得税税额。

解析:应纳税额=100 000×20%=20 000(元)

任务五 探究税收优惠

思维启发

李华的父亲为转业军人,2024 年转业时收到转业费 10 000 元。李华的母亲为残疾人,每月取得工资收入 5 000 元。李华很疑惑,父亲的转业费和母亲的工资收入是否要缴纳个人所得税呢?如果需要缴纳,是否有优惠政策呢?

一、免征个人所得税

下列个人所得免征个人所得税：

(1) 省级人民政府、国务院部委、中国人民解放军以上单位、外国组织、国际组织颁发的科学、教育、技术、文化、卫生、体育、环境保护奖金。

(2) 国债和国家发行的金融债券利息。

(3) 按照国家统一规定发放的补贴、津贴。

(4) 福利费、慰问金、救济金。

(5) 保险赔偿。

(6) 军人转业费、复员费、退役金。

(7) 按照国家统一规定发给干部、员工安家费、退职费、基本养老金或退休费、离休费、离休生活补贴。

(8) 各国驻华使馆依照有关法律法规应当免税的、领事馆外交代表、领事官员和其他人员的收入。

(9) 中国政府参与的国际公约、协议中规定的免税所得。

(10) 国务院规定的其他免税所得，由国务院报全国人民代表大会常务委员会备案。

二、减征个人所得税

有下列情形之一，经批准可以减征个人所得税：

(1) 残疾、孤老人员和烈属的所得。

(2) 因严重自然灾害造成重大损失的。

(3) 其他经国务院财政部门批准免税的。

以上各项减征的幅度和期限，由省、自治区、直辖市人民政府规定。

三、暂免征收个人所得税

(1) 外籍个人以非现金形式或实报实销形式取得的住房补贴、伙食补贴、搬迁费、洗衣费。

(2) 外籍个人按合理标准取得的境内、外出差补贴。

(3) 外籍个人取得的探亲费、语言训练费、子女教育费等，经当地税务机关审核批准为合理的部分。

(4) 个人举报、协查各种违法、犯罪行为而获得的奖金。

(5) 个人办理代扣代缴税款手续，按规定取得的扣缴手续费。

(6) 个人转让自用达 5 年以上，并且是唯一的家庭生活用房取得的所得。

(7) 对按《国务院关于高级专家离休退休若干问题的暂行规定》(国发〔1983〕141 号)和《国务院办公厅关于杰出高级专家暂缓离退休审批问题的通知》(国办发〔1991〕40 号)精神，达到离休、退休年龄，但确因工作需要，适当延长离休退休年龄的高级专家(指享受国家发放的政府特殊津贴的专家、学者)，其在延长离休退休期间的工资、薪金所得，视同退休工资、离休工资免征个人所得税。

(8) 外籍个人从外商投资企业取得的股息、红利所得。

(9) 凡符合下列条件之一的外籍专家取得的工资、薪金所得可免征个人所得税：

① 根据世界银行专项贷款协议由世界银行直接派往我国工作的外国专家。

② 联合国组织直接派往我国工作的专家。

③ 为联合国援助项目来华工作的专家。

④ 援助国派往我国专为该国无偿援助项目工作的专家。

⑤ 根据两国政府签订文化交流项目来华工作两年以内的文教专家，其工资、薪金所得由该国负担的。

⑥ 根据我国大专院校国际交流项目来华工作两年以内的文教专家，其工资、薪金所得由该国负担的。

⑦ 通过民间科研协定来华工作的专家，其工资、薪金所得由该国政府机构负担的。

实战演练

〖单选题〗根据个人所得税法律制度的规定，个人的下列所得中，不属于个人所得税免税项目的是（　　）。

A. 出租住房取得的租金　　　　B. 国家发行的金融债券利息
C. 国债利息　　　　　　　　　D. 军人的转业费

〖单选题〗根据个人所得税法律制度的规定，下列情形中，免征个人所得税的是（　　）。

A. 吴某取得所在单位发放的年终奖
B. 周某获得省政府颁发的科学方面的奖金
C. 王某取得所在公司发放的销售业绩奖金
D. 郑某获得县教育部门颁发的教育方面的奖金

〖多选题〗根据个人所得税法律制度的规定，下列各项中，暂免征收个人所得税的有（　　）。

A. 赵某转让自用满10年，并且是唯一的家庭生活用房取得的所得500 000元
B. 在校学生李某因参加勤工俭学活动取得的1个月劳务所得1 000元
C. 王某取得的储蓄存款利息1 500元
D. 张某因举报某公司违法行为获得的奖金20 000元

任务六　明确征收管理要求

思维启发

众所周知，个人所得税在调节收入分配方面具有重要作用，有助于实现社会公

> 平。那么,个人所得税申报有哪些要求?如何进行代扣代缴?如何进行自行申报?大家一起进入以下内容的学习吧!

一、纳税申报

(一) 代扣代缴纳税

代扣代缴是指按照税法规定,负有扣缴税款义务的单位和个人,负责对纳税人应纳的税款进行代扣代缴的一种方式。即由支付人在向纳税人支付款项时,从所支付的款项中依法直接扣收税款代为缴纳。其目的是对零星分散、不易控制的税源实行源头控制。

1. 扣缴义务人

扣缴义务人是指向个人支付所得的单位或者个人。扣缴义务人应当依法办理全员全额扣缴申报。

全员全额扣缴申报是指扣缴义务人应当在代扣税款的次月15日内,向主管税务机关报送其支付所得的所有个人的有关信息、支付所得数额、扣除事项和数额、扣缴税款的具体数额和总额以及其他涉税信息资料。

2. 代扣代缴的范围

实行个人所得税全员全额扣缴申报的应税所得包括:工资、薪金所得;劳务报酬所得;稿酬所得;特许权使用费所得;财产租赁所得;财产转让所得;利息、股息、红利所得;偶然所得。

3. 扣缴义务人的法定权利和义务

扣缴义务人向个人支付应纳税所得(包括现金、实物和有价证券)时,不论纳税人是否属于本单位人员,均应代扣代缴其应纳的个人所得税税款。扣缴义务人依法履行代扣代缴税款义务,纳税人不得拒绝。

4. 扣缴义务人的法律责任

扣缴义务人有未按照固定向税务机关报送资料和信息、未按照纳税人提供信息虚假申报专项附加扣除、应扣未扣税款、不缴或少缴已扣税款、借用或冒用他人身份等行为的,依照《税收征收管理法》等相关法律、行政法规处理。

5. 代扣代缴税款的手续费

税务机关应根据扣缴义务人所扣缴的税款付给2%的手续费。扣缴义务人领取的扣缴手续费可用于提升办税能力、奖励办税人员。

(二) 自行申报

自行纳税申报是指纳税人自行在《个人所得税法》规定的纳税期限内,向税务机关申报取得的应纳税所得项目和数额,如实填写个人所得税纳税申报表,见表6-8,并按《个人所得税法》计算应纳税额,据此缴纳个人所得税的一种方法。

1. 自行申报的纳税义务人

凡依据个人所得税法负有纳税义务的纳税人,有下列情形之一的,应当按照本办法的规定办理纳税申报:

6-3
参考资料
个人所得税
年度自行纳税
申报表(A表)
填表说明

（1）取得综合所得需要办理汇算清缴。

① 在两处或者两处以上取得综合所得，且综合所得年收入额减去专项扣除的余额超过 6 万元。

② 取得劳务报酬所得、稿酬所得、特许权使用费所得中一项或者多项所得，且综合所得年收入额减去专项扣除的余额超过 6 万元。

注意：扣减项目只包括专项扣除（五险一金），而不包括生计费、专项附加扣除和其他扣除项目。

③ 纳税年度内预缴税额低于应纳税额的。

④ 纳税人申请退税。

（2）取得应税所得没有扣缴义务人。

（3）取得应税所得，扣缴义务人未扣缴税款。

（4）取得境外所得。

（5）因移居境外注销中国户籍。

（6）非居民个人在中国境内从两处以上取得工资、薪金所得。

（7）国务院规定的其他情形。

2. 自行申报的纳税方式

纳税人可以采用自然人电子税务局、个人所得税 App 等方式申报，更正申报可通过个人所得税 App 办理，也可到主管税务机关办理。

表 6-8

个人所得税年度自行纳税申报表（A 表）
（仅取得境内综合所得年度汇算适用）

税款所属期：　　年　月　日至　　年　月　日

纳税人姓名：

纳税人识别号：□□□□□□□□□□□□□□□□□-□□　　金额单位：人民币元（列至角分）

基本情况					
手机号码		电子邮箱		邮政编码	□□□□□□
联系地址	＿＿＿＿省（区、市）＿＿＿＿市＿＿＿＿区（县）＿＿＿＿街道（乡、镇）				
纳税地点（单选）					
1. 有任职受雇单位的，需选本项并填写"任职受雇单位信息"：			□ 任职受雇单位所在地		
任职受雇单位信息	名称				
	纳税人识别号	□□□□□□□□□□□□□□□□□□			
2. 没有任职受雇单位的，可以从本栏次选择一地：			□ 户籍所在地　□ 经常居住地 □ 主要收入来源地		
户籍所在地/经常居住地/主要收入来源地		＿＿＿＿省（区、市）＿＿＿＿市＿＿＿＿区（县）＿＿＿＿街道（乡、镇）＿＿＿＿			

续　表

申报类型(单选)		
□ 首次申报	□ 更正申报	
综合所得个人所得税计算		
项目	行次	金额
一、收入合计(第1行＝第2行＋第3行＋第4行＋第5行)	1	
（一）工资、薪金	2	
（二）劳务报酬	3	
（三）稿酬	4	
（四）特许权使用费	5	
二、费用合计[第6行＝(第3行＋第4行＋第5行)×20％]	6	
三、免税收入合计(第7行＝第8行＋第9行)	7	
（一）稿酬所得免税部分[第8行＝第4行×(1－20％)×30％]	8	
（二）其他免税收入(附报《个人所得税减免税事项报告表》)	9	
四、减除费用	10	
五、专项扣除合计(第11行＝第12行＋第13行＋第14行＋第15行)	11	
（一）基本养老保险费	12	
（二）基本医疗保险费	13	
（三）失业保险费	14	
（四）住房公积金	15	
六、专项附加扣除合计(附报《个人所得税专项附加扣除信息表》) (第16行＝第17行＋第18行＋第19行＋第20行＋第21行＋第22行＋第23行)	16	
（一）子女教育	17	
（二）继续教育	18	
（三）大病医疗	19	
（四）住房贷款利息	20	
（五）住房租金	21	
（六）赡养老人	22	
（七）3岁以下婴幼儿照护	23	
七、其他扣除合计(第24行＝第25行＋第26行＋第27行＋第28行＋第29行＋第30行)	24	

续　表

项目	行次	金额
（一）年金	25	
（二）商业健康保险（附报《商业健康保险税前扣除情况明细表》）	26	
（三）税延养老保险（附报《个人税收递延型商业养老保险税前扣除情况明细表》）	27	
（四）允许扣除的税费	28	
（五）个人养老金	29	
（六）其他	30	
八、准予扣除的捐赠额（附报《个人所得税公益慈善事业捐赠扣除明细表》）	31	
九、应纳税所得额 （第32行＝第1行－第6行－第7行－第10行－第11行－第16行－第24行－第31行）	32	
十、税率(%)	33	
十一、速算扣除数	34	
十二、应纳税额（第35行＝第32行×第33行－第34行）	35	
全年一次性奖金个人所得税计算 （无住所居民个人预判为非居民个人取得的数月奖金，选择按全年一次性奖金计税的填写本部分）		
一、全年一次性奖金收入	36	
二、准予扣除的捐赠额（附报《个人所得税公益慈善事业捐赠扣除明细表》）	37	
三、税率	38	
四、速算扣除数	39	
五、应纳税额［第40行＝（第36行－第37行）×第38行－第39行］	40	
税额调整		
一、综合所得收入调整额（需在"备注"栏说明调整具体原因、计算方式等）	41	
二、应纳税额调整额	42	
应补/退个人所得税计算		
一、应纳税额合计（第43行＝第35行＋第40行＋第42行）	43	
二、减免税额（附报《个人所得税减免税事项报告表》）	44	
三、已缴税额	45	
四、应补/退税额（第46行＝第43行－第44行－第45行）	46	
无住所个人附报信息		
纳税年度内在中国境内居住天数	已在中国境内居住年数	

续 表

退税申请 （应补、退税额小于 0 的填写本部分）		
☐ 申请退税（需填写"开户银行名称""开户银行省份""银行账号"）		☐ 放弃退税
开户银行名称	开户银行省份	
银行账号		
备注		
谨声明：本表是根据国家税收法律法规及相关规定填报的，本人对填报内容（附带资料）的真实性、可靠性、完整性负责。		
	纳税人签字： 年 月 日	
经办人签字： 经办人身份证件类型： 经办人身份证件号码： 代理机构签章： 代理机构统一社会信用代码：	受理人： 受理税务机关（章）： 受理日期： 年 月 日	

国家税务总局监制

二、纳税期限

（一）综合所得

（1）居民个人取得综合所得，按年计算个人所得税；有扣缴义务人的，由扣缴义务人按月或者按次预扣预缴税款；需要办理汇算清缴的，应当在取得所得的次年 3 月 1 日至 6 月 30 日内办理汇算清缴。

（2）非居民个人取得工资、薪金所得，劳务报酬所得，稿酬所得和特许权使用费所得，有扣缴义务人的，由扣缴义务人按月或者按次代扣代缴税款，不办理汇算清缴。

（二）经营所得

纳税人取得经营所得，按年计算个人所得税，由纳税人在月度或者季度终了后 15 日内向税务机关报送纳税申报表，并预缴税款；在取得所得的次年"3 月 31 日"前办理汇算清缴。

（三）利息、股息、红利所得，财产租赁所得，财产转让所得和偶然所得

纳税人取得上述所得，按月或者按次计算个人所得税，有扣缴义务人的，由扣缴义务人按月或者按次代扣代缴税款。

（四）纳税人取得应税所得没有扣缴义务人

纳税人应当在取得所得的次月15日内向税务机关报送纳税申报表，并缴纳税款。

（五）扣缴义务人未扣缴税款

纳税人应当在取得所得的次年6月30日前，缴纳税款；税务机关通知限期缴纳的，纳税人应当按照期限缴纳税款。

（六）居民个人从中国境外取得所得

纳税人应当在取得所得的次年3月1日至6月30日内申报纳税。

（七）非居民个人在中国境内从两处以上取得工资、薪金所得

纳税人应当在取得所得的次月15日内申报纳税。

（八）纳税人因移居境外注销中国户籍

纳税人应当在注销中国户籍前办理税款清算。

（九）扣缴义务人每月或者每次预扣、代扣税款的缴库

纳税人应当在次月15日内缴入国库，并向税务机关报送扣缴个人所得税申报表。

注意： 纳税期限的最后一日是法定休假日的，以休假日的次日为期限的最后一日。

实战演练

【多选题】根据个人所得税法律制度的规定，下列情形中，纳税人应当依法办理纳税申报的有（　　）。

A. 取得应税所得，扣缴义务人未扣缴税款的
B. 因移居境外注销中国户籍的
C. 取得境外所得的
D. 取得应税所得没有扣缴义务人的

【单选题】根据个人所得税法律制度的规定，居民个人从中国境外取得所得的，应当在取得所得的一定期限内向税务机关申报纳税，该期限是（　　）。

A. 次年6月1日至6月30日 　　B. 次年3月1日至6月30日
C. 次年1月1日至3月1日 　　D. 次年1月1日至1月31日

项目小结

　　个人所得税是我国重要的税种之一。个人所得税的纳税义务人，既包括居民纳税义务人，也包括非居民纳税义务人。居民纳税义务人负有完全纳税的义务，必须就其来源于中国境内、境外的全部所得缴纳个人所得税；而非居民纳税义务人仅就其来源于中国境内的所得，缴纳个人所得税。个人所得税的征税范围包括工资、薪金所得，劳务报酬所得，稿酬所得，特许权使用费所得，经营所得，利息、股息、红利所得，财产租赁所得，财产转让所得和偶然所得。我国个人所得税的征收实行代扣代缴与自行申报并用法，可分为按月计征和按年计征。随着我国经济的发展和税收政策的不断完善，个人所得税优惠政策也逐渐得到推广和实施。

项　目　测　试

一、单项选择题（将答案填入括号内）

（　　）1. 下列在中国境内无住所的外籍人员中，属于 2024 年度居民个人的是_____。
　　A. 亨瑞 2024 年 8 月 1 日来到中国，2024 年 10 月 31 日离开中国
　　B. 马丁 2024 年 7 月 5 日来到中国，2025 年 1 月 5 日离开中国
　　C. 琼斯 2024 年 3 月 1 日来到中国，2024 年 12 月 1 日离开中国
　　D. 路易 2023 年 9 月 1 日来到中国，2024 年 5 月 1 日离开中国

（　　）2. 居民个人取得的所得中，属于综合所得的是_____。
　　A. 财产租赁所得　　　　　　B. 稿酬所得
　　C. 经营所得　　　　　　　　D. 偶然所得

（　　）3. 下列各项中，属于专项附加扣除的有_____。
　　A. 购车贷款利息　　　　　　B. 上下班交通费
　　C. 军人转业费　　　　　　　D. 子女教育支出

（　　）4. 2024 年 6 月中国居民黄某领取的下列津贴、补贴中，应当征收个人所得税的是_____。
　　A. 高温补贴 600 元
　　B. 按规定标准领取的差旅费津贴 800 元
　　C. 幼儿补助费 50 元
　　D. 政府特殊津贴 30 000 元

（　　）5. 属于劳务报酬所得的是_____。
　　A. 发表论文取得的报酬
　　B. 将国外的作品翻译出版取得的报酬
　　C. 提供著作的版权而取得的报酬
　　D. 高校教师受出版社委托进行身高取得的报酬

（　　）6. 不适用 20% 税率的个人所得是_____。
　　A. 股息红利所得　　　　　　B. 稿酬所得
　　C. 偶然所得　　　　　　　　D. 经营所得

（　　）7. 个人经政府有关部门批准取得执照，从事办学、医疗等有偿服务取得的所有属于_____。
　　A. 劳务报酬　　　　　　　　B. 工资、薪金所得
　　C. 经营所得　　　　　　　　D. 偶然所得

（　　）8. 黄华 2024 年 3 月购买福利彩票支出 500 元，取得中奖收入 20 000 元，则其应纳个人所得税税额为_____。
　　A. 4 000 元　　B. 3 900 元　　C. 500 元　　D. 不纳税

（　　）9. 2024 年 11 月白某出版小说取得稿酬 40 000 元。为创作本小说，白某发生资料购买费等各种费用 5 000 元。已知稿酬所得个人所得税预扣率为

20%；每次收入4 000元以上的，减除费用按20%计算，收入额减按70%计算。要计算白某该笔稿酬所得应预扣预缴个人所得税税额，下列算式中，正确的是_____。

A. 40 000×(1－20%)×70%×20%

B. 40 000×(1－20%)×20%

C. (40 000－5 000)×(1－20%)×70%×20%

D. (40 000－5 000)×(1－20%)×20%

（　　）10. 个体工商户的下列支出中，准予在计算经营所得应纳税所得额时扣除的是_____。

A. 缴纳的税收滞纳金

B. 直接向某灾区小学的捐赠支出

C. 家庭生活用电用水支出

D. 在生产经营活动中发生的城市维护建设税

二、多项选择题（将答案填入括号内）

（　　）1. 根据个人所得税法律制度的规定，下列各项中，属于个人所得税纳税人的有_____。

A. 一人有限责任公司　　　　B. 合伙企业个人合伙人

C. 个人独资企业投资人　　　D. 个体工商户

（　　）2. 下列情形中，纳税人应纳依法办理纳税申报的有_____。

A. 非居民个人在中国境内从两处以上取得工资、薪金所得

B. 居民个人因移居境外注销中国户籍

C. 居民个人取得境外所得

D. 居民个人取得综合所得需要办理汇算清缴

（　　）3. 个体工商户的下列支出中，在计算经营所得应纳税所得额时准予扣除的有_____。

A. 代从业人员负担的税款

B. 个体工商户业主的工资

C. 按照规定缴纳的摊位费

D. 在生产经营活动中发生的向金融企业借款的利息支出

（　　）4. 属于免征个人所得税的所得有_____。

A. 保险赔款　　　　　　　　B. 救济金

C. 残疾人员所得　　　　　　D. 军人的转业费

（　　）5. 属于按月预扣预缴，按年计征个人所得税的所得有_____。

A. 居民个人的工资、薪金所得　　B. 居民个人的劳务报酬所得

C. 居民个人的稿酬所得　　　　　D. 非居民个人的劳务报酬所得

三、判断题（判断正确的在括号内标记"√"，错误的在括号内标记"×"）

（　　）1. 美国公民史密斯先生在中国境内无住所，2023年9月1日自美国到上海出差，2024年5月15日完成工作后回到美国，史密斯先生2024年度为中国个人所得税法律规定的居民个人。

(　　) 2. 中国居民王某在境外工作,所以只就来源于中国境外的所得征收个人所得税。

(　　) 3. 个体工商户业主的工资薪金支出,在计算个人所得税经营所得应纳税所得额时,准予扣除。

(　　) 4. 企业按照国家有关法律规定宣告破产,企业职工从该破产企业取得的一次性安置费收入,免于征收个人所得税。

(　　) 5. 居民个人不包括在我国境内无住所,且在一个纳税年度中在我国境内居住累计不满183天的个人。

(　　) 6. 按照税法规定代扣代缴个人所得税是扣缴义务人的法定义务。

(　　) 7. 自行申报纳税的纳税人,应在取得所得的次年6月30日前,向主管税务机关办理申报纳税。

(　　) 8. 财产转让所得的所得税计算公式为:应纳税额＝(收入总额－财产原值－合理费用)×20%。

(　　) 9. 工资、薪金所得,适用五级超额累进税率。

(　　) 10. 某居民个人2024年1月领取工资6 800元,假设无其他收入和减免扣除,则其累计预扣预缴应纳税所得额为1 800元。

四、计算题

〖业务1〗中国居民王某2024年从其任职单位A公司取得工资150 000元,全年专项扣除为24 000元。王某有两个小孩都在上中学。已知综合所得减除费用为每年60 000元,子女教育专项附加扣除按照每个子女每月1 000元的标准定额扣除,由王某按扣除标准的100%扣除。全年应纳税所得额不超过36 000元的部分,税率为3%。

要求:计算王某2024年综合所得应缴纳个人所得税税额。

〖业务2〗中国公民李某2024年1月、2月分别取得工资12 000元,每月缴纳基本养老保险费、基本医疗保险费、住房公积金2 000元,支付首套住房贷款本息2 800元。已知减除费用为每月5 000元,住房贷款利息专项附加扣除标准为每月1 000元,由李某按扣除标准的100%扣除。

要求:计算李某1月工资累计预扣预缴应纳税所得额。

〖业务3〗2024年7月沈某从某电视剧制作中心取得了剧本使用费3 500元。已知特许权使用费所得预扣预缴个人所得税适用20%的预扣率,每次收入不超过4 000元的,减除费用按800元计算。

要求:计算张某该笔特许权使用费所得应预扣预缴个人所得税税额。

〖业务4〗2024年8月,周某出租一套住房,取得当月租金收入3 800元(不含增值税),财产租赁过程中缴纳的可以税前扣除的税费为152元,发生修缮费400元。已知个人出租住房暂减按10%的税率征收个人所得税;财产租赁所得,每次收入不超过4 000元,减除费用800元。

要求:计算周某当月租金收入应缴纳个人所得税税额。

〖业务5〗公司职员小明2024年度有以下收入:① 每月工资15 000元,每月应扣除五险一金1 000元,每月可以办理的专项附加扣除为赡养老人支出2 000元,无其他扣除项目;② 2024年3月份取得劳务报酬3万元;③ 2024年8月份取得稿酬1万元;④ 2024年11月份取得特许权使用费收入5 000元。

要求:1. 计算小明2024年个人所得税全年预扣预缴税额。
　　　2. 计算小明2024年个人所得税汇算清缴税额。

五、拓展题

请扫描二维码6-4、6-5获取数字资源,阅读个人所得税警示案例和个人所得税汇算服务与风险提示案例,并制作宣传海报,以小组为单位向社区居民进行宣讲。

6-4 拓展阅读
个人所得税警示案例

6-5 拓展阅读
个人所得税汇算服务与风险提示案例

项目评价

根据本项目学习情况,在表6-9中进行评价,"A"为优良,"B"为一般,"C"为需要帮助。

表6-9 项目六学习评价表

序号	学习重点	自我评价 (在方框内打勾)	教师反馈与评价
1	识别个人所得税征税范围	A□ B□ C□	
2	辨析纳税义务人	A□ B□ C□	
3	选择适用税率	A□ B□ C□	
4	计算个人所得税	A□ B□ C□	
5	明确征管要求	A□ B□ C□	
	总体评价	A□ B□ C□	

项目七 认识其他税种

项目简介

项目二至项目六介绍了增值税、消费税、关税、企业所得税和个人所得税。本项目将介绍包括资源税类、财产税类及行为和目的税类十三种税的纳税义务人、税目、税率、计税依据、税额以及征收管理要求。通过本项目的学习,学生可以了解十三种税的具体征税规定,并能进行对应税的应纳税额的计算,应用税收政策对涉税业务进行税务处理。学生学习本项目有利于培养树立生态文明理念,建立人与自然和谐共生思想,激发社会责任感,树立纳税光荣意识。

知识导航

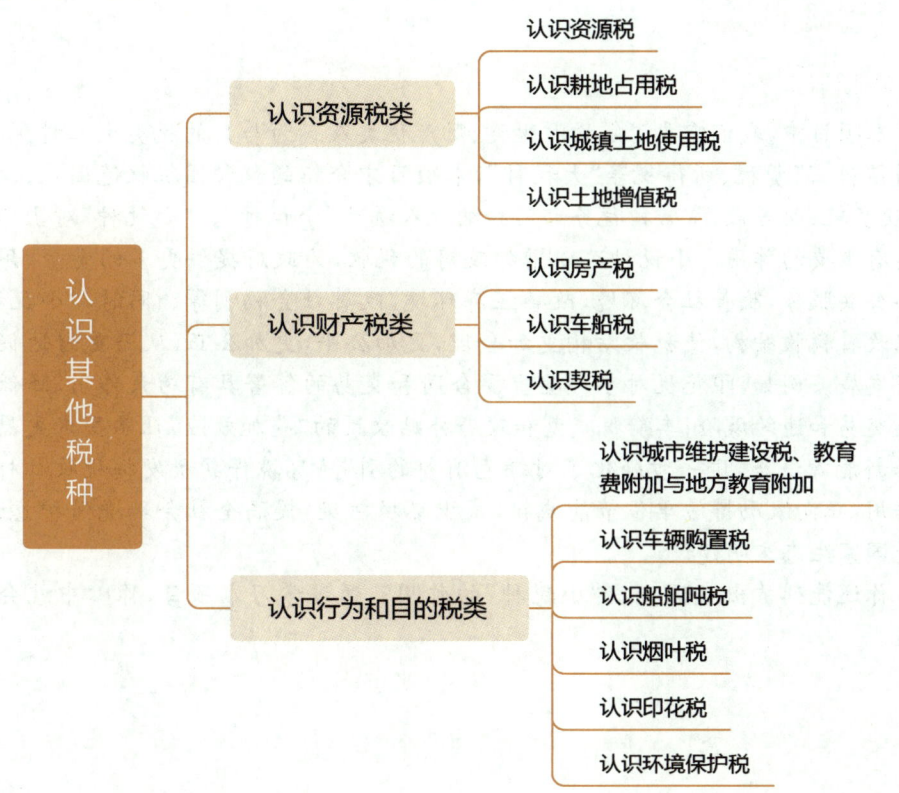

- 认识其他税种
  - 认识资源税类
    - 认识资源税
    - 认识耕地占用税
    - 认识城镇土地使用税
    - 认识土地增值税
  - 认识财产税类
    - 认识房产税
    - 认识车船税
    - 认识契税
  - 认识行为和目的税类
    - 认识城市维护建设税、教育费附加与地方教育附加
    - 认识车辆购置税
    - 认识船舶吨税
    - 认识烟叶税
    - 认识印花税
    - 认识环境保护税

 **学习目标**

○ 知识目标
- 辨认资源税类、财产税类及行为与目的税类十三种税的纳税义务人；
- 识别资源税类、财产税类及行为与目的税类十三种税的征税范围及具体税目；
- 根据资源税类、财产税类及行为与目的税类十三种税的税目选择适用税率。

○ 技能目标
- 能准确界定资源税类、财产税类及行为与目的税类十三种税的征税范围、纳税人、计税依据等；
- 计算资源税类、财产税类及行为与目的税类十三种税的应纳税额。

○ 情感目标
- 深刻理解国有资源有偿使用的原则，强化生态环境保护意识，探索绿色经济和循环经济的重要意义；
- 理解税法对社会财富的调节分配作用和社会分配公平性的重要意义；
- 理解税收可以有效地调节社会经济生活，促进经济的健康发展，树立生态文明理念，建立人与自然和谐共生思想。

 **项目导入**

"小税种"发挥"大效应"

本项目中，我们需要了解资源税类、财产税类及行为与目的税类十三种税，相比增值税、消费税、所得税等"大税种"，本项目中介绍的税种因征收范围广、税额小、税负轻、税源散，常常被税务部门和纳税人称为"小税种"。"小税种"对主体税种具有重要的作用。小税种可以增加政府的税收，为政府提供更多的资金，用于改善公共服务，改善社会环境，改善经济环境，改善社会福利等。同时，"小税种"可以改善税收结构，使税收结构更加合理，更加公平，更加公正，从而更好地促进经济发展。例如，印花税对于一些重要合同和交易的签署具有约束作用，降低了不良交易和违约风险；车船税减免和政府补贴政策的"叠加效应"让购买者更愿意选择新能源汽车，进一步强化了对绿色消费的引导；环境保护税发挥税收杠杆调节作用，正向激励排污单位节能减排，减少环境污染，提高全社会环境保护意识，推进国家生态文明建设。

你还能列举出我国哪些"小税种"的作用？通过学习本项目，你心中就会有答案。

任务一　认识资源税类

思维启发

资源税类是指以资源的级差收入为课税对象而征收的税种,包括资源税、耕地占用税、城镇土地使用税、土地增值税等。资源税类的主要目的是调节资源的级差收入,体现国有资源的有偿使用。这类税收针对的是各种应税自然资源,旨在消除资源条件优劣对纳税人经营所得利益的影响。如何体现"普遍征收,级差调节"?让我们带着疑问来学习。

一、认识资源税

(一) 资源税纳税义务人

资源税的纳税义务人是指在中华人民共和国领域及管辖的其他海域开发应税资源的单位和个人。进口的矿产品和盐不征收资源税。相应的,对出口应税产品不免征或退还已纳资源税。

(二) 资源税税目及税率

资源税税目包括五大类,在 5 个税目下面又设有若干个子目。资源税法所列的税目有 164 个,涵盖了所有已经发现的矿种和盐。资源税法按原矿、选矿分别设定税率。资源税税目、税率见表 7-1。

表 7-1　资源税税目、税率(2020 年 9 月 1 日起执行)

税目	征收对象	税率
一、能源矿产		
1. 原油(开采的天然原油,不包括人造石油)	原矿	6%
2. 天然气、页岩气、天然气水合物	原矿	6%
3. 煤	原矿或选矿	2%~10%
4. 煤成(层)气	原矿	1%~2%
5. 铀、钍	原矿	4%
6. 油页岩、油砂、天然沥青、石煤	原矿或选矿	1%~4%
7. 地热	原矿	1%~20%或每立方米 1~30 元

续　表

税目		征收对象	税率
二、金属矿产			
1. 黑色金属	铁、锰、铬、钒、钛	原矿或选矿	1%～9%
2. 有色金属	铜、铅、锌、锡、镁、铝土矿、轻稀土、中重稀土等	原矿或选矿（钨、钼、稀土征税对象是选矿）	2%～20%
三、非金属矿产			
1. 矿物类	高岭土、石灰岩、工业用金刚石、粘土等	原矿或选矿	1%～12%或每吨（或者每立方米）0.1～10元
2. 岩石类	大理岩、花岗岩等		1%～10%
	砂石		1%～5%或每吨0.1～5元
3. 宝玉石类	宝石、玉石、宝石级金刚石、玛瑙、黄玉、碧玺		4%～20%
四、水气矿产			
1. 二氧化碳气、硫化氢气、氦气、氡气		原矿	2%～5%
2. 矿泉水			1%～20%或每立方米1～30元
五、盐			
1. 钠盐、钾盐、镁盐、锂盐		选矿	3%～15%
2. 天然卤水		原矿	3%～15%或每吨1～10元
3. 海盐			2%～5%

税目税率表中规定实行幅度税率的，以及规定可以选择实行从价计征或者从量计征的，其具体适用税率或具体计征方式由省、自治区、直辖市人民政府在规定范围内提出，报同级人民代表大会常务委员会决定，并报全国人民代表大会常务委员会和国务院备案。

纳税人以自采原矿洗选加工为选矿产品销售，或者将选矿产品自用于应纳资源税情形的，按照选矿产品计征资源税（适用选矿税率），在原矿移送环节不缴纳资源税。

纳税人开采或者生产不同税目应税产品，或者同一税目下适用不同税率应税产品的，应当分别核算不同税目应税产品的销售额或者销售数量；未分别核算或者不能准确提供不同税目应税产品的销售额或者销售数量的，从高适用税率。

实战演练

〖多选题〗下列属于资源税中的应税资源的有（　　　　）。
A. 天然气　　　　B. 砂石　　　　C. 人造石油　　　　D. 成品油

(三) 资源税计税依据及应纳税额的计算

资源税实行从价计征或者从量计征。纳税人开采或者生产应税产品自用的,应当依照《中华人民共和国资源税法》规定缴纳资源税,但是自用于连续生产应税产品的,不缴纳资源税。

1. 从价计征

1) 从价计征的计税依据

从价计征的计税依据为应税资源产品计税销售额。计税销售额,按照纳税人销售应税产品向购买方收取的全部价款确定,不包括增值税税款。计入销售额中的运杂费用,凡取得增值税发票或其他合法有效凭据的,准予从销售额中扣除。相关运杂费用是指应税产品从坑口或者洗选(加工)地到车站、码头或者购买方指定地点的运输费用、建设基金以及随运销产生的装卸、仓储、港杂费用。

2) 特殊情形下的销售额的确定

纳税人申报的应税产品销售额明显偏低且无正当理由,或者有自用应税产品行为而无销售额的,应按照下列顺序确定其应税产品计税价格:

(1) 纳税人最近时期同类产品的平均销售价格。
(2) 其他纳税人最近时期同类产品的平均销售价格。
(3) 按后续加工非应税产品销售价格,减去后续加工环节的成本利润后确定。
(4) 确定应税产品组成计税价格:

$$组成计税价格 = 成本 \times (1 + 成本利润率) \div (1 - 资源税税率)$$

3) 应纳税额的计算

$$应纳税额 = 销售额 \times 适用税率$$

【例7-1】 上海智信铁矿开采企业12月开采并销售铁矿原矿,开具增值税专用发票,注明金额为400万元、增值税税额为52万元;销售铁矿选矿取得不含增值税销售额2 000万元。当地省人民政府规定,铁矿原矿资源税税率为4%,铁矿选矿资源税税率为3%。

要求:计算该企业12月应缴纳的资源税税额。

解析:应缴纳资源税 = 400 × 4% + 2 000 × 3% = 76(万元)

2. 从量计征

从量计征的资源税计税依据是应税产品的销售数量。应税产品的销售数量包括纳税人开采或者生产应税产品的实际销售数量和自用需视同销售的自用数量。

$$应纳税额 = 销售数量 \times 单位税额$$

【例7-2】 上海智信砂石开采企业3月销售砂石3 000立方米,资源税税率为2元/立方米。

要求:计算该企业当月应纳资源税税额。

解析:应缴纳资源税 = 3 000 × 2 = 6 000(元)

3. 外购应税产品的扣除

(1) 纳税人外购应税产品与自采应税产品混合销售或者混合加工为应税产品销售的,在计算应税产品销售额或者销售数量时,准予扣减外购应税产品的购进金额或者购进数量。当期不足扣减的,可结转下期扣减。

(2) 纳税人以外购原矿与自采原矿混合为原矿销售,或者以外购选矿产品与自产选矿产品混合为选矿产品销售的,在计算应税产品销售额或者销售数量时,直接扣减外购原矿或者外购选矿产品的购进金额或者购进数量。

(3) 纳税人以外购原矿与自采原矿混合洗选加工为选矿产品销售的,在计算应税产品销售额或者销售数量时,按照下列方法进行扣减:

准予扣减的外购应税产品购进金额(数量)＝外购原矿购进金额(数量)×
(本地区原矿适用税率÷
本地区选矿产品适用税率)

【例7-3】 上海智信煤炭生产企业位于 A 地,10 月从位于 B 地的智恒煤炭生产企业购进原煤,取得增值税专用发票,注明金额 100 万元。上海智信将其与部分自采原煤混合为原煤并在本月全部销售,取得不含税销售额为 500 万元,该批自采原煤同类产品不含税销售价格为 300 万元。已知 A 地和 B 地原煤资源税税率均为 3%。

要求:计算上海智信 10 月上述业务应纳资源税。

解析:上海智信应纳资源税＝(500－100)×3%＝12(万元)

【例7-4】 上海智信煤炭企业将外购 100 万元原煤与自采 200 万元原煤混合洗选加工为选煤销售,选煤销售额为 450 万元。当地原煤税率为 3%,选煤税率为 2%,上述金额均为不含税金额。

要求:计算该企业上述业务应纳资源税。

解析:准予扣减的外购应税产品购进金额＝100×(3%÷2%)＝150(万元)

企业应纳资源税＝(450－150)×2%＝6(万元)

(四) 资源税税收优惠

1. 免征资源税

有下列情形之一的,免征资源税:

(1) 开采原油以及在油田范围内运输原油过程中用于加热的原油、天然气。

(2) 煤炭开采企业因安全生产需要抽采的煤成(层)气。

2. 减征资源税

有下列情形之一的,减征资源税:

(1) 低丰度油气田开采的原油、天然气资源税减征 20%。

(2) 高含硫天然气、三次采油和深水油气田开采的原油、天然气资源税减征 30%。

(3) 从衰竭期矿山开采的矿产品,资源税减征 30%。

(4) 稠油、高凝油资源税减征 40%。

3. 可由省、自治区、直辖市人民政府决定的减税或者免税

有下列情形之一的,可由省、自治区、直辖市人民政府决定的减税或者免税:

(1) 纳税人因意外事故或者自然灾害等原因遭受重大损失的。

(2) 纳税人开采共伴生矿、低品位矿、尾矿的。

上述两项的免征或者减征的具体办法,由省、自治区、直辖市人民政府提出,报同级人民代表大会常务委员决定,并报全国人民代表大会常务委员会和国务院备案。

4. 其他减税、免税

(1) 纳税人开采或者生产同一应税产品,其中既有享受减免税政策的,又有不享受减免税政策的,按照免税、减税项目的产量占比等方法分别核算确定免税、减税项目的销售额或者销售数量。

(2) 纳税人开采或者生产同一应税产品同时符合两项或者两项以上减征资源税优惠政策的,除另有规定外,只能选择其中一项执行。

(3) 纳税人享受资源税优惠政策,实行"自行判别、申报享受、有关资料留存备查"的办理方式,另有规定的除外。纳税人对资源税优惠事项留存材料的真实性和合法性承担法律责任。

> **实战演练**
>
> 〖多选题〗下列关于资源税减征优惠的说法中,正确的有(　　)。
> A. 稠油和高凝油资源税减征20%
> B. 从衰竭期矿山开采的矿产资源减征30%
> C. 低丰度油气田资源税减征30%
> D. 深水油气田开采的原油、天然气,减征30%资源税

(五) 资源税征收管理

1. 纳税义务发生时间

纳税人销售应税产品,纳税义务发生时间为收讫销售款或者取得索取销售款凭据的当日;纳税人自产自用应税产品的,纳税义务发生时间为移送使用应税产品的当天。

2. 纳税期限

资源税按月或者按季申报缴纳;不能按固定期限计算缴纳的,可以按次申报缴纳。纳税人按月或者按季申报缴纳的,应当自月度或季度终了之日起15日内申报纳税。按次申报缴纳的,应当自纳税义务发生之日起15日内申报纳税。

3. 纳税地点

纳税人应当在应税产品的开采地或者生产地的税务机关申报缴纳资源税。

二、认识耕地占用税

(一) 耕地占用税纳税义务人

耕地占用税的纳税人是指在中华人民共和国境内占用耕地建设建筑物、构筑物或者从事非农业建设的单位和个人。

经批准占用耕地的,纳税人为农用地转用审批文件中标明建设用地人;农用地转用审批文件中未标明建设用地人的,纳税人为用地申请人。其中用地申请人为各级人民政府的,由同级土地储备中心、自然资源主管部门或政府委托的其他部门、单位履行耕地占用税申报纳税义务。

(二) 耕地占用税征税范围

耕地占用税的征税范围包括纳税人占用耕地建设建筑物、构筑物或者从事非农业

建设的国家所有和集体所有的耕地。耕地是指用于种植农作物的土地,包括菜地、园地。其中,园地包括花圃、苗圃、茶园、果园、桑园和其他种植经济林木的土地。

1. 应缴纳耕地占用税的行为

(1) 占用园地、林地、草地、农田水利用地、养殖水面、渔业水域滩涂(包括苇田)以及其他农用地建设建筑物、构筑物或者从事非农业建设的。

(2) 纳税人因建设项目施工或地质勘查临时占用耕地的。

临时占用耕地指经自然资源主管部门批准,在一般不超过 2 年内临时使用耕地并且没有修建永久性建筑物的行为。

(3) 纳税人因挖损、采矿塌陷、压占、污染等损毁耕地的。

2. 不征收耕地占用税的行为

(1) 建设农田水利设施占用耕地的。

(2) 建设直接为农业生产服务的生产设施占用园地、林地、草地、农田水利用地、养殖水面、渔业水域滩涂以及其他农用地的。

> **实战演练**
>
> 〖单选题〗纳税人为建设建筑物、构筑物或者从事非农业建设占用国家或集体所有的耕地应征收耕地占用税,但不包括(   )。
>
> A. 占用菜地建房　　　　　　　　B. 占用苗圃从事非农业建设
> C. 占用花圃建房　　　　　　　　D. 占用从事养殖的滩涂从事农业建设

(三) 耕地占用税税率、计税依据和应纳税额的计算

1. 税率

(1) 采用地区差别定额税率。人均耕地面积越少的地区,单位税额越高。各地区具体的适用税额,由省、自治区、直辖市人民政府根据人均耕地面积和经济发展等情况,在规定的税额幅度内提出,报同级人民代表大会常务委员会决定,并报全国人民代表大会常务委员会和国务院备案。

(2) 人均耕地低于 0.5 亩①的地区,省、自治区、直辖市政府可以适当提高适用税额,但提高的部分不得超过当地规定税额标准的 50%。

(3) 占用基本农田的,应当按照适用税额,加按 150% 征收。

2. 计税依据

耕地占用税以纳税人实际占用的属于耕地占用税征税范围的土地(以下称应税土地)面积为计税依据,按应税土地当地适用税额计税,实行一次性征税。实际占有的耕地面积包括经批准占用耕地面积和未经批准占用耕地面积。

3. 应纳税额计算

(1) 应纳税额为应税土地面积(平方米)乘以适用税额计算,实行一次性征收。其计算公式为:

---

① 1 亩≈666.67 平方米。

应纳税额＝应税土地面积(平方米)×适用税额

(2) 占用基本农田,加按150%征收,其计算公式为:

应纳税额＝应税土地面积(平方米)×适用税额×150%

【例7-5】 上海智信公司新占用62 500平方米耕地用于工业建设,另占用10 000平方米基本农田用于开发旅游度假村,所占耕地适用的定额税率均为18元/平方米。

要求:计算该企业应纳的耕地占用税。

解析:应纳税额＝62 500×18＋10 000×18×150%＝1 395 000(元)

(四) 耕地占用税税收优惠

1. 免征优惠

(1) 军事设施占用耕地。

(2) 学校、幼儿园、社会福利机构、医疗机构占用耕地。

(3) 农村烈士遗属、因公牺牲军人遗属、残疾军人及符合农村最低生活保障条件的农村居民在规定标准以内新建的自用住宅。

2. 减征优惠

(1) 铁路线路、公路线路、飞机场跑道、停机坪、港口、航道、水利工程占用耕地,减按每平方米2元的税额征收耕地占用税。专用的铁路和铁路专用线、专用公路和城区内机动车道占用耕地的,按照当地适用税额缴纳耕地占用税,无减征优惠。

(2) 农村居民在规定用地标准以内占用耕地新建自用住宅,按照当地适用税额减半征收耕地占用税;其中农村居民经批准搬迁,新建自用住宅占用耕地不超过原宅基地面积的部分,免征耕地占用税。

免征或者减征耕地占用税后,纳税人改变原占地用途,不再属于免征或者减征情形的,应自改变用途之日起30日内申报补缴税款。耕地占用税减免优惠实行"自行判别、申报享受、有关资料留存备查"办理方式。

 实战演练

〖单选题〗下列工程中可减征耕地占用税的是(　　)。
A. 边防管控设施占用耕地　　　　B. 军用机场占用耕地
C. 军用输水管道占用耕地　　　　D. 水利工程占用耕地

(五) 耕地占用税征收管理

1. 纳税义务发生时间

纳税人改变原占地用途,需要补缴耕地占用税的,其纳税义务发生时间为改变用途当日,具体为:

经批准改变用途的,纳税义务发生时间为纳税人收到批准文件的当日;未经批准改变用途的,纳税义务发生时间为自然资源主管部门认定纳税人改变原占地用途的当日。

未经批准占用耕地的,耕地占用纳税义务发生时间为自然资源主管部门认定的纳税人实际占用耕地的当日。

因挖损、采矿塌陷、压占、污染等损毁耕地的纳税义务发生时间为自然资源、农业农村等部门认定损毁耕地的当日。

2. 纳税期限

纳税人应当自纳税义务发生之日起30日内缴纳耕地占用税。

3. 纳税地点

纳税人占用耕地，应当在耕地所在地申报纳税。

4. 退税管理

纳税人因建设项目施工或者地质勘察临时占用耕地，应当依照规定缴纳耕地占用税。纳税人自批准临时占用耕地期满之日起1年内依法复垦。恢复种植条件的全额退还已经缴纳的耕地占用税。

> **实战演练**
>
> 【单选题】下列关于耕地占用税征收管理的说法中，不正确的是（　　）。
>
> A. 纳税人在批准临时占用耕地期满之日起1年之内恢复所占用耕地原状的，全额退还已缴耕地占用税
>
> B. 经批准占用耕地的，其纳税义务发生时间为自然资源主管部门认定的实际占用耕地的当天
>
> C. 纳税人占用耕地的，应当在耕地所在地申报纳税
>
> D. 纳税人因挖损、采矿塌陷、压占、污染等损毁耕地的，自相关部门认定损毁耕地之日起3年内依法复垦或修复的，全额退还已缴耕地占用税

三、认识城镇土地使用税

（一）城镇土地使用税纳税义务人

在城市、县城、建制镇、工矿区范围内使用土地的单位和个人，为城镇土地使用税的纳税义务人，通常包括以下几类：

（1）拥有土地使用权的单位和个人。

（2）土地使用权未确定或权属纠纷未解决的，其实际使用人为纳税人。

（3）土地使用权共有的，共有各方都是纳税人，由共有各方分别纳税。

（4）拥有土地使用权的单位和个人不在土地所在地的，其土地的实际使用人和代管人为纳税人。

（二）城镇土地使用税征税范围

城镇土地使用税的征税范围为城市、县城、建制镇和工矿区，不包括农村。

> **实战演练**
>
> 【多选题】关于城镇土地使用税的纳税人，下列说法正确的有（　　）。
>
> A. 城镇土地使用权的权属未确定的，实际使用人为纳税人
>
> B. 城镇土地使用权权属共有的，共有各方分别为纳税人

C. 国有土地使用权出租的,出租人为纳税人

D. 城镇土地使用权的权属纠纷未解决的,纠纷双方均为纳税人

(三) 城镇土地使用税税率、计税依据和应纳税额的计算

1. 税率

城镇土地使用税采用定额税率,即采用有幅度的差别税额。土地使用税每平方米年税额如下:

(1) 大城市 1.5 元～30 元。

(2) 中等城市 1.2 元～24 元。

(3) 小城市 0.9 元～18 元。

(4) 县城、建制镇、工矿区 0.6 元～12 元。

各省、自治区、直辖市人民政府可以根据当地情况在规定税额幅度内,确定所辖地区的适用税额幅度。经省、自治区、直辖市人民政府批准,经济落后地区的城镇土地使用税的适用税额标准可适当降低,但降低额不得超过上述规定最低税额的30%。经济发达地区的适用税额标准可以适当提高,但须报经财政部批准。

2. 计税依据

(1) 城镇土地使用税以纳税人实际占用的土地面积(平方米)为计税依据。

(2) 纳税人实际占用的土地面积,以房地产管理部门核发的土地使用证书与确认的土地面积为准;尚未核发土地使用证书的,应由纳税人据实申报土地面积,据以纳税,待核发土地使用证以后再作调整。

(3) 土地使用权由几方共有的,由共有各方按照各自实际使用的土地面积占总面积的比例,分别计算缴纳城镇土地使用税。

3. 应纳税额计算

城镇土地使用税的应纳税额可以通过纳税人实际占用的土地面积乘以该土地所在地段的适用税额求得。其计算公式为:

$$全年应纳税额 = 实际占用应税土地面积(平方米) \times 适用税额$$

【例 7-6】 上海智信公司使用土地面积为 10 000 平方米,经税务机关核定,该土地为应税土地,每平方米年税额为 4 元。

要求: 计算其全年应纳的城镇土地使用税税额。

解析: 全年应纳税额 = 10 000×4 = 40 000(元)

(四) 城镇土地使用税税收优惠

1. 减免税基本规定

城镇土地使用税的免税项目有:

(1) 国家机关、人民团体、军队自用的土地。

(2) 由国家财政部门拨付事业经费的单位自用土地。包括实行全额预算和差额预算管理的事业单位,不包括实行自收自支、自负盈亏的事业单位。企业办的学校、医院、托儿所、幼儿园,其自用的土地免税。

(3) 宗教寺庙、公园、名胜古迹自用的土地。以上单位的生产、经营用地和其他用

地,不属于免税范围,应按规定缴纳城镇土地使用税,如公园、名胜古迹中附设的营业单位(影剧院、饮食部、茶社、照相馆、索道公司)用地。

(4)市政街道、广场、绿化地带等公共用地。

(5)直接用于农、林、牧、渔业的生产用地。上述土地是指直接从事于种植养殖、饲养的专业用地,不包括农副产品加工场地和生活办公用地。

(6)开山填海整治的土地。自行开山填海整治的土地和改造的废弃土地,从使用的月份起免缴城镇土使用税5年至10年。开山填海整治的土地是指纳税人经有关部门批准后自行填海整治的土地,不包括纳税人通过出让、转让、划拨等方式取得的已填海整治的土地。

2. 减免税特殊规定

城镇土地使用税征免规定,见表7-2。

表7-2 城镇土地使用税征免规定

具体情形	征收	减免
免税单位与纳税单位之间无偿使用的土地	纳税单位无偿使用免税单位的土地	免税单位使用纳税单位的土地,免征
防火、防爆、防毒等安全防范用地	仓库库区、厂房本身用地	由省、自治区、直辖市税务局确定暂免
企业的铁路专用线、公路等用地	企业厂区(包括生产、办公及生活区)以内	厂区以外、与社会公用地段未加隔离的暂免
企业的绿化用地	企业厂区(包括生产、办公及生活区)以内	厂区以外的公共绿化用地和向社会开放的公园用地暂免
盐场、盐矿用地	生产厂房、办公、生活区用地	盐滩、盐矿的矿井用地暂免
火电厂用地	厂区围墙内	厂区围墙外的灰场、输灰管、输油(气)管道、铁路专用线用地免征,其他用地征税
水电站用地	发电厂房用地(包括坝内、坝外式厂房)、生产、办公、生活用地	其他用地免征
核电站用地	核岛、常规岛、辅助厂房和通讯设施用地,生活、办公用地	其他用地免征;应税土地在基建期内减半征收
交通部门港口用地	港口的其他用地	港口码头(即泊位,包括岸边码头、伸入水中的浮码头、堤岸、堤坝、栈桥等)用地,免征
民航机场用地	工作区(包括办公、生产和维修用地及候机楼、停车场)用地、生活区用地、绿化用地,机场场内道路地	飞行区用地、场内外通信导航设施用地和飞行区四周排水防洪设施、机场场外道路用地,免征
水利设施用地	生产、办公、生活用地	水利设施及其管护用地(如水库库区、大坝、堤防、灌渠、泵站等用地),免征

续　表

具体情形	征收	减免
司法部所属劳改劳教单位用地	劳改劳教单位警戒围墙外的其他生产经营用地	其他用地免税
供电部门		输电线路用地、变电站用地，免征
棚户区改造用地		对改造安置住房建设用地，免征
老年服务机构、铁路行业、饮水工程运营管理单位自用生产、办公用地为自用地		免征

3. 由各省、自治区、直辖市税务局确定免税的情形

(1) 个人所有的居住房屋及院落用地。

(2) 房产管理部门在房租调整改革前经租的居民住房用地。

(3) 免税单位职工家属宿舍用地。

(4) 集体和个人举办的各类学校、医院、托儿所、幼儿园用地。

实战演练

〖多选题〗下列关于城镇土地使用税减免税的说法，正确的有（　　）。

A. 改造安置住房建设用地免征城镇土地使用税

B. 民航机场的场外道路用地免征城镇土地使用税

C. 核电站基建期内的应税土地免征城镇土地使用税

D. 水利设施的水库库区和泵站用地，减半征收城镇土地使用税

(五) 城镇土地使用税征收管理

1. 纳税义务发生时间

(1) 购置新建商品房，自房屋交付使用之次月起计征城镇土地使用税。

(2) 购置存量房，自办理房屋权属转移、变更登记手续，房地产权属登记机关签发房屋权属证书之次月起计征城镇土地使用税。

(3) 出租、出借房产，自交付出租、出借房产之次月起计征城镇土地使用税。

(4) 以出让或转让方式有偿取得土地使用权的，应由受让方从合同约定交付土地时间的次月起缴纳；合同未约定交付土地时间的，从合同签订的次月起缴纳。

(5) 纳税人新征用的耕地，自批准征用之日起满1年时开始缴纳城镇土地使用税。

(6) 纳税人新征用的非耕地，自批准征用次月起缴纳城镇土地使用税。

(7) 通过招标、拍卖、挂牌方式取得的建设用地，不属于新征用的耕地，纳税人应按照有关规定，从合同约定交付土地时间的次月起缴纳城镇土地使用税；合同未约定交付土地时间的，从合同签订的次月起缴纳城镇土地使用税。

2. 纳税期限

城镇土地使用税实行按年计算、分期缴纳的征收方法。缴纳期限由省、自治区、直辖市人民政府确定。

3. 纳税地点

城镇土地使用税的纳税地点为土地所在地，由土地所在地的税务机关负责征收。

（1）纳税人使用的土地不属于同一省（自治区、直辖市）管辖范围内的，由纳税人分别向土地所在地的税务机关申报缴纳。

（2）在同一省（自治区、直辖市）管辖范围内，纳税人跨地区使用的土地，由各省、自治区、直辖市税务局确定纳税地点。

4. 纳税申报

纳税人新征用的土地，必须于批准新征用之日起30日内申报登记。纳税人如有住址变更、土地使用权属转换等情况，从转移之日起，按规定期限办理申报变更登记。

> **实战演练**
>
> 【单选题】纳税人购置新建商品房，其城镇土地使用税纳税义务发生时间是（　　）。
> A. 房屋交付使用之次月 B. 办理预售许可证之次月
> C. 房屋竣工备案之次月 D. 办理不动产权属证书之次月
>
> 【单选题】关于城镇土地使用税的征收管理，下列说法正确的是（　　）。
> A. 纳税人新征用的非耕地，自批准征用之月起缴纳城镇土地使用税
> B. 纳税人新征用的土地，必须于批准新征用之日起15日内申报登记
> C. 城镇土地使用税按年计算，分期缴纳，纳税期限由市级人民政府确定
> D. 在同一省范围内，纳税人跨地区使用土地的，由省级税务局确定纳税地点
>
> 【连线题】
>
> | 拥有土地使用权的单位 | 税种 |
> | --- | --- |
> | 占用园地、林地 | 城镇土地使用税 |
> | 占用耕地建设建筑物 | 耕地占用税 |
> | 城市、县城集体有所的土地 | |

四、认识土地增值税

（一）土地增值税征税范围

土地增值税是对转让国有土地使用权、地上建筑物及其附着物并取得收入的单位和个人，就其转让房地产所取得的增值额征收的一种税。

1. 征税范围的一般规定

（1）土地增值税只对转让国有土地使用权的行为征税，对出让国有土地的行为不征税。

国有土地使用权是指土地使用人根据国家法律、合同等规定，对国家所有的土地享

有的使用权利。土地增值税只对企业、单位和个人转让国有土地使用权的行为征税。

国有土地出让是指国家以土地所有者的身份将土地使用权在一定年限内让与土地使用者,并由土地使用者向国家支付土地出让金的行为。

(2) 土地增值税既对转让国有土地使用权的行为征税,也对转让地上建筑物及其他附着物产权的行为征税。

地上建筑物是指建于土地上的一切建筑物,包括地上地下的各种附属设施,如厂房、仓库、商店、医院、住宅、地下室、围墙、烟囱、电梯、中央空调、管道等。所谓附着物是指附着于土地上、不能移动,一经移动即遭损坏的种植物、养植物及其他物品。上述建筑物和附着物的所有者对自己的财产依法享有占有、使用、收益和处置的权利,即拥有排他性的全部产权。

税收有关法律法规规定,纳税人转让地上建筑物和其他附着物的产权,取得的增值额,也应计算缴纳土地增值税。换言之,纳入土地增值税征税范围的增值额是纳税人转让房地产所取得的全部增值额,而非仅仅是转让土地使用权的增值额。

2. 征税范围的特殊规定

(1) 房地产转为自用或出租。房地产开发企业将开发的部分房地产转为企业自用或用于出租等商业用途时,如果产权未发生转移,不征收土地增值税。

(2) 房地产的交换。房地产的交换是指一方以房地产与另一方的房地产进行交换的行为。由于这种行为既发生了房产产权、土地使用权的转移,交换双方又取得了实物形态的收入,属于土地增值税的征税范围。对个人之间互换自有居住用房地产的,经当地税务机关核实,可以免征土地增值税。

(3) 合作建房。对于一方出地,另一方出资金,双方合作建房,建成后按比例分房自用的,暂免征收土地增值税;建成后转让的,应征收土地增值税。

(4) 房地产的出租。房地产的出租是指房产所有者或土地使用者将房产或土地使用权租赁给承租人使用,由承租人向出租人支付租金的行为。房地产出租,出租人虽取得了收入,但没有发生房产产权、土地使用权的转让,因此,不属于土地增值税的征税范围。

(5) 房地产的抵押。房地产的抵押是指房产所有者或土地使用者作为债务人或第三人向债权人提供不动产作为清偿债务的担保而不转移权属的法律行为。这种情况下房产的产权、土地使用权在抵押期间并没有发生权属的变更,因此,对房地产的抵押,在抵押期间不征收土地增值税。待抵押期满后,视该房地产是否转移而确定是否征收土地增值税。对于以房地产抵债而发生房地产权属转让的,应列入土地增值税的征税范围。

(6) 房地产的代建行为。房地产的代建行为是指房地产开发公司代客户进行房地产的开发,开发完成后向客户收取代建收入的行为。对于房地产开发公司而言,虽然取得了收入,但没有发生房地产权属的转移,其收入属于劳务收入性质,故不属于土地增值税的征税范围。

(7) 房地产的重新评估。国有企业在清产核资时对房地产进行重新评估而产生的评估增值,因其既没有发生房地产权属的转移,房产产权、土地使用权人也未取得收入,所以不属于土地增值税的征税范围。

(8) 土地使用者处置土地使用权。土地使用者转让、抵押或置换土地,无论其是否取得了该土地的使用权属证书,也无论其在转让、抵押或置换土地过程中是否与对方当事人办理了土地使用权属证书变更登记手续,只要土地使用者享有占有、使用、收益或处分该土地的权利,且有合同等证据表明其实质转让、抵押或置换了土地并取得了相应的经济利益,土地使用者及其对方当事人就应当依照税法规定缴纳增值税、土地增值税和契税等。

(二)土地增值税纳税义务人

土地增值税的纳税人为转让国有土地使用权、地上建筑物及其附着物(以下简称转让房地产)并取得收入的单位和个人。

(三)土地增值税税率

土地增值税实行四级超率累进税率,见表7-3。

表7-3 土地增值税四级超率累进税率表

级数	增值额与扣除项目金额的比率	税率	速算扣除系数
1	不超过扣除项目金额50%的部分	30%	0
2	超过50%至100%的部分	40%	5%
3	超过100%至200%的部分	50%	15%
4	超过200%的部分	60%	35%

上述所列四级超率累进税率,每级"增值额未超过扣除项目金额"的比例,均包括本比例数。

(四)土地增值税计税依据

土地增值税的计税依据是纳税人转让房地产所取得的增值额。转让房地产的增值额是纳税人转让房地产的收入减除税法规定的扣除项目金额后的余额。土地增值额的大小,取决于转让房地产的收入额和扣除项目金额两个因素。

1. 应税收入的确定

根据《土地增值税暂行条例》及其实施细则的规定,纳税人转让房地产取得的应税收入,应包括转让房地产的全部价款及有关的经济收益。从收入的形式来看,包括货币收入、实物收入和其他收入。纳税人转让房地产取得的收入为不含增值税收入。

2. 扣除项目及其金额

依照《土地增值税暂行条例》的规定,准予纳税人从房地产转让收入额减除的扣除项目金额具体包括以下内容:

1)新建房地产扣除项目金额

(1)取得土地使用权所支付的金额。取得土地使用权所支付的金额包括纳税人为取得土地使用权所支付的地价款和纳税人在取得土地使用权时按国家统一规定缴纳的有关费用和税金(如有关登记、过户的手续费和契税)。

(2)房地产开发成本。房地产开发成本是指纳税人开发房地产项目实际发生的成本,包括土地的征用及拆迁补偿费、前期工程费、建筑安装工程费、基础设施费、公共配套设施费、开发间接费用等。

(3)房地产开发费用。房地产开发费用是指与房地产开发项目有关的销售费用、

管理费用、财务费用。在计算土地增值税时,房地产开发费用并不是按照纳税人实际发生额进行扣除的,应分别按以下两种情况扣除:

① 财务费用中的利息支出,凡能够按转让房地产项目计算分摊并提供金融机构证明的,允许据实扣除,但最高不能超过按商业银行同类同期贷款利率计算的金额。其他房地产开发费用,按"取得土地使用权所支付的金额和房地产开发成本"之和的5%以内计算扣除。计算扣除的具体比例,由各省、自治区、直辖市人民政府规定。计算公式为:

$$允许扣除的房地产开发费用=利息+(取得土地使用权所支付的金额+房地产开发成本)\times 5\%以内$$

【例7-7】 上海智信有限公司开发房地产取得土地使用权所支付的金额为1 000万元,房地产开发成本为5 000万元,向金融机构借入资金利息支出400万元(能提供贷款证明),其中超过按同类同期商业银行贷款利率计算的利息为100万元。已知该企业所在地的省政府规定房地产开发费用的扣除比例为5%。

要求:计算该企业在计算土地增值税时,可扣除的房地产开发费用。

解析:该企业可扣除的房地产开发费用为:

可扣除的房地产开发费用=(400-100)+(1 000+5 000)×5%=600(万元)

② 财务费用中的利息支出,凡不能按转让房地产项目计算分摊利息支出或不能提供金融机构证明的,房地产开发费用按"取得土地使用权所支付的金额和房地产开发成本"之和的10%以内计算扣除。计算扣除的具体比例,由各省、自治区、直辖市人民政府规定。计算公式为:

$$允许扣除的房地产开发费用=(取得土地使用权所支付的金额+房地产开发成本)\times 10\%以内$$

财政部、国家税务总局对扣除项目金额中利息支出的计算问题作了两点专门规定:一是利息的上浮幅度按国家的有关规定执行,超过上浮幅度的部分不允许扣除;二是对于超过贷款期限的利息部分和加罚的利息不允许扣除。

(4) 与转让房地产有关的税金。与转让房地产有关的税金是指在转让房地产时缴纳的城市维护建设税、印花税。因转让房地产缴纳的教育费附加,也可视同税金予以扣除。

(5) 财政部确定的其他扣除项目。对从事房地产开发的纳税人可按"取得土地使用权所支付的金额和房地产开发成本"之和,加计20%扣除。此条优惠只适用于从事房地产开发的纳税人"新建商品房"的销售,房地产开发的纳税人销售使用过的旧房和其他纳税人不适用加计扣除的规定。

2) 旧房及建筑物的扣除金额

(1) 按评估价格扣除。旧房及建筑物的评估价格是指在转让已使用的房屋及建筑物时,由政府批准设立的房地产评估机构评定的重置成本价乘以成新度折扣率后的价格。评估价格须经当地税务机关确认。

因此,转让旧房应按房屋及建筑物的评估价格、取得土地使用权所支付的地价款和按国家统一规定缴纳的有关费用,以及在转让环节缴纳的税金作为扣除项目金额计征土地增值税。对取得土地使用权时未支付地价款或不能提供已支付的地价款凭据的,在计征土地增值税时不允许扣除。

（2）按购房发票金额计算扣除。纳税人转让旧房及建筑物，凡不能取得评估价格，但能提供购房发票的，经当地税务部门确认，"取得土地使用权支付的地价款和房地产开发成本"两项的扣除项目金额，可按发票所载金额并从购买年度起至转让年度止每年加计5％计算。对于纳税人购房时缴纳的契税，凡能够提供契税完税凭证的，准予作为"与转让房地产有关的税金"予以扣除，但不作为加计5％的基数。

（五）土地增值税应纳税额的计算

1. 应纳税额计算公式

土地增值税按照纳税人转让房地产取得的增值额和规定的累进税率计算征收。计算公式为：

$$应纳税额 = \sum (每级距的增值额 \times 该级距适用税率)$$

由于分步计算比较烦琐，一般可以采用速算扣除法计算，即计算土地增值税税额，可按增值额乘以适用的税率减去扣除项目金额乘以速算扣除系数的简便方法计算。具体公式如下：

（1）增值额未超过扣除项目金额50％。

$$土地增值税应纳税额 = 增值额 \times 30\%$$

（2）增值额超过扣除项目金额50％，未超过100％。

$$土地增值税应纳税额 = 增值额 \times 40\% - 扣除项目金额 \times 5\%$$

（3）增值额超过扣除项目金额100％，未超过200％。

$$土地增值税应纳税额 = 增值额 \times 50\% - 扣除项目金额 \times 15\%$$

（4）增值额超过扣除项目金额200％。

$$土地增值税应纳税额 = 增值额 \times 60\% - 扣除项目金额 \times 35\%$$

2. 应纳税额计算步骤

根据上述公式，土地增值税应纳税额的计算步骤可以分为以下五步：

第一步，计算扣除项目金额。
第二步，计算增值额。

$$增值额 = 转让房地产取得的收入 - 扣除项目金额$$

第三步，计算增值率。

$$增值率 = 增值额 \div 扣除项目金额 \times 100\%$$

第四步，确定适用税率。按计算出的增值率，从土地增值税税率表中确定适用税率。
第五步，计算应纳税额。

【例7-8】 2024年上海智信有限公司利用库房空地进行住宅商品房开发，按照国家有关规定补交土地出让金2 840万元，缴纳相关税费160万元。住宅开发成本为2 800万元，其中含装修费用500万元；房地产开发费用中的利息支出为300万元（不能提供金融机构证明）。当年住宅全部销售完毕，取得不含增值税销售收入共计9 000万元;缴纳城市维护建设税和教育费附加 45 万元;缴纳印花税 4.5 万元。已知该公司所在省人民政府规定的房地产开发费用的计算扣除比例为 10%。

要求:计算该企业销售住宅应缴纳的土地增值税税额。

解析:非房地产开发企业缴纳的印花税允许作为税金扣除;非房地产开发企业不允许按照取得土地使用权所支付金额和房地产开发成本合计数的 20% 加计扣除。

(1) 住宅销售收入为 9 000 万元。

(2) 确定转让房地产的扣除项目金额包括:

① 取得土地使用权所支付的金额=2 840+160=3 000(万元)。

② 住宅开发成本为 2 800 万元。

③ 房地产开发费用=(3 000+2 800)×10%=580(万元)。

④ 与转让房地产有关的税金=45+4.5=49.5(万元)。

⑤ 转让房地产的扣除项目金额=2 840+160+2 800+(2 840+160+2 800)×10%+49.5=6 429.5(万元)。

(3) 转让房地产的增值额=9 000-6 429.5=2 570.5(万元)。

(4) 增值额与扣除项目金额的比率=2 570.5÷6 429.5≈39.98%。增值额与扣除项目金额的比率未超过 50%,适用税率为 30%。

(5) 应纳土地增值税税额=2 570.5×30%=771.15(万元)。

(六) 土地增值税收优惠

(1) 纳税人建造普通标准住宅出售,增值额未超过扣除项目金额 20% 的,予以免税;超过 20% 的,应按全部增值额缴纳土地增值税。

普通标准住宅是指按所在地一般民用住宅标准建造的居住用住宅。高级公寓、别墅、度假村等不属于普通标准住宅。普通标准住宅与其他住宅的具体划分界限,2005 年 5 月 31 日以前由各省、自治区、直辖市人民政府规定。自 2005 年 6 月 1 日起,普通标准住宅应同时满足:住宅小区建筑容积率在 1.0 以上;单套建筑面积在 120 平方米以下;实际成交价格低于同级别土地上住房平均交易价格 1.2 倍以下。各省、自治区、直辖市根据实际情况,制定本地区享受优惠政策普通住房具体标准。允许单套建筑面积和价格标准适当浮动,但向上浮动的比例不得超过上述标准的 20%。

对于纳税人既建普通标准住宅又进行其他房地产开发的,应分别核算增值额。不分别核算增值额或不能准确核算增值额的,其建造的普通标准住宅不能适用这一免税规定。

(2) 因国家建设需要依法征收、收回的房地产,免征土地增值税。

因国家建设需要依法征收、收回的房地产,是指因城市实施规划、国家建设的需要而被政府批准征收的房产或收回的土地使用权。因城市实施规划、国家建设的需要而搬迁,由纳税人自行转让原房地产的,免征土地增值税。

(3) 企事业单位、社会团体以及其他组织转让旧房作为公共租赁住房房源且增值额未超过扣除项目金额 20% 的,免征土地增值税。

(4) 自 2008 年 11 月 1 日起,对个人转让住房暂免征收土地增值税。

(5) 自 2024 年 12 月 1 日起,取消普通住宅和非普通住宅标准的城市,根据《中华人民共和国土地增值税暂行条例》第八条第一项,纳税人建造普通标准住宅出售,增值额未超过扣除项目金额 20% 的,继续免征土地增值税。

实战演练

【多选题】根据土地增值税法律制度的规定,下列情形中,可以免征土地增值税的有（　　）。

A. 国家机关转让自用房产
B. 个人转让住房
C. 房地产公司以不动产作价入股进行投资
D. 某商场因城市实施规划、国家建设的需要而自行转让原房产

（七）土地增值税征收管理

1. 纳税义务发生时间

根据《中华人民共和国土地增值税暂行条例》的规定,土地增值税纳税义务发生时间为房地产转让合同签订之日。

2. 纳税期限

土地增值税的纳税人应在转让房地产合同签订之日起的7日内,到房地产所在地主管税务机关办理纳税申报,同时向税务机关提交房屋及建筑物产权、土地使用权证书,土地使用权转让和房产买卖合同,房地产评估报告及其他与转让房地产有关的资料,然后在税务机关规定的期限内缴纳土地增值税。

纳税人因经常发生房地产转让行为而难以在每次转让后申报的,可按月或按季定期进行纳税申报,具体期限由主管税务机关确定。纳税人采取预售方式销售房地产的,对在项目全部竣工结算前转让房地产取得的收入,税务机关可以预征土地增值税。具体办法由各省、自治区、直辖市地方税务局根据当地情况制定。对纳税人预售房地产取得的收入,凡当地税务机关规定预征土地增值税的,纳税人应当到主管税务机关办理纳税申报,并按规定比例预缴,待办理完纳税清算后,多退少补。

3. 纳税地点

土地增值税的纳税人应向房地产所在地主管税务机关缴纳税款。房地产所在地是指房地产的坐落地。

具体分为以下两种情况：

（1）纳税人是法人的,当转让的房地产坐落地与其机构所在地或经营所在地一致时,则在办理税务登记的原管辖税务机关申报纳税即可;当转让的房地产坐落地与其机构所在地或经营所在地不一致时,则应在房地产坐落地所管辖的税务机关申报纳税。

（2）纳税人是自然人的,当转让的房地产坐落地与其居住所在地一致时,则在居住所在地税务机关申报纳税;当转让的房地产坐落地与其居住所在地不一致时,在办理过户手续所在地的税务机关申报纳税。

实战演练

【单选题】甲企业开发一项房地产项目,取得土地使用权支付的金额1 000万元,发生开发成本3 000万元,发生利息支出600万元。已知,甲企业发生的利息支出不能提供金融机构证明,省级政府确定的房地产开发费用的计算扣除比例为10%。

下列计算甲企业土地增值税时允许扣除的房地产开发费用的算式中,正确的是( )。
  A. 600＋(1 000＋3 000)×10％＝1 000(万元)
  B. (1 000＋3 000)×10％＝400(万元)
  C. 3 000×10％＝300(万元)
  D. (600＋1 000＋3 000)×10％＝460(万元)

任务二　认识财产税类

思维启发

财产税是对法人或自然人在某一时点占有或可支配财产课征的一类税收的统称。财产税的征税对象主要是财产,包括房屋、土地、物资、有价证券等经济资源。作为古老的税种,财产税曾经是奴隶社会和封建社会时期国家财政收入的最主要来源。我国现行税制中,具有财产税性质的税种主要包括:对财产拥有征收的房产税和车船税,以及对财产转移征收的契税。涉及财产税类的具体情况有哪些?我们一起来学习。

一、认识房产税

(一) 房产税征税范围

房产税是以房产为征税对象,按照房产的计税价值或房产租金收入向产权所有人征收的一种税,是财产税的一种。

房产税的征税范围为城市、县城、建制镇和工矿区的房屋。其中,城市是指国务院批准设立的市,其征税范围为市区、郊区和市辖县城,不包括农村;县城是指未设立建制镇的县人民政府所在地的地区;建制镇是指经省、自治区、直辖市人民政府批准设立的建制镇;工矿区是指工商业比较发达、人口比较集中,符合国务院规定的建制镇标准,但尚未设立建制镇的大中型工矿企业所在地。在工矿区开征房产税必须经省、自治区、直辖市人民政府批准。

(二) 房产税纳税人及纳税义务人

房产税的纳税人是指在我国城市、县城、建制镇和工矿区内拥有房屋产权的单位和个人。房产税的纳税义务人具体包括产权所有人、承典人、房产代管人或者使用人。

(1) 产权属于国家所有的,其经营管理的单位为纳税人。
(2) 产权属于集体和个人的,集体单位和个人为纳税人。
(3) 产权出典的,承典人为纳税人。

（4）产权所有人、承典人均不在房产所在地的，房产代管人或者使用人为纳税人。
（5）产权未确定及租典（租赁、出典）纠纷未解决的，房产代管人或者使用人为纳税人。
（6）纳税单位和个人无租使用其他单位的房产，由使用人代为缴纳房产税。

（三）房产税税率

我国现行房产税采用比例税率，按从价计征和从租计征实行不同标准的比例税率：
（1）从价计征的，税率为1.2%。
（2）从租计征的，税率为12%。

（四）房产税计税依据

房产税以房产的计税价值或租金收入为计税依据。按房产计税价值征税的，称为从价计征；按房产租金收入征税的，称为从租计征。

1. 从价计征房产税的计税依据

从价计征的房产税，以房产余值为计税依据。在确定房产余值时注意以下几个问题：

（1）房产余值是指依照房产原值扣除10%～30%后的余值。具体扣减比例由省、自治区、直辖市人民政府确定。

（2）房产原值是指纳税人按照会计制度规定，在账簿"固定资产"账户中记载的房屋原值。

（3）房屋附属设备和配套设施的计税规定。房产原值应包括与房屋不可分割的各种附属设备或一般不单独计算价值的配套设施。主要有：暖气、卫生、通风、照明、煤气等设备；各种管线，如蒸汽、压缩空气、石油、给排水等管道及电力、电信、电缆导线；电梯、升降机、过道、晒台等。

凡以房屋为载体，不可随意移动的附属设备和配套设施，如给排水、采暖、消防、中央空调、电气及智能化楼宇设备等，无论在会计核算中是否单独记账与核算，都应计入房产原值，计征房产税。

更换房屋附属设备和配套设施的，可扣减被更换设备和设施的价值；易损坏、需要经常更换的零配件，更新后不再计入房产原值。

（4）投资联营房产的计税规定。对以房产投资联营、投资者参与投资利润分红、共担风险的，按房产余值作为计税依据计缴房产税。对以房产投资收取固定收入、不承担经营风险的，实际上是以联营名义取得房屋租金，应以出租方取得的租金收入为计税依据计缴房产税。

（5）融资租赁房屋的计税规定。由于租赁费包括购进房屋的价款、手续费、借款利息等，与一般房屋出租的"租金"内涵不同，且租赁期满后，当承租方偿还最后一笔租赁费时，房屋产权要转移到承租方。这实际上是一种变相的分期付款购买固定资产的形式，所以在计征房产税时应以房产余值计算征收，由承租人自融资租赁合同约定开始日的次月起依照房产余值缴纳房产税。合同未约定开始日的，由承租人自合同签订的次月起依照房产余值缴纳房产税。

（6）居民住宅区内业主共有的经营性房产的计税规定。自2007年1月1日起，对居民住宅区内业主共有的经营性房产，由实际经营（包括自营和出租）的代管人或使用人缴纳房产税。其中：自营的依照房产原值减除10%～30%后的余值计征，没有房产原值或不能将业主共有房产与其他房产的原值准确划分开的，由房产所在地税务机关参照同类房产核定房产原值；出租房产的，按照租金收入计征。

2. 从租计征房产税的计税依据

房屋出租的，以房屋出租取得的租金收入（不含增值税）为计税依据，计征房产税。

租金收入是指房屋产权所有人出租房产使用权所取得的报酬，包括货币收入和实物收入。对以劳务或其他形式为报酬抵付房租收入的，应根据当地同类房产的租金水平，确定一个标准租金额从租计征。

（五）房产税应纳税额的计算

1. 从价计征房产税应纳税额的计算

从价计征是按房产的原值减除一定比例后的余值计征，其计算公式为：

$$从价计征的房产税应纳税额 = 应税房产原值 \times (1 - 扣除比例) \times 1.2\%$$

公式中，扣除比例幅度为 10%～30%，具体减除幅度由省、自治区、直辖市人民政府规定。

【例 7-9】 上海智信微电子制造有限公司一幢房产原值为 600 000 元，已知房产税税率为 1.2%，当地规定的房产税扣除比例为 30%，

要求：计算该房产年度应缴纳的房产税税额。

解析：应纳房产税税额 = 600 000 × (1 - 30%) × 1.2% = 5 040（元）

2. 从租计征房产税应纳税额的计算

从租计征是按房产的租金收入计征，其计算公式为：

$$从租计征的房产税应纳税额 = 租金收入 \times 12\%$$

企事业单位、社会团体及其他组织按照市场价格向个人出租用于居住的住房，减按 4%；个人出租住房不分用途减按 4%。

【例 7-10】 上海智信微电子制造有限公司出租房屋 3 间，年租金收入为 30 000 元，适用税率为 12%。

要求：计算该房产年度应纳房产税税额。

解析：应纳房产税税额 = 300 000 × 1.2% = 3 600（元）

（六）房产税税收优惠

房产税税收优惠如下：

（1）国家机关、人民团体、军队自用的房产免征房产税。

（2）由国家财政部门拨付事业经费（全额或差额）的单位（学校、医疗卫生单位、托儿所、幼儿园、敬老院以及文化、体育、艺术类单位）所有的、本身业务范围内使用的房产免征房产税。

（3）宗教寺庙、公园、名胜古迹自用的房产免征房产税。

（4）个人所有的非营业用房（主要是指居民住房，与面积无关）一律免征房产税。

（5）其他减免税的房产。

（七）房产税征收管理

1. 纳税义务发生时间

纳税人将原有房产用于生产经营，从生产经营之月起，缴纳房产税。

纳税人自行新建房屋用于生产经营，从建成之次月起，缴纳房产税。

纳税人委托施工企业建设的房屋,从办理验收手续之次月起,缴纳房产税。

纳税人购置新建商品房,自房屋交付使用之次月起,缴纳房产税。

纳税人购置存量房,自办理房屋权属转移、变更登记手续,房地产权属登记机关签发房屋权属证书之次月起,缴纳房产税。

纳税人出租、出借房产,自交付出租、出借本企业房产之次月起,缴纳房产税。

房地产开发企业自用、出租、出借本企业建造的商品房,自房屋使用或交付之次月起,缴纳房产税。

纳税人因房产的实物或权利状态发生变化而依法终止房产税纳税义务的,其应纳税款的计算截至房产的实物或权利状态发生变化的当月月末。

2. 纳税地点

房产税在房产所在地缴纳。房产不在同一地方的纳税人,应按房产的坐落地点分别向房产所在地的税务机关申报纳税。

3. 纳税期限

房产税实行按年计算、分期缴纳的征收方法,具体纳税期限由省、自治区、直辖市人民政府确定。

> **实战演练**
>
> 〖计算题〗某公司一幢房产原值为1 600万元,2024年6月对该房产进行扩建,2024年底扩建完毕并办理验收手续,增加房产原值400万元,已知房产税的原值扣除比例为30%,房产税税率为1.2%。
>
> 要求:计算该公司2025年的应纳房产税。
>
> _____
> _____
> _____
> _____

二、认识车船税

(一) 车船税征税范围

车船税是依照法律法规对在中华人民共和国境内的车辆和船舶,按照规定税目和税额计算征收的一种税。车船税的征税范围包括依法应当在车船登记管理部门登记的机动车辆和船舶和不需要在车船登记管理部门登记的在单位内部场所行驶或者作业的机动车辆和船舶。具体分为两类:

1. 车辆

车辆包括乘用车、商用车、挂车、其他车辆、摩托车。

乘用车为核定载客人数9人(含)以下的车辆;商用车包括客车和货车,其中客车为核定载客人数9人以上的车辆(包括电车),货车包括半挂牵引车、客货两用汽车、三轮汽车和低速载货汽车等;其他车辆包括专用作业车和轮式专用机械车等(不包括拖拉机)。

2. 船舶

船舶包括机动船舶、非机动船舶、拖船和游艇。

(二) 车船税纳税义务人

车船税的纳税义务人是指在中华人民共和国境内属于《中华人民共和国车船税法》（以下简称《车船税法》）所附"车船税税目税额表"规定的车辆、船舶（简称车船）的所有人或者管理人。

从事机动车第三者责任强制保险业务的保险机构为机动车车船税的扣缴义务人。

(三) 车船税的税目与税率

车船税采用定额幅度税率，即对各类车船分别规定一个最低到最高限度的年税额。

车辆的具体适用税额由省、自治区、直辖市人民政府依照《车船税法》所附"车船税税目税额表"规定的税额幅度和国务院的规定确定。船舶的具体适用税额由国务院在《车船税法》所附"车船税税目税额表"规定的税额幅度内确定。车船税税目税额见表7-4。

表7-4 车船税税目税额表

税目		计税单位	年基准税额（元）	备注
乘用车[按发动机气缸容量（排气量）分档]	1.0升（含）以下的	每辆	60～360	核定载客人数9人（含）以下
	1.0升以上至1.6升（含）的		300～540	
	1.6升以上至2.0升（含）的		360～660	
	2.0升以上至2.5升（含）的		660～1 200	
	2.5升以上至3.0升（含）的		1 200～2 400	
	3.0升以上至4.0升（含）的		2 400～3 600	
	4.0升以上的		3 600～5 400	
商用车	客车	每辆	480～1440	核定载客人数9人以上，包括电车
	货车	整备质量每吨	16～120	包括半挂牵引车、三轮汽车和低速载货汽车等
挂车	—	整备质量每吨	按货车税额的50%计算	—
其他车辆	专用作业车	整备质量每吨	16～120	不包括拖拉机
	轮式专用机械车		16～120	
摩托车	—	每辆	36～180	—
船舶	机动船舶	净吨位每吨	3～6	拖船、非机动驳船分别按机动船舶税额的50%计算
	游艇	艇身长度每米	600～2 000	—

(四)车船税计税依据

车船税以车船的计税单位数量为计税依据。《车船税法》按车船的种类和性能,分别确定每辆、整备质量每吨、净吨位每吨和艇身长度每米为计税单位。

1. 辆数

乘用车、商用客车和摩托车,以辆数为计税依据。

2. 整备质量吨位数

商用货车、挂车、专用作业车和轮式专用机械车,以整备质量吨位数为计税依据。

3. 净吨位数

机动船舶,以净吨位数为计税依据。

4. 艇身长度

游艇以艇身长度为计税依据。

(五)车船税应纳税额的计算

1. 车船税各税目应纳税额的计算

计算公式为:

乘用车、客车、摩托车的应纳税额=辆数×适用年基准税额

商用车(货车)、挂车、其他车辆的应纳税额=整备质量吨位数×适用年基准税额

挂车的应纳税额=整备质量吨位数×商用车(货车)年基准税额×50%

机动船舶的应纳税额=净吨位数×年基准税额

拖船、非机动驳船的应纳税额=净吨位数×适用年基准税额×50%

游艇的应纳税额=艇身长度米数×适用年基准税额

【例7-11】 某上海智信运输公司拥有并使用以下车辆:乘用车3辆,每辆年基准税额400元;商用客车10辆,每辆年基准税额880元;商用货车5辆,每辆车整备质量为12吨,整备质量每吨100元。

要求:计算该公司应缴纳车船税税额。

解析:该公司应缴纳车船税税额为:

乘用车应缴纳车船税税额=3×400=1 200(元)

商用客车应缴纳车船税税额=10×880=8 800(元)

商用货车应缴纳车船税税额=5×1 200=6 000(元)

应纳车船税税额合计=1 200+8 800+6 000=16 000(元)

2. 购置新车船应纳税额的计算

购置新车船,购置当年的应纳税额自纳税义务发生的当月起按月计算。应纳税额为年应纳税额除以12再乘以应纳税月份数。计算公式为:

应纳税额=适用年基准税额÷12×应纳税月份数

【例7-12】 张某于2024年4月12日购买一辆发动机气缸容量为1.6升的乘用车,已知适用年基准税额为480元。

要求:计算张某2024年应缴纳的车船税税额。

解析:购置新车船,购置当年的应纳税额自纳税义务发生的当月起按月计算。

张某2024年应缴纳的车船税税额=480×9÷12=360(元)

（六）车船税税收优惠

1. 免征车船税

（1）捕捞、养殖渔船，是指在渔业船舶登记管理部门登记为捕捞船或者养殖船的船舶。

（2）军队、武装警察部队专用的车船，是指按照规定在军队、武警车船管理部门登记，并领取军队、武警牌照的车船。

（3）警用车船，是指公安机关、国家安全机关、监狱、劳动教养管理机关（现为司法行政机关监狱和社区矫正部门）和人民法院、人民检察院领取警用牌照的车辆和执行警务的专用船舶。

（4）悬挂应急救援专用号牌的国家综合性消防救援车辆和国家综合性消防救援船舶。

（5）依照法律规定应当予以免税的外国驻华使领馆、国际组织驻华代表机构及其有关人员的车船。

2. 车船税其他税收优惠

（1）对使用新能源车船，免征车船税。免征车船税的使用新能源汽车是指纯电动商用车、插电式（含增程式）混合动力汽车、燃料电池商用车。纯电动乘用车和燃料电池乘用车不属于车船税征税范围，对其不征车船税。免征车船税的使用新能源汽车（不含纯电动乘用车和燃料电池乘用车），必须符合国家有关标准。

（2）对临时入境的外国车船和香港特别行政区、澳门特别行政区、台湾地区的车船，不征收车船税。

（3）对按照规定缴纳船舶吨税的机动船舶，自《车船税法》实施之日起5年内免征车船税。

（4）对依法不需要在车船登记管理部门登记的机场、港口、铁路站场内部行驶或者作业的车船，自《车船税法》实施之日起5年内免征车船税。

（5）对节约能源车船，减半征收车船税。

减半征收车船税的节约能源乘用车应同时符合以下标准：① 获得许可在中国境内销售的排量为1.6升以下（含1.6升）的燃用汽油、柴油的乘用车（含非插电式混合动力、双燃料和两用燃料乘用车）；② 综合工况燃料消耗量应符合标准。

（6）对受地震、洪涝等严重自然灾害影响纳税困难以及其他特殊原因确需减免税的车船，可以在一定期限内减征或者免征车船税。具体减免期限和数额由省、自治区、直辖市人民政府确定，报国务院备案。

（7）省、自治区、直辖市人民政府根据当地实际情况，可以对公共交通车船，农村居民拥有并主要在农村地区使用的摩托车、三轮汽车和低速载货汽车定期减征或者免征车船税。

（七）车船税征收管理

1. 纳税义务发生时间

车船税纳税义务发生时间为取得车船所有权或者管理权的当月，以购买车船的发票或者其他证明文件所载日期的当月为准。

2. 纳税地点

车船税的纳税地点为车船的登记地或者车船税扣缴义务人所在地。

扣缴义务人代收代缴车船税的，纳税地点为扣缴义务人所在地。

3. 纳税申报

车船税按年申报，分月计算，一次性缴纳。纳税年度为公历1月1日至12月31日。具体申报纳税期限由省、自治区、直辖市人民政府规定。

实战演练

〖单选题〗本年6月15日，甲公司新购置了2辆乘用车，已知乘用车发动机气缸容量（排气量）为1.8升，当地规定的车船税年基准税额为480元。下列计算甲公司本年应纳车船税的算式中，正确的是（   ）。

A. 2×480＝960(元)　　　　　B. 2×480÷12×(6+15÷30)＝520(元)
C. 2×480÷12×7＝560(元)　　D. 2×480÷12×6＝480(元)

三、认识契税

(一) 契税征税范围

契税是指国家在土地、房屋权属转移时，按照当事人双方签订的合同（契约），以及所确定价格的一定比例，向权属承受人征收的一种税。

契税以我国境内转移土地、房屋权属的行为作为征税对象。土地、房屋权属未发生转移的，不征收契税。土地、房屋权属是指土地使用权和房屋所有权。契税的征税范围具体包括：

1. 土地使用权出让

土地使用权出让是指土地使用者向国家交付土地使用权出让费用，国家将土地使用权在一定年限内让与土地使用者的行为，包括出让金等。

2. 土地使用权转让

土地使用权转让是指土地使用者将土地使用权转移给其他单位和个人的行为，包括出售、赠与和互换；不包括土地承包经营权和土地经营权的转移。

3. 房屋买卖

房屋买卖是指房屋所有者将其房屋出售，由承受者交付货币、实物、无形资产或者其他经济利益的行为。

4. 房屋赠与

房屋赠与是指房屋所有者将其房屋无偿转让给受赠者的行为。

5. 房屋互换

房屋互换是指房屋所有者之间相互交换房屋的行为。

6. 其他方式

以作价投资（入股）、偿还债务、划转、奖励等方式转移土地、房屋权属的，应当依照税法规定征收契税。对于这些转移土地、房屋权属的形式，可分别视同土地使用权转让、房屋买卖或者房屋赠与征收契税。

(二) 契税纳税人

契税的纳税人是指在我国境内"承受"土地、房屋权属转移的单位和个人。

契税由权属的承受人缴纳。"承受"是指以受让、购买、受赠、交换等方式取得土地、房屋权属的行为。

(三) 契税税率

契税采用比例税率,并实行3%~5%的幅度税率。具体税率由各省、自治区、直辖市人民政府在幅度税率规定范围内,按照本地区的实际情况确定。

(四) 契税计税依据

按照土地、房屋权属转移方式不同、定价方法不同,契税计税依据确定如下:

1. 成交价格

土地使用权出让、出售,房屋买卖,以成交价格作为计税依据。成交价格是指土地、房屋权属转移合同确定的价格,包括承受者应交付的货币、实物、无形资产或其他经济利益对应的价款。计征契税的成交价格不含增值税。

2. 核定价格

土地使用权赠与、房屋赠与以及其他没有价格的转移土地、房屋权属行为,由税务机关参照土地使用权出售、房屋买卖的市场价格依法核定的价格。

3. 互换价格差额

土地使用权互换、房屋互换,以所互换的土地使用权、房屋价格的差额为计税依据。土地使用权互换、房屋互换,互换价格相等的,互换双方计税依据为零;互换价格不相等的,以其差额为计税依据,由支付差额的一方缴纳契税。土地使用权与房屋所有权之间相互交换,也应按照上述办法确定计税依据。

4. 土地出让价款与成交价格

以划拨方式取得的土地使用权,经批准改为出让方式重新取得该土地使用权的,应由该土地使用权人以补缴的土地出让价款为计税依据缴纳契税。

先以划拨方式取得土地使用权,后经批准转让房地产,划拨土地性质改为出让的,承受方应分别以补缴的土地出让价款和房地产权属转移合同确定的成交价格为计税依据缴纳契税。

先以划拨方式取得土地使用权,后经批准转让房地产,划拨土地性质未发生改变的,承受方应以房地产权属转移合同确定的成交价格为计税依据缴纳契税。

(五) 契税应纳税额的计算

契税的应纳税额依照省、自治区、直辖市人民政府确定的适用税率和税法规定的计税依据计算征收。其计算公式为:

$$应纳税额 = 计税依据 \times 税率$$

【例7-13】 王某获得单位奖励的一套房屋。王某得到该房屋后又将其与李某的一套房屋进行交换。经房地产评估机构评估,王某获奖房屋价值30万元(不含税),李某房屋价值35万元(不含税)。两人协商后,王某实际向李某支付房屋交价格差额款5万元(不含税)。税务机关核定王某的房屋价值28万元。已知规定的契税税率为4%。

要求: 计算王某应缴纳的契税税额。

解析: 以获奖方式取得房屋权属的应视同房屋赠与征收契税,计税依据为税务机关参照市场价格核定的价格,即280 000元。房屋交换且互换价格不相等的,应由多支付货币的一方缴纳契税,计税依据为所互换的房屋价格的差额,即 50 000 元。因此,王某应就其获奖承受该房屋权属行为和房屋互换行为分别缴纳契税。

(1) 王某获奖承受房屋权属应缴纳的契税税额 = 280 000 × 4% = 11 200(元)

(2) 王某交换房屋行为应缴纳的契税税额 = 50 000 × 4% = 2 000(元)

(3) 王某实际应缴纳的契税税额 = 11 200 + 2 000 = 13 200(元)

(六) 契税税收优惠

有下列情形之一的,免征契税:

(1) 国家机关、事业单位、社会团体、军事单位承包土地、房屋权属用于办公、教学、医疗、科研、军事设施。

(2) 非营利性的学校、医疗机构、社会福利机构承包土地、房屋权属用于办公、教学、医疗、科研、养老、救助。

(3) 承受荒山、荒地、荒滩土地使用权用于农、林、牧、渔业生产。

(4) 婚姻关系存续期间夫妻之间变更土地、房屋权属。

(5) 法定继承人通过继承承受土地、房屋权属。

(6) 依照法律规定应当予以免税的外国驻华使馆、领事馆和国际组织驻华代表机构受土地、房屋权属。

(七) 契税征收管理

1. 纳税义务发生时间

契税的纳税义务发生时间是纳税人签订土地、房屋权属转移合同的当天,或者纳税人取得其他具有土地、房屋权属转移合同性质凭证的当天。

2. 纳税期限

纳税人应当在依法办理土地、房屋权属登记手续前申报缴纳契税。

3. 纳税地点

契税应向土地、房屋所在地的税务征收机关申报缴纳。

实战演练

【计算题】居民甲有两套住房,将一套出售给居民乙,成交价格为 200 000 元;将另一套两室住房与居民丙交换成两处一室住房,并支付给居民丙换房差价款 60 000 元。假定价款为不含税。

要求:计算甲、乙、丙相关行为应缴纳的契税税额(假定税率为 4%)。

【计算题】上海智信微电子制造有限公司 2024 年年初拥有一套位于市区的办公用房,面积为 1 000 平方米,房产原值总计为 3 000 万元(其中原值 400 万元的办公楼已经出租给某企业作为办公用房,租期为 10 年,2024 年继续出租,每年租金 50 万元)。该公司拥有一辆货车,整备质量每辆 11 吨;3 辆小轿车(1.6 升)。2024 年

6月1日,该公司从上海东方晶圆制造有限公司取得一项土地使用权,土地面积为1 000平方米,已支付土地使用权转让费1 200万元,并办理了相关手续。根据上述涉税事项,试分析上海智信微电子制造有限公司需要缴纳哪些财产税?

_____
_____
_____
_____

任务三　认识行为和目的税类

思维启发

行为和目的税类是国家为了对某些特定行为进行限制或开辟某些财源而课征的一类税收。其中,城市维护建设税是一种城市行为税,主要针对的是城市内的不动产所有者或者承租人的房产和土地,用以促进城市的建设和维护。印花税则是对房地产、股票、债券等文件所征收的税收,是一种单纯行为税,目的是鼓励市民减少不必要的文书流转,提高行政效率。本任务我们除了介绍城市维护建设税和印花税之外,还介绍了的其他行为和目的税,我们一起来看看还有哪些税种,分别对经济行为会产生哪些影响。

一、认识城市维护建设税、教育费附加和地方教育附加

7-1
动画视频
城市维护
建设税

(一) 城市维护建设税

1. 城市维护建设税征税范围

城市维护建设税是以纳税人依法实际缴纳的增值税、消费税税额为计税依据所征收的一种税,主要目的是筹集城镇设施建设和维护资金。

城市维护建设税的征收范围从地域上看分布很广,包括税法规定征收增值税、消费税的地区。

2. 城市维护建设税纳税义务人

在中华人民共和国境内缴纳增值税、消费税的单位和个人,为城市维护建设税的纳税人,应当依照《中华人民共和国城市维护建设税法》的规定缴纳城市维护建设税。单位是指各类企业(含外商投资企业、外国企业)、行政单位、事业单位、军事单位、社会团体及其他单位。个人是指个体工商户和其他个人(含外籍个人)。

3. 城市维护建设税税率

城市维护建设税实行差别比例税率,按照纳税人所在地区的不同,设置了3档比例税率,即:

(1) 纳税人所在地在市区的,税率为7%。

(2) 纳税人所在地在县城、镇的,税率为5%。

(3) 纳税人所在地不在市区、县城或者镇的,税率为1%。

纳税人所在地是指纳税人住所地或者与纳税人生产经营活动相关的其他地点,具体地点由省、自治区、直辖市确定。

4. 城市维护建设税计税依据

城市维护建设税的计税依据为纳税人实际缴纳的增值税、消费税税额。在计算计税依据时,应当按照规定扣除期末留抵退税退还的增值税税额。

5. 城市维护建设税应纳税额的计算

城市维护建设税的应纳税额按照纳税人实际缴纳的增值税、消费税税额乘以适用税率计算。其计算公式为:

$$应纳税额 = 纳税人实际缴纳的增值税、消费税税额 \times 适用税率$$

对实行增值税期末留抵退税的纳税人,允许其从城市维护建设税的计税依据中扣除退还的增值税税额。

【例7-14】 上海智信公司为国有企业,位于上海市城区,2024年9月应缴增值税90 000元,实际缴纳增值税80 000元;应缴消费税70 000元,实际缴纳消费税60 000元。已知适用的城市维护建设税税率为7%。

要求: 计算该公司当月应纳城市维护建设税税额。

解析: 根据城市维护建设税法律制度规定,城市维护建设税以纳税人实际缴纳的增值税、消费税税额为计税依据。

应纳城市维护建设税税额 = (80 000 + 60 000) × 7% = 140 000 × 7% = 9 800(元)

6. 城市维护建设税税收优惠

城市维护建设税属于增值税、消费税的一种附加税,原则上不单独规定税收减免条款。如果税法规定减免增值税、消费税,也就相应地减免了城市维护建设税。现行城市维护建设税的减免规定主要有:

(1) 对进口货物或者境外单位和个人向境内销售劳务、服务、无形资产缴纳的增值税、消费税税额,不征收城市维护建设税。

(2) 对出口货物、劳务和跨境销售服务、无形资产以及因优惠政策退还增值税、消费税的,不退还已缴纳的城市维护建设税。

(3) 对增值税、消费税实行先征后返、先征后退、即征即退办法的,除另有规定外,对随增值税、消费税附征的城市维护建设税,一律不予退(返)还。

(4) 根据国民经济和社会发展的需要,国务院对重大公共基础设施建设、特殊产业和群体以及重大突发事件应对等情形可以规定减征或者免征城市维护建设税,报全国人大常委会备案。

7. 城市维护建设税征收管理

1）纳税义务发生时间

城市维护建设税纳税义务发生时间与缴纳增值税、消费税的纳税义务发生时间一致，分别与增值税、消费税同时缴纳。

2）纳税地点

城市维护建设税纳税地点为实际缴纳增值税、消费税的地点。扣缴义务人应当向其机构所在地或者居住地的主管税务机关申报缴纳其扣缴的税款。有特殊情况的，按下列原则和办法确定纳税地点：

代扣代缴、代收代缴增值税、消费税的单位和个人，同时也是城市维护建设税的代扣代缴、代收代缴义务人，其纳税地点为代扣代收地。

流动经营等无固定纳税地点的单位和个人，应随同增值税、消费税在经营地纳税。

3）纳税期限

城市维护建设税的纳税期限与增值税、消费税的纳税期限一致。根据增值税法和消费税法规定，增值税、消费税的纳税期限分别为1日、3日、5日、10日、15日、1个月或者1个季度；纳税人的具体纳税期限，由税务机关根据纳税人应纳税额的大小分别核定；不能按照固定期限纳税的，可以按次纳税。

（二）教育费附加与地方教育附加

1. 教育费附加与地方教育附加纳税义务人

教育费附加与地方教育附加的征收范围为税法规定征收增值税、消费税的单位和个人。包括外商投资企业、外国企业及外籍个人。

2. 教育费附加与地方教育附加计征依据

教育费附加与地方教育附加以纳税人实际缴纳的增值税、消费税税额之和为计征依据。

3. 教育费附加与地方教育附加征收比率

按照1994年2月7日《国务院关于教育费附加征收问题的紧急通知》的规定，现行教育费附加征收比率为3%。根据《财政部关于统一地方教育附加政策有关问题的通知》的规定，现行地方教育附加征收比率为2%。

4. 教育费附加、地方教育附加计算与纳税

1）计算公式

应纳教育费附加＝实际缴纳增值税、消费税税额之和×征收比率(3%)

应纳地方教育附加＝实际缴纳增值税、消费税税额之和×征收比率(2%)

【例7-15】 上海智信公司为大型国有商场2023年12月应缴纳增值税260 000元，实际缴纳增值税200 000元；实际缴纳消费税100 000元。

要求：计算该商场当月应纳教育费附加、地方教育附加。

解析：教育费附加与地方教育附加以纳税人实际缴纳的增值税、消费税税额之和为计征依据。

应纳教育费附加＝(200 000＋100 000)×3%＝300 000×3%＝9 000(元)

应纳地方教育附加＝(200 000＋100 000)×2%＝300 000×2%＝6 000(元)

2）费用缴纳

教育费附加、地方教育附加分别与增值税、消费税税款同时缴纳。

5. 教育费附加与地方教育附加减免规定

教育费附加与地方教育附加的减免，原则上比照增值税、消费税的减免规定。如果税法规定增值税、消费税减免，则教育费附加与地方教育附加也就相应的减免。主要的减免规定有：

（1）对海关进口产品征收的增值税、消费税，不征收教育费附加与地方教育附加。

（2）对由于减免增值税、消费税而发生退税的，可同时退还已征收的教育费附加与地方教育附加。但对出口产品退还增值税、消费税的，不退还已征的教育费附加与地方教育附加。

另外，省、自治区、直辖市人民政府根据本地区实际情况，以及宏观调控需要，可以在50%的税额幅度内减征教育费附加。

> **实战演练**
>
> 【单选题】甲企业位于市区，本月增值税税额为60万元、消费税税额为20万元、房产税税额为10万元、契税税额为6万元。已知该企业适用的城市维护建设税税率为7%，教育费附加征收率为3%，该企业本月应纳城市维护建设税和教育费附加合计为（　　）万元。
>
> A. 6　　　　　B. 7　　　　　C. 8　　　　　D. 9

二、认识车辆购置税

（一）车辆购置税征税范围

车辆购置税是对在中国境内购置应税车辆的单位和个人征收的一种税。车辆购置税的征收范围包括汽车、有轨电车、汽车挂车、排气量超过150毫升的摩托车。

（二）车辆购置税纳税义务人

车辆购置税的纳税人是指在中华人民共和国境内购置汽车、有轨电车、汽车挂车、排气量超过150毫升的摩托车（以下统称应税车辆）的单位和个人。

（三）车辆购置税税率

车辆购置税采用比例税率，税率为10%。

（四）车辆购置税计税依据

车辆购置税的计税依据为应税车辆的计税价格。计税价格根据不同情况，按照下列规定确定：

1. 购买自用应税车辆的计税价格

纳税人购买自用应税车辆的计税价格为纳税人实际支付给销售者的全部价款，不包括增值税税款。

2. 进口自用应税车辆的计税价格

纳税人进口自用应税车辆的计税价格为关税计税价格加上关税和消费税。计算公式为：

$$计税价格＝关税计税价格＋关税＋消费税$$

3. 自产自用应税车辆的计税价格

纳税人自产自用应税车辆的计税价格按照纳税人生产的同类应税车辆的销售价格确定,不包括增值税税款;没有同类应税车辆销售价格的,按照组成计税价格确定,计算公式为:

$$组成计税价格＝成本\times(1＋成本利润率)$$

属于应征消费税的应税车辆,其组成计税价格中包括消费税税额。

4. 以其他方式取得自用应税车辆的计税价格

纳税人以受赠、获奖或者其他方式取得自用应税车辆的计税价格,按照购置应税车辆时相关凭证载明的价格确定,不包括增值税税款。

5. 核定应税车辆计税价格

纳税人申报的应税车辆计税价格明显偏低,又无正当理由的,由税务机关依照《税收征收管理法》的规定核定其应纳税额。

纳税人以外汇结算应税车辆价款的,按照申报纳税之日的人民币汇率中间价折合成人民币计算缴纳税款。

(五)车辆购置税应纳税额的计算

车辆购置税实行从价定率的方法计算应纳税额。计算公式如下

$$应纳税额＝计税依据\times税率$$

【例7-16】 张某2024年12月从某汽车销售有限公司购买一辆越野车供自己使用,支付价款727 800元,取得机动车销售统一发票注明的不含税价为644 070.80元,增值税税额为83 729.20元。车辆购置税税率为10％。

要求: 计算张某应纳车辆购置税税额。

解析: 应纳车辆购置税＝644 070.80×10％＝64 407.08(元)

(六)车辆购置税税收优惠

下列车辆免征车辆购置税:

(1)依照法律规定应当予以免税的外国驻华使馆、领事馆和国际组织驻华机构及其有关人员自用的车辆。

(2)中国人民解放军和中国人民武装警察部队列入装备订货计划的车辆。

(3)悬挂应急救援专用号牌的国家综合性消防救援车辆。

(4)设有固定装置的非运输专用作业车辆。

(5)城市公交企业购置的公共汽电车辆。

根据国民经济和社会发展的需要,国务院可以规定减征或者其他免征车辆购置税的情形,报全国人大常委会备案。

对购置日期在2024年1月1日至2025年12月31日期间的新能源汽车免征车辆购置税,其中,每辆新能源乘用车免税额不超过3万元;对购置日期在2026年1月1日至2027年12月31日期间的新能源汽车减半征收车辆购置税,其中,每辆新能源乘用车减税额不超过1.5万元。

（七）车辆购置税征收管理

1. 纳税申报

车辆购置税实行一次性征收。购置已征车辆购置税的车辆，不再征收车辆购置税。车辆购置税由税务机关负责征收。车辆购置税的纳税义务发生时间为纳税人购置应税车辆的当日。纳税人应当自纳税义务发生之日起60日内申报缴纳车辆购置税。

2. 纳税环节

纳税人应当在向公安机关交通管理部门办理车辆注册登记前，缴纳车辆购置税。纳税人应当持主管税务机关出具的完税证明或者免税证明，向公安机关车辆管理机构办理车辆登记注册手续；没有完税证明或者免税证明的，公安机关车辆管理机构不得办理车辆登记注册手续。

公安机关交通管理部门办理车辆注册登记，应当根据税务机关提供的应税车辆完税或者免税电子信息对纳税人申请登记的车辆信息进行核对，核对无误后依法办理车辆注册登记。

免税、减税车辆因转让、改变用途等原因不再属于免税、减税范围的，纳税人应当在办理车辆转移登记或者变更登记前缴纳车辆购置税。计税价格以免税、减税车辆初次办理纳税申报时确定的计税价格为基准，每满1年扣减10%。

纳税人将已征车辆购置税的车辆退回车辆生产企业或者销售企业的，可以向主管税务机关申请退还车辆购置税。退税额以已缴税款为基准，自缴纳税款之日至申请退税之日，每满1年扣减10%。

3. 纳税地点

纳税人购置应税车辆，应当向车辆登记地的主管税务机关申报缴纳车辆购置税；购置不需要办理车辆登记的应税车辆的，应当向纳税人所在地的主管税务机关申报缴纳车辆购置税。

> **实战演练**
>
> 〖计算题〗某公司2024年8月从国外进口一辆小轿车自用。该小轿车的关税计税价格为25万元，适用的关税税率为25%、消费税税率为5%，同时，该公司还在国内某汽车厂购入24座大客车一辆，支付的购买价款为13.92万元，另支付价外费用0.58万元。
>
> 要求：计算该公司应纳车辆购置税。

三、认识船舶吨税

（一）征税范围

船舶吨税是为了补偿船舶使用港口设施和助航服务（如灯塔、航标等）所产生的费用,一些国家也将这种税称为"灯塔税"。不仅包括外国籍船舶,还包括外商租用的中国籍船舶、中外合营企业使用的中国籍船舶,以及中国租用航行国外兼营沿海贸易的外国籍船舶征收船舶吨税。船舶吨税由海关负责征收,但在未设海关的港口行驶的船舶,则由当地税务局代为征收。

(二) 税率

船舶吨税以应税船舶的负责人为纳税人,其税率设置情况如下:

(1) 不同的吨位段设有不同的税率,见表7-5。

表7-5 船舶吨税税目税率表

税目 (净吨位)	税率(元/吨)						说明
	普通税率(元/吨)			优惠税率(元/吨)			
	1年	90日	30日	1年	90日	30日	
不超过2 000吨	12.6	4.2	2.1	9.0	3.0	1.5	拖船和非机动驳船分别按相同净吨位船舶税率的50%计征税款
超过2 000吨,但不超过10 000吨	24.0	8.0	4.0	17.4	5.8	2.9	
超过10 000吨,但不超过50 000吨	27.6	9.2	4.6	19.8	6.6	3.3	
超过50 000吨	31.8	10.6	5.3	22.8	7.6	3.8	

(2) 设有优惠税率和普通税率。例如,中国籍的应税船舶或与中华人民共和国签订有相互给予船舶税费最惠国待遇条款的条约或协定的船籍国的应税船舶,适用优惠税率;其他应税船舶则适用普通税率。

(3) 特定的免税规定。例如,应纳税额在人民币50元以下的船舶,初次进口到港的空载船舶,非机动船舶(不包括非机动驳船)、捕捞、养殖渔船等都可以免征吨税。

(三) 应纳税额的计算

(1) 以船舶净吨位为计税依据(定额税率)。

(2) 拖船和非机动驳船分别按相同净吨位船舶税率的50%计征。

(3) 无法提供净吨位证明文件的游艇,按照发动机功率每千瓦折合净吨位0.05吨。

(四) 税收优惠

1. 直接优惠

(1) 应纳税额在人民币50元以下的船舶。

(2) 自境外以购买、受赠、继承等方式取得船舶所有权的初次进口到港的空载船舶。

(3) 吨税执照期满后24小时内不上下客货的船舶。

(4) 非机动船舶(不包括非机动驳船)。

(5) 捕捞、养殖渔船。

(6) 避难、防疫隔离、修理、终止运营或者拆解,并不上下客货的船舶。

(7) 军队、武装警察部队专用或者征用的船舶。

(8) 警用船舶。

(9) 依照法律规定应当予以免税的外国驻华使领馆、国际组织驻华代表机构及其有关人员的船舶。

(10) 国务院规定的其他船舶。本条免税规定,由国务院报全国人民代表大会常务委员会备案。

2. 延期优惠

(1) 避难、防疫隔离、修理,并不上下客货。

(2) 军队、武装警察部队征用。

(五) 征收管理

进入港口当日由海关负责征收,具体如下:

(1) 应税船舶负责人应当自海关填发吨税缴款凭证之日起 15 日内向指定银行缴清税款。

(2) 未按期缴清税款的,自滞纳税款之日起,按日加收滞纳税款 0.5‰的滞纳金。

(3) 应税船舶在吨税执照期限内,因修理导致净吨位变化的,吨税执照继续有效。

(4) 海关发现少征或者漏征税款的,应当自应税船舶应当缴纳税款之日起一年内,补征税款。

(5) 海关发现多征税款的,应当在二十四小时内通知应税船舶办理退还手续,并加算银行同期活期存款利息。应税船舶发现多缴税款的,可以自缴纳税款之日起三年内以书面形式要求海关退还多缴的税款并加算银行同期活期存款利息。

 实战演练

【多选题】下列船舶中,免征船舶吨税的有( )。
A. 养殖渔船　　　　　　　　　B. 非机动驳船
C. 军队征用的船舶　　　　　　D. 应纳税额为人民币 100 元的船舶

四、认识烟叶税

(一) 烟叶税纳税义务人

烟叶税的纳税义务人为在中华人民共和国境内收购烟叶的单位。

(二) 烟叶税征税范围

烟叶税的征税范围包括晾晒烟叶、烤烟叶。

(三) 烟叶税税率

烟叶税实行比例税率,税率为 20%。

(四) 烟叶税应纳税额的计算

烟叶税的应纳税额按照纳税人收购烟叶实际支付的价款总额乘以税率计算,计算公式为:

$$应纳税额 = 实际支付价款 \times 税率$$

实际支付的价款总额包括纳税人支付给烟叶生产销售单位和个人的烟叶收购价款

和价外补贴。其中,价外补贴统一按烟叶收购价款的 10% 计算。计算公式为:

$$实际支付价款＝收购价款×(1＋10\%)$$

【例 7-17】 上海智信烟草公司系增值税一般纳税人,向烟农收购烟叶 200 000 千克,烟叶收购价格为每千克 10 元,总计 2 000 000 元。

要求:计算该烟草公司收购烟叶应缴纳的烟叶税。

解析:应缴纳烟叶税＝2 000 000×(1＋10%)×20%＝440 000(元)

(五) 烟叶税征收管理

1) 纳税义务发生时间

烟叶税纳税义务发生的时间为纳税人收购烟叶的当日。收购烟叶的当日是指纳税人向烟叶销售者支付收购烟叶款项或者开具收购烟叶凭据的当日。

2) 纳税地点

纳税人收购烟叶,应当向烟叶收购地的主管税务机关申报缴纳烟叶税。

3) 纳税期限

烟叶税按月计征,纳税义务发生月终了之日起 15 日内申报并缴纳税款。

实战演练

〖多选题〗关于烟叶税的说法,正确的有(　　)。

A. 税率为 20%
B. 纳税人为烟叶销售方
C. 征税对象为烤烟叶、晾晒烟叶
D. 纳税义务发生月终了之日起 5 日内缴税税款

〖单选题〗根据现行烟叶税法规定,下列说法正确的是(　　)。

A. 烟叶税实行定额税率
B. 烟叶税的纳税人是收购烟叶的单位
C. 烟叶税的纳税人是销售烟叶的单位
D. 烟叶税的纳税地点为烟叶销售地

五、认识印花税

(一) 印花税征税范围

印花税是对中华人民共和国境内书立应税凭证、进行证券交易的单位和个人征收的一种税。纳税人主要是通过在应税凭证上粘贴印花税票来完成纳税义务,故名印花税。

现行印花税采取正列举形式,只对法律规定中列举的凭证征收,没有列举的凭证不征税。列举的凭证分为四类,即合同、产权转移书据、营业账簿和证券交易。

1. 合同

合同是指平等主体的自然人、法人、其他组织之间设立、变更、终止民事权利义务关系的协议。印花税税目中的合同按照《中华人民共和国民法典》的规定进行分类,在税目税率表中列举了如下 11 大类合同。

(1) 买卖合同。买卖合同包括供应、预购、采购、购销结合及协作、调剂、补偿、易货

7-2
动画视频
神奇的印花税

等合同;还包括各出版单位与发行单位(不包括订阅单位和个人)之间订立的图书、报刊、音像征订凭证。对纳税人以电子形式签订的各类应税凭证按规定征收印花税。发电厂与电网之间、电网与电网之间书立的购售电合同,应当按买卖合同税目缴纳印花税。

(2)借款合同。借款合同包括银行及其他金融组织和借款人(不包括银行同业拆借)所签订的借款合同。

(3)融资租赁合同。融资租赁合同是指出租人根据承租人对出卖人、租赁物的选择,向出卖人购买租赁物,提供给承租人使用,承租人支付租金的合同。

(4)租赁合同。租赁合同包括租赁房屋、船舶、飞机、机动车辆、机械、器具、设备等合同;还包括企业、个人出租门店、柜台等所签订的合同,但不包括企业与主管部门签订的租赁承包合同。

(5)承揽合同。承揽合同包括加工、定做、修缮、修理、印刷、广告、测绘、测试等合同。

(6)建设工程合同。建设工程合同包括勘察、设计、建筑、安装工程合同的总包合同、分包合同和转包合同。

(7)运输合同。运输合同包括民用航空运输、铁路运输、海上运输、内河运输、公路运输和联运合同。

(8)技术合同。技术合同是指技术开发、转让、咨询、服务等合同,包括专利申请转让、非专利技术转让所书立的合同,但不包括专利权转让、专利实施许可所书立的合同。后者适用于"产权转移书据"。技术咨询合同是合同当事人就有关项目的分析、论证、评价、预测和调查订立的技术合同,而一般的法律、会计、审计等方面的咨询不属于技术咨询,其所立合同不贴印花。技术服务合同的征税范围包括技术服务合同、技术培训合同和技术中介合同。

(9)保管合同。保管合同是指保管合同或作为合同使用的仓单、栈单(入库单)。对某些使用不规范的凭证不便计税的,可就其结算单据作为计税贴花的凭证。

(10)仓储合同。仓储合同是保管人储存存货人交付的仓储物,存货人支付仓储费的合同。

(11)财产保险合同。财产保险合同包括财产、责任、保证、信用等保险合同。

2. 产权转移书据

产权转移书据是在产权的买卖、交换、继承、赠与、分割等产权主体变更过程中,由产权出让人与受让人之间所订立的民事法律文书。

产权转移书据包括土地使用权出让书据,土地使用权、房屋等建筑物和构筑物所有权转让书据(不包括土地承包经营权和土地经营权转移)、股权转让书据(不包括应缴纳证券交易印花税的)以及商标专用权、著作权、专利权、专有技术使用权转让书据。

3. 营业账簿

印花税税目中的营业账簿归属于财务会计账簿,是按照财务会计制度的要求设置的、反映生产经营活动的账册。按照营业账簿反映的内容不同,在税目中分为记载资金的营业账簿和其他营业账簿两类,对记载资金的营业账簿征收印花税,对其他营业账簿不征收印花税。

记载资金的营业账簿是反映生产经营单位实收资本和资本公积金额增减变化的账簿。其他营业账簿,是反映除资金资产以外的其他生产经营活动内容的账簿,归属于财务会计体系的其他生产经营用账册。

4. 证券交易

证券交易是指转让在依法设立的证券交易所、国务院批准的其他全国性证券交易场所交易的股票和以股票为基础的存托凭证。

 实战演练

〖单选题〗下列合同中,不属于印花税征税范围的是(　　)。
A. 再保险合同　　B. 财产保险合同　　C. 租赁合同　　D. 融资租赁合同

(二) 印花税纳税义务人

1. 印花税纳税人

订立、领受在中华人民共和国境内具有法律效力的应税凭证或在中华人民共和国境内进行证券交易的单位和个人,为印花税的纳税人。主要包括立合同人、立账簿人、立据人、领受人和使用人。

(1) 立合同人。立合同人是指合同的当事人,即对凭证有直接权利义务关系的单位和个人,但不包括合同的担保人、证人、鉴定人。当事人的代理人有代理纳税义务。

(2) 立账簿人。立账簿人是指开立并使用营业账簿的单位和个人。

(3) 立据人。立据人是指书立产权转移书据的单位和个人。

(4) 使用人。使用人是指在国外书立、领受,但在国内使用应税凭证的单位和个人。

2. 印花税扣缴义务人

纳税人为境外单位或个人,在境内有代理人的,以其境内代理人为扣缴义务人。

(三) 印花税税率

印花税的税目、税率,依照以下印花税税目税率表执行。印花税税目税率见表7-6。

表7-6　印花税税目税率表

税目		税率	备注
合同	借款合同	借款金额的万分之零点五	指银行业金融机构、经国务院银行业监督管理机构批准设立的其他金融机构与借款人(不包括银行同业拆借)的借款合同
	融资租赁合同	租金的万分之零点五	
	买卖合同	价款的万分之三	指动产买卖合同(不包括个人书立的动产买卖合同)
	承揽合同	报酬的万分之三	

续 表

税目		税率	备注
合同	建设工程合同	价款的万分之三	
	运输合同	运输费用的万分之三	指货运合同和多式联运合同（不包括管道运输合同）
	技术合同	价款、报酬或者使用费的万分之三	不包括专利权、专有技术使用权转让书据
	租赁合同	租金的千分之一	
	保管合同	保管费的千分之一	
	仓储合同	仓储费的千分之一	
	财产保险合同	保险费的千分之一	不包括再保险合同
产权转移书据	土地使用权出让书据	价款的万分之五	转让包括买卖（出售）、继承、赠与、互换、分割
	土地使用权、房屋等建筑物和构筑物所有权转让书据（不包括土地承包经营权和土地经营权转移）	价款的万分之五	
	股权转让书据（不包括应缴纳证券交易印花税的）	价款的万分之五	
	商标专用权、著作权、专利权、专有技术使用权转让书据	价款的万分之三	
营业账簿		实收资本（股本）、资本公积合计金额的万分之二点五	
证券交易		成交金额的千分之一	

（四）印花税计税依据

1. 应税合同的计税依据

应税合同的计税依据为合同所列的金额，不包括列明的增值税税款；合同中价款或者报酬与增值税税款未分开列明的，按照合计金额确定。具体包括买卖合同和建设工程合同中的支付价款、承揽合同中的支付报酬、租赁合同和融资租赁合同中的租金、运输合同中的运输费用、保管合同中的保管费、仓储合同中的仓储费、借款合同中的借款金额、财产保险合同中的保险费以及技术合同中的支付价款、报酬或者使用费等。

2. 应税产权转移书据的计税依据

应税产权转移书据的计税依据为产权转移书据所列的金额，不包括列明的增值税税款；产权转移书据中价款与增值税税款未分开列明的，按照合计金额确定。

3. 应税营业账簿的计税依据

应税营业账簿的计税依据为账簿记载的实收资本（股本）、资本公积合计金额。

4. 证券交易的计税依据

证券交易的计税依据为成交金额。以非集中交易方式转让证券时无转让价格的，按照办理过户登记手续前一个交易日收盘价计算确定计税依据；办理过户登记手续前一个交易日无收盘价的，按照证券面值计算确定计税依据。

5. 未列明金额时的计税依据

应税合同、产权转移书据未列明金额的，印花税的计税依据按照实际结算的金额确定。计税依据按照上述规定仍不能确定的，按照书立合同、产权转移书据时的市场价格确定；依法应当执行政府定价或者政府指导价的，按照国家有关规定确定。

（五）印花税应纳税额的计算

印花税的应纳税额按照计税依据乘以适用税率计算，具体计算公式如下：

1. 应税合同的应纳税额计算公式为：

$$应纳税额 = 价款或者报酬 \times 适用税率$$

2. 应税产权转移书据的应纳税额计算公式为

$$应纳税额 = 价款 \times 适用税率$$

3. 应税营业账簿的应纳税额计算公式为：

$$应纳税额 = 实收资本（股本）、资本公积合计金额 \times 适用税率$$

4. 证券交易的应纳税额计算公式为：

$$应纳税额 = 成交金额或者依法确定的计税依据 \times 适用税率$$

【例 7-18】 上海第八电厂与上海智能运输公司签订了两份运输保管合同：第一份合同载明的金额合计为 50 万元（运费和保管费并未分别记载）；第二份合同中注明运费为 30 万元、保管费为 10 万元。

要求： 分别计算该电厂第一份、第二份合同应缴纳的印花税税额。

解析：（1）第一份合同应缴纳印花税税额 = 500 000 × 1‰ = 500（元）

（2）第二份合同应缴纳印花税税额 = 300 000 × 0.3‰ + 100 000 × 1‰
= 190（元）

（六）印花税税收优惠

下列凭证免征印花税：

（1）应税凭证的副本或者抄本。

（2）依照法律规定应当予以免税的外国驻华使馆、领事馆和国际组织驻华代表机构为获得馆舍书立的应税凭证。

（3）中国人民解放军、中国人民武装警察部队书立的应税凭证。

（4）农民、家庭农场、农民专业合作社、农村集体经济组织、村民委员会购买农业生产资料或者销售农产品书立的买卖合同和农业保险合同。

（5）无息或者贴息借款合同、国际金融组织向中国提供优惠贷款书立的借款合同。

（6）财产所有权人将财产赠与政府、学校、社会福利机构、慈善组织书立的产权转移书据。

(7) 非营利性医疗卫生机构采购药品或者卫生材料书立的买卖合同。

(8) 个人与电子商务经营者订立的电子订单。

为活跃资本市场、提振投资者信心,自 2023 年 8 月 28 日起,证券交易印花税实施减半征收。

(七) 印花税征收管理

1. 纳税义务发生时间

印花税的纳税义务发生时间为纳税人书立应税凭证或者完成证券交易的当日。

2. 纳税地点

纳税人为单位的,应当向其机构所在地的主管税务机关申报缴纳印花税;纳税人为个人的,应当向应税凭证书立地或者纳税人居住地的主管税务机关申报缴纳印花税。

不动产产权发生转移的,纳税人应当向不动产所在地的主管税务机关申报缴纳印花税。

3. 纳税期限

印花税按季、按年或者按次计征。实行按季、按年计征的,纳税人应当自季度、年度终了之日起 15 日内申报缴纳税款;实行按次计征的,纳税人应当自纳税义务发生之日起 15 日内申报缴纳税款。

证券交易印花税按周解缴。证券交易印花税扣缴义务人应当自每周终了之日起 5 日内申报解缴税款以及银行结算的利息。

4. 缴纳方式

印花税可以采用粘贴印花税票或者由税务机关依法开具其他完税凭证的方式缴纳。印花税票由国务院税务主管部门监制,印花税票粘贴在应税凭证上的,由纳税人在每枚税票的骑缝处盖戳注销或者画销。

实战演练

〖计算题〗本年 5 月,甲公司与乙公司签订一份加工承揽合同,合同载明由甲公司提供原材料 300 万元,支付乙公司加工费 50 万元;甲公司与丙公司签订了一份财产保险合同,保险金额为 1 200 万元,支付保险费 5 万元。已知加工承揽合同印花税税率为 3‰,财产保险合同印花税税率为 1‰。

要求:计算甲公司签订上述两份合同的应纳印花税。

六、认识环境保护税

(一) 环境保护税征税范围

环境保护税是为了保护和改善环境,减少污染物排放,推进生态文明建设而征收的一种税。环境保护税的征税范围是《中华人民共和国环境保护税法》所附《环境保护税税目税额表》《应税污染物和当量值表》规定的大气污染物、水污染物、固体废物和噪声。依法设立的城乡污水集中处理、生活垃圾集中处理场所超过国家和地方规定的排放标准向环境排放应税污染物的，应当缴纳环境保护税。企业事业单位和其他生产经营者储存或者处置固体废物不符合国家和地方环境保护标准的，应当缴纳环境保护税。

（二）环境保护税纳税义务人

环境保护税的纳税人为在中华人民共和国领域和中华人民共和国管辖的其他海域，直接向环境排放应税污染物的企业事业单位和其他生产经营者。

（三）环境保护税税率

环境保护税税目税率见表7-7。

表7-7 环境保护税税目税率表

税目		计税单位	税额	备注
大气污染物		每污染当量	1.2元至12元	
水污染物		每污染当量	1.4元至14元	
固体废物	煤矸石	每吨	5元	
	尾矿	每吨	15元	
	危险废物	每吨	1 000元	
	冶炼渣、粉煤灰、炉渣、其他固体废物（含半固态、液态废物）	每吨	25元	
噪声	工业噪声	超标1~3分贝	每月350元	（1）一个单位边界上有多处噪声超标，根据最高一处超标声级计算应纳税额；当沿边界长度超过100米有两处以上噪声超标，按照两个单位计算应纳税额。（2）一个单位有不同地点作业场所的，应当分别计算应纳税额，合并计征。（3）昼、夜均超标的环境噪声，昼、夜分别计算应纳税额，累计计征。（4）声源一个月内超标不足15天的，减半计算应纳税额。（5）夜间频繁突发和夜间偶然突发厂界超标噪声，按等效声级和峰值噪声两种指标中超标分贝值高的一项计算应纳税额。
		超标4~6分贝	每月700元	
		超标7~9分贝	每月1 400元	
		超标10~12分贝	每月2 800元	
		超标13~15分贝	每月5 600元	
		超标16分贝以上	每月11 200元	

(四) 环境保护税计税依据

应税污染物的计税依据,按照下列方法确定:
(1) 应税大气污染物按照污染物排放量折合的污染当量数确定。
(2) 应税水污染物按照污染物排放量折合的污染当量数确定。
(3) 应税固体废物按照固体废物的排放量确定。
(4) 应税噪声按照超过国家规定标准的分贝数确定。

(五) 环境保护税应纳税额的计算

1. 环境保护税应纳税额的计算公式

环境保护税应纳税额按照下列方法计算:

> 应税大气污染物的应纳税额＝污染当量数×具体适用税额
> 应税水污染物的应纳税额＝污染当量数×具体适用税额
> 应税固体废物的应纳税额＝固体废物排放量×具体适用税额
> 应税噪声的应纳税额＝超过国家规定标准的分贝数对应的具体适用税额

2. 排放量和噪声分贝数的计算

应税大气污染物、水污染物、固体废物的排放量和噪声的分贝数,按照下列方法和顺序计算:
(1) 纳税人安装使用符合国家规定和监测规范的污染物自动监测设备的,按照污染物自动监测数据计算。
(2) 纳税人未安装使用污染物自动监测设备的,按照监测机构出具的符合国家有关规定和监测规范的监测数据计算。
(3) 因排放污染物种类多等原因不具备监测条件的,按照国务院生态环境主管部门规定的排污系数、物料衡算方法计算。
(4) 不能按上述第(1)项至第(3)项规定的方法计算的,按照省、自治区、直辖市人民政府生态环境主管部门规定的抽样测算的方法核定计算。

(六) 环境保护税税收优惠

1. 暂予免征环境保护税的情形

下列情形中,暂予免征环境保护税:
(1) 农业生产(不包括规模化养殖)排放应税污染物的。
(2) 机动车、铁路机车、非道路移动机械、船舶和航空器等流动污染源排放应税污染物的。
(3) 依法设立的城乡污水集中处理、生活垃圾集中处理场所排放相应应税污染物,不超过国家和地方规定的排放标准的。
(4) 纳税人综合利用的固体废物,符合国家和地方环境保护标准的。
(5) 国务院批准免税的其他情形。

2. 减征环境保护税的情形

纳税人排放应税大气污染物或者水污染物的浓度值低于国家和地方规定的污染物排放标准30%的,减按75%征收环境保护税。

纳税人排放应税大气污染物或者水污染物的浓度值低于国家和地方规定的污染物

排放标准50%的,减按50%征收环境保护税。

(七)环境保护税征收管理

1. 征收机关

环境保护税由税务机关依照《税收征收管理法》和《环境保护税法》的有关规定征收管理。

生态环境主管部门应当将排污单位的排污许可、污染物排放数据、环境违法和受行政处罚情况等环境保护相关信息,定期交送税务机关。税务机关应当将纳税人的纳税申报、税款入库、减免税额、欠缴税款以及风险疑点等环境保护税涉税信息,定期交送生态环境主管部门。

2. 纳税义务发生时间与纳税地点

环境保护税纳税义务发生时间为纳税人排放应税污染物的当日。纳税人应当向应税污染物排放地的税务机关申报缴纳环境保护税。

3. 纳税申报

环境保护税按月计算,按季申报缴纳。不能按固定期限计算缴纳的,可以按次申报缴纳。纳税人按季申报缴纳的,应当自季度终了之日起15日内,向税务机关办理纳税申报并缴纳税款。纳税人按次申报缴纳的,应当自纳税义务发生之日起15日内,向税务机关办理纳税申报并缴纳税款。

 **实战演练**

【计算题】甲公司通过安装水流量计测得本年1月排放污水量为50吨,污染当量值为0.5吨。假设当地水污染物适用环境保护税税额为每污染当量6元。

要求:计算甲公司本年1月的应纳环境保护税。

___

___

___

项目小结

在本项目中,我们学习了资源税、财产税及行为与目的税类共13种税,相信大家对这些税的征税范围、纳税义务人、征税对象、税目及税率、应纳税额的计算、税收优惠及征收管理都有了充分的了解。这些税种中有的与增值税及消费税有直接关系,如城市维护建设税的计算是企业实际缴纳的增值税和消费税税额乘以适用税率;有的征收方法灵活;有的税种的计算周期通常不同于其他税种。但这些税种的普遍优势是税率较低,对企业来说,显然更加友好。对这些税种的合理利用,可以为企业迈向更稳健的财务发展阶段奠定坚实基础。

在学习的过程中,我们体会到税收是一种非常重要的政策工具,是调控经济运行的重要手段。经济决定税收,税收反作用于经济。这既反映了经济是税收的来源,也体现了税收对经济的调控作用。税收作为经济杠杆,通过增税与减免税等手段来影响社会成员的经济利益,引导企业、个人的经济行为,对资源配置和社会经济发展产生影响,从而达到调控经济运行的目的。从总体来说,税收作为国家参与国民收入分配最主要、最规范的形式,能够规范政府、企业和个人之间的分配关系,是调节收入分配的重要工具。

项 目 测 试

一、单项选择题(将答案填入括号内)

(　　) 1. 关于资源税税率,下列说法正确的是_____。
　　A. 有色金属选矿一律实行幅度比例税率
　　B. 纳税人开采不同应税产品的,未分别核算或者不能准确提供不同应税产品的销售额或者销售数量的,从高适用税率
　　C. 原油和天然气税目不同,适用税率也不同
　　D. 税目税率表中规定实行幅度税率的,其具体适用税率由省级人民政府提出,报全国人民代表大会常务委员会决定

(　　) 2. 下列关于耕地占用税减免税优惠的说法,正确的是_____。
　　A. 建设直接为农业生产服务的生产设施占用林地的,不征耕地占用税
　　B. 专用铁路占用耕地的,减按 2 元/平方米的税额征收耕地占用税
　　C. 农村居民搬迁新建住宅占用耕地的,免征耕地占用税
　　D. 专用公路占用耕地的,免征耕地占用税

(　　) 3. 下列关于城镇土地使用税减免税的说法,正确的是_____。
　　A. 营利性老年服务机构自用土地,暂免征收城镇土地使用税
　　B. 免税单位无偿使用纳税单位的土地,免征城镇土地使用税
　　C. 农副产品加工的专业用地,免征城镇土地使用税
　　D. 劳改劳教单位警戒围墙外的其他生产经营用地,暂免征收城镇土地使用税

(　　) 4. 甲企业有原值为 1 500 万元的厂房,本年 8 月发现照明设备损坏进行更换,更换的新设备价值 150 万元,换下来的旧设备价值 100 万元。已知当地省政府规定的房产原值扣除比例为 20%,房产税税率为 1.2%。要计算甲企业本年应纳房产税,下列算式中,正确的是_____。
　　A. (1 500+150)×1.2%=19.8(万元)
　　B. (1 500+150−100)×1.2%=18.6(万元)
　　C. (500+150)×(1−30%)×1.2%=13.86(万元)
　　D. (1 500+150−100)×(1−30%)×1.2%=13.02(万元)

(　　) 5. 下列各项中,应当征收车船税的是_____。
　　A. 养殖渔船　　　　　　　　　B. 专业作业车
　　C. 军队专用车船　　　　　　　D. 燃料电池商用车

(　　) 6. 纳税人所在地在镇的,城市维护建设税税率为_____。

    A. 1%   B. 3%   C. 5%   D. 7%

( ) 7. 下列各项中,属于土地增值税征税范围的是_____。
    A. 个人之间互换自有居住用房地产
    B. 以房地产抵债而发生房地产权属转让
    C. 房产所有人将房屋产权赠与直系亲属
    D. 对房地产进行重新评估而产生的评估增值

( ) 8. 甲烟厂收购烟叶,支付给烟叶销售者价款600万元,开具烟叶收购发票。该烟厂应缴纳烟叶税_____万元。
    A. 110.09 B. 121.10 C. 120.00 D. 132.00

( ) 9. 下列合同中,不属于印花税征税范围的是_____。
    A. 人身保险合同   B. 财产保险合同
    C. 租赁合同   D. 融资租赁合同

( ) 10. 甲公司与乙公司签订一份承揽合同,合同载明由甲公司提供原材料200万元,支付乙公司加工费50万元。已知承揽合同印花税税率为0.3‰。甲公司和乙公司签订该承揽合同共计应纳印花税_____元。
    A. 90   B. 120   C. 150   D. 300

( ) 11. 下列各项中,不属于环境保护税应税污染物的是_____。
    A. 大气污染物 B. 固体废物 C. 动物排泄物 D. 噪声

二、多项选择题(将答案填入括号内)

( ) 1. 关于资源税税收优惠,下列说法正确的有_____。
    A. 开采原油过程中用于加热的原油免征资源税
    B. 煤炭开采企业因安全生产需要抽采的煤成(层)气,减征40%
    C. 进口资源税不征收资源税
    D. 对充填开采置换出来的煤炭,资源税减征30%

( ) 2. 下列关于耕地占用税的说法正确的有_____。
    A. 人均耕地低于0.5亩的地区,省级人民政府可以适当提高税额,但提高的部分不得超过当地规定税额标准的50%
    B. 耕地占用税采用地区差别比例税率
    C. 应税土地面积包括经批准占用面积和未经批准占用面积
    D. 免征耕地占用税后纳税人改变原占地用途的,应补缴税款,补缴税款按实际占用耕地面积和改变用途时当地适用税额计算

( ) 3. 下列占用土地行为,免征城镇土地使用税的有_____。
    A. 市政街道占用土地   B. 军队办公场所占用土地
    C. 种植业生产占用土地   D. 公园内饮食部占用土地

( ) 4. 下列关于城镇土地使用税减免税的说法,正确的有_____。
    A. 企业厂区外、与社会公用地段未加隔离的铁路专用线免征城镇土地使用税
    B. 企业厂区外公共绿化用地免征城镇土地使用税
    C. 个人办的学校、托儿所和幼儿园自用的土地免征城镇土地使用税

D. 事业单位的经营用地,免征城镇土地使用税

(　　) 5. 下列各项中,免征车船税的有_____。
A. 节约能源车船
B. 警用车船
C. 临时入境的外国车船
D. 悬挂应急救援专用号牌的国家综合性消防救援车辆

(　　) 6. 根据土地增值税法律制度的规定,下列各项中,属于房地产开发成本的有_____。
A. 土地征用及拆迁补偿费　　B. 前期工程费
C. 开发间接费用　　D. 与房地产开发项目有关的销售费用

(　　) 7. 上海智信烟草公司去相邻的乙县收购烟叶,6月17日支付烟叶收购价款80万元,另对烟农支付了价外补贴6万元。下列事项正确的有_____。
A. 烟草公司应在7月17日前申报缴纳烟叶税
B. 烟草公司6月收购烟叶应缴纳烟叶税17.6万元
C. 烟草公司应向乙县主管税务机关申报缴纳烟叶税
D. 烟草公司收购烟叶的纳税义务发生时间是6月18日

(　　) 8. 下列各项中,属于印花税纳税人的有_____。
A. 合同的当事人
B. 合同的鉴定人
C. 开立并使用营业账簿的个人
D. 领取并持有权利、许可证照的单位

(　　) 9. 下列各项中,应征收印花税的有_____。
A. 企业与主管部门签订的租赁承包合同
B. 代理单位与委托单位之间签订的委托代理合同
C. 企业之间签订的建筑工程合同
D. 发电厂与电网之间签订的购售电合同

(　　) 10. 根据环境保护税法律制度的规定,下列各项中,不是按照污染物排放量折合的污染当量数确定的有_____。
A. 应税水污染物　　B. 应税噪声
C. 应税大气污染物　　D. 应税固体废物

三、判断题(判断正确的在括号内标记"√",错误的在括号内标记"×")

(　　) 1. 纳税人以自采原矿洗选加工为选矿产品销售,或者将选矿产品自用于应纳资源税情形的,按照选矿产品计征资源税(适用选矿税率),在原矿移送环节缴纳资源税。

(　　) 2. 资源税只能按月或按季申报纳税,不能按次申报纳税。

(　　) 3. 纳税义务人申报缴纳耕地占用税,其时限为自纳税义务发生之日起15日内。

(　　) 4. 纳税人新征用的耕地,自批准征用之日起满1年时开始缴纳城镇土地使

(　　) 5. 根据契税法律制度的规定,土地使用权的转让包括土地承包经营权和土地经营权的转移。

(　　) 6. 土地增值税只对有偿转让的房地产征税,对以继承、赠与等方式无偿转让的房产,不予征税。

(　　) 7. 签订合同的各方当事人都是印花税的纳税人,包括合同的担保人、证人和鉴定人。

(　　) 8. 所在地在农村的企业,不征收城市维护建设税。

四、计算题

【业务1】某锡矿开采企业开采锡矿原矿300吨,本月销售锡矿原矿200吨,取得不含税销售额500万元,剩余锡矿原矿100吨移送加工锡矿选矿80吨,本月锡矿选矿全部销售,取得不含税销售额240万元。锡矿原矿和锡矿选矿资源税税率分别为6.5%和5%。

要求:计算该企业当月应缴纳资源税。

【业务2】农村居民王某在户口所在地占用耕地2 500平方米,其中2 000平方米用于种植中药材,500平方米用于新建住宅。该地区耕地占用税税额为每平方米30元。

要求:计算王某应缴纳耕地占用税。

【业务3】甲公司3月通过出让方式取得一宗土地,土地出让合同约定4月交付,土地使用证记载占地面积为6 000平方米。该土地年税额为每平方米4元。

要求:计算该公司应缴纳城镇土地使用税。

【业务4】甲公司于本年10月从乙公司购买一处闲置厂房,合同注明的土地使用权价款为1 000万元(不含增值税),厂房及地上附着物价款为1 600万元(不含增值税)。已知当地规定的契税税率为3%。

要求:计算甲公司的应纳契税。

〖业务5〗位于市区的甲公司为增值税一般纳税人,本年1月增值税税额为100万元,消费税税额为150万元,企业所得税税额为40万元,出口货物增值税免抵税额为10万元。另外,进口货物增值税税额为20万元、消费税税额为30万元。

要求:计算甲公司本年1月的应纳城市维护建设税。

〖业务6〗张某2023年8月份从某汽车有限责任公司购买一辆小汽车供自己使用,支付了含增值税税款在内的款项231 900元,支付购买工具和零配件价款3 070元,车辆装饰费1 200元,所支付的款项均由该汽车有限公司开具"机动车销售统一发票"和有关票据。

要求:计算王某应纳车辆购置税。

〖业务7〗某公司本年12月开业,注册资金为2 600 000元,当年发生经营活动如下:

(1)领受"一照一码"营业执照、房屋产权证、土地使用证各一份。权利、许可证照按件计税,每件5元。

(2)建账时共设8个账簿,其中含1个资金账簿,记载实收资本2 600 000元。营业账簿印花税税率为0.25‰。

(3)签订购销合同4份,共记载金额3 200 000元。购销合同的印花税税率为0.3‰。

(4)签订借款合同1份,记载金额600 000元,当年取得借款合同利息36 000元。借款合同的印花税税率为0.05‰。

(5)签订技术合同1份,记载金额900 000元。技术合同的印花税税率为0.3‰。

要求:计算该公司的应纳印花税。

〖业务8〗位于A市甲化妆品厂为增值税一般纳税人,本年9月购进一批香料,取得的增值税专用发票上注明的不含增值税价格为600 000元,当月委托位于B市的乙化妆品厂加成某高档化妆品,支付不含增值税加工费250 000元。乙化妆品厂本年

11月先交付70%已完工高档化妆品，本年12月完工交付剩余30%的完工高档化妆品。高档化妆品消费税税率为15%。

要求：计算乙化妆品厂本年12月应代收代缴的城市维护建设税、教育费附加和地方教育附加。

_____
_____
_____
_____

五、拓展题

请按小组调研校企合作单位，了解本项目涉及的十三种税的纳税基本情况，发现"小税种"所发挥的"大效应"，并制作PPT汇报交流。

项 目 评 价

根据本项目学习情况，在表7-8中进行评价，"A"为优良，"B"为一般，"C"为需要帮助。

表7-8 项目七学习评价表

序号	学习重点	自我评价 （在方框内打勾）	教师反馈与评价
1	计算资源税	A□ B□ C□	
2	计算耕地占用税	A□ B□ C□	
3	计算城镇土地使用税	A□ B□ C□	
4	计算土地增值税	A□ B□ C□	
5	计算房产税	A□ B□ C□	
6	计算车船税	A□ B□ C□	
7	计算契税	A□ B□ C□	
8	计算城市维护建设税与地方教育附加	A□ B□ C□	
9	计算车辆购置税	A□ B□ C□	
10	计算船舶吨位税	A□ B□ C□	
11	计算烟叶税	A□ B□ C□	
12	计算印花税	A□ B□ C□	
13	计算环境保护税	A□ B□ C□	
14	明确"十三种"税的征管要求	A□ B□ C□	
	总体评价	A□ B□ C□	

项目八 认识税务管理

项目简介

广义的税务管理是指国家及其征税机关依据客观经济规律和税收分配活动的特点，对税收分配全过程进行决策、计划、组织、协调和监督，以保证税收职能得以实现的一种管理活动。狭义的税务管理就是日常征收管理，是指国家征税机关为保证税收收入的及时、足额入库，对具体的征纳过程实施的经常性管理行为，这也是税务机关直接保证税收收入实现的基本环节。

从纳税人的角度来看，纳税人从设立到消亡必须依次经过开业登记、认定、账簿凭证管理、纳税申报、税款缴纳、接受检查、注销登记这些连续的管理过程。这些过程构成了纳税人依法接受税务管理的主要内容。在这些过程中，如有违反税务管理规定的行为，还需经过依法承担法律责任的环节。

知识导航

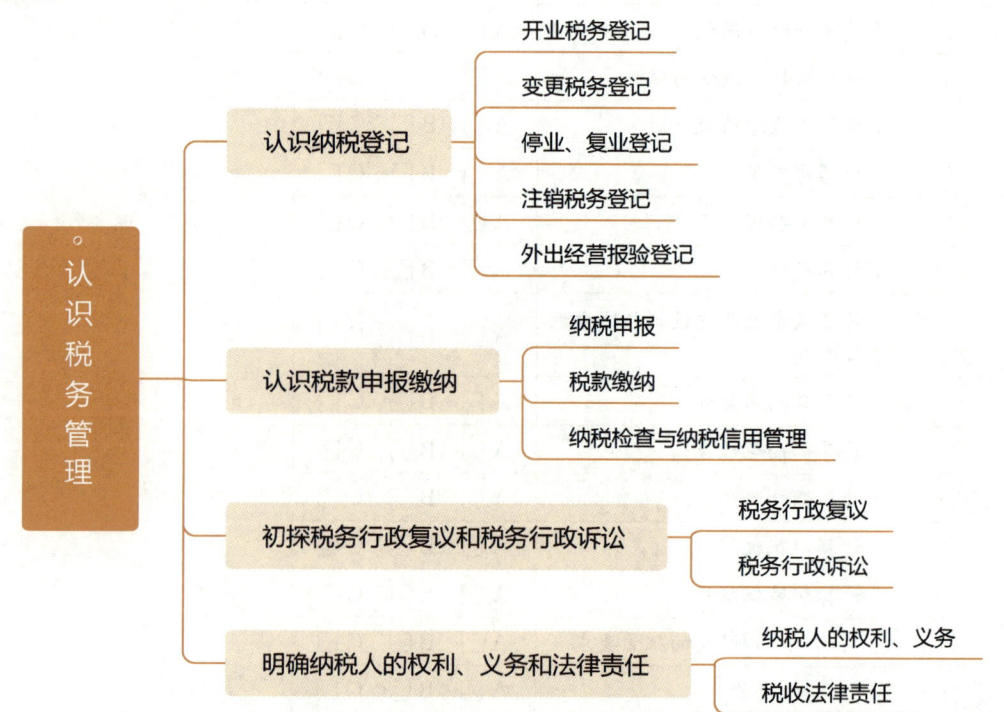

项目八 认识税务管理

学习目标

○ 知识目标
- 记住纳税人纳税登记流程；
- 识别纳税申报的方式；
- 辨别纳税信用等级；
- 区分税务行政复议和税务行政诉讼的差别；
- 明确纳税人的权利和义务。

○ 技能目标
- 能办理开业、变更、停业、复业等税务登记。

○ 情感目标
- 理解纳税信用评价的内容，树立纳税人诚信自律的意识；
- 树立纳税人法律意识，知法、懂法、守法，维护纳税人税收公平合法，为促进税收征管的效率和质量奠定基础。

项目导入

金税四期——高质量精细化税收管理

随着我国经济的不断发展和进步，为了更好地服务企业和公民，税务部门不断推出新的税收政策和措施。其中，金税四期是近年来的一项重要举措，旨在提高税收征管效率、促进税收公平和加强企业监管。

金税四期是我国税务系统的重要组成部分，它的实施对企业和个人都有深远的影响。

（1）规范税务管理：金税四期通过大数据和云计算技术，实现了对企业税务数据的实时监控和分析，使得税务管理更加规范化和精准化。企业需要更加严格地遵守税法规定，确保税务申报的真实性和准确性。

（2）提高办税效率：金税四期实现了税务数据的共享和协同处理，企业可以通过电子税务局等渠道进行在线申报、缴税等操作，大大提高了办税效率。

（3）降低税务成本：金税四期通过优化税务流程和减少人工干预，降低了企业的税务成本。同时，也减少了企业因税务问题而产生的风险和损失。

（4）促进信息化建设：金税四期要求企业实现税务数据的电子化管理，推动了企业的信息化建设进程。企业需要建立完善的税务管理系统，提高税务数据处理和分析能力。

8-1
参考资料
中华人民共和国
税收征收管理法

8-2
参考资料
中华人民共和国
税收征收管理
法实施细则

任务一　认识纳税登记

思维启发

纳税登记又称"税务登记",是《中华人民共和国税收征收管理法》规定纳税人必须履行的法定义务,是税务机关根据纳税人的申报,是对纳税人的开业、变动、歇业以及生产经营范围变化实行法定登记,并审核发给税务登记证的一项管理制度。办理纳税登记是税收法律关系成立的依据和证明,是纳税人取得合法地位的标志。由于商事登记制度改革,在实际工作中税务登记手续与工商登记已经合并,纳税人不需单独办理税务登记,只需做必要的信息采集和少量的登记手续。

一、开业税务登记

按税法规定,企业以及企业在外地设立的分支机构和从事生产、经营的场所,个体工商户和从事生产、经营的事业单位自领取营业执照之日起 30 日内,持有关证件,向税务机关申报办理税务登记。税务机关应当于收到申报的当日办理登记并发给税务登记证件。为简化纳税人的商事登记手续,自 2017 年 10 月 1 日起在全国全面实施"多证合一"的商事登记模式,即将企业设立时由工商行政管理机关、质量技术监督部门、税务机关、社会保险经办机构和统计机构五个部门分别核发不同证照的登记模式,改为由工商行政管理部门核发加载法人和其他组织统一社会信用代码的营业执照。纳税人在领取营业执照以后,已经无须再办理其他登记,不再需要领取税务登记证。在企业办理纳税事项时,还应当填写"纳税人首次办税补充信息表"进行必要纳税信息的补充采集,在完成补充信息采集后,凭加载统一代码的营业执照可代替税务登记证使用。

二、变更税务登记

当纳税人信息采集表中的生产经营地、财务负责人、核算方式发生变更时,应当及时向税务机关提出变更信息申请,税务机关对其有关信息予以变更。办理变更税务信息的程序如下:

(1)准备材料。根据变更内容的不同,需要准备相应的证明文件,如工商登记变更表及工商营业执照、纳税人变更登记内容的有关证明文件、原税务登记证件。

(2)提交申请。在工商行政管理机关办理变更登记的情况下,应在变更登记之日起 30 日内向原税务登记机关提供相关证件和资料进行申报。若不需要在工商行政管理机关办理变更登记,则自税务登记内容实际发生变化之日起 30 日内,或自有关机关批准或宣布变更之日起 30 日内,持相关证件到原税务登记机关申报办理变更税务登记。

(3) 在线办理。对于非"多证合一""两证整合"的纳税人,可以通过电子税务局进行办理,步骤包括登录、填写信息、提交并查看进度。具体操作步骤可能因地区和政策的不同而略有差异。

(4) 审核与批准。提交完毕后,税务局会进行审核。如果变更申请符合规定,税务局会予以批准,并自动更新税务人员信息。

(5) 更新信息。如果变更申请被批准,纳税人需要重新登录电子税务局,确认变更信息是否已经更新。如果变更成功,就可以继续进行税务申报等其他操作了。

三、停业、复业登记

纳税人在需要停业和复业时,应当办理停业、复业登记。在办理停业登记时,税务机关应当责成申请停业的纳税人结清税款,并收回发票领购簿和发票,办理停业登记。当纳税人需要复业时,经税务机关确认,可以办理复业登记,领回或启用发票领购簿及发票,纳入正常管理。

四、注销税务登记

已领取加载统一社会信用代码的营业执照的企业,如果需要办理注销登记,应当先向税务主管机关申报清税,由主管税务机关出具统一的清税证明,方可向工商行政管理部门申请办理注销登记。

纳税人应当在办理注销工商登记前,依法向主管税务机关提出清税申请,主管税务机关受理清税申请后,应及时办理清税手续并向纳税人出具"清税证明"。

五、外出经营报验登记

从事生产、经营的纳税人跨省税务机关管辖区域临时从事生产、经营活动的,应当向主管税务机关申请开具"外出经营活动税收管理证明"向营业地税务机关报验登记,接受税务管理。在经营活动结束后,向外出经营地税务机关申报核销。

 实战演练

〖多选题〗因办理税务登记的目的不同,税务登记可分为(　　　　)等。
A. 开业税务登记　　B. 变更税务登记　　C. 停业税务登记　　D. 注销税务登记

任务二　认识税款申报缴纳

● 思维启发 ●

纳税申报是指纳税人按照税法规定的期限和内容向税务机关提交有关纳税事

项书面报告的法律行为,是纳税人履行纳税义务、承担法律责任的主要依据,是税务机关税收管理信息的主要来源。税务管理部门要建立比较健全的纳税人自行申报管理制度,对于纳税人来说,可以采取哪些方式来进行申报以及税款缴纳?

一、纳税申报

纳税申报是纳税人为正确履行纳税义务,就计算缴纳税款等有关纳税事项向税务机关提出书面申报的一个重要法定程序。

(一)申报对象

纳税人、扣缴义务人在纳税期限内或扣缴税款期内,无论有无应税收入、所得,以及其他应税项目,有无代扣、代收税款,都应按规定的申报期限,向主管税务机关报送纳税申报表、财务会计报表或报送代扣代缴、代收代缴税款报告表,以及税务机关要求纳税人、扣缴义务人报送的其他纳税资料。临时取得应税收入或发生应税行为的纳税人,在发生纳税义务之后,应当立即向经营地税务机关办理纳税申报和缴纳税款。纳税人享受减税、免税待遇的,在减税、免税期间也要按规定办理纳税申报。

(二)申报的内容

纳税人办理纳税申报时,应当如实填写纳税申报表。纳税申报表是纳税人根据税收法律、行政法规的规定,计算应纳税额、缴纳税款的重要凭证,也是税务机关填开完税凭证、征收税款的重要依据。申报是否及时、真实,直接影响税款征收是否及时和准确。

一般来说,针对不同的税种,主管税务机关都规定有适应其不同特点的纳税申报表,详见本书项目二至项目六相关内容。

(三)纳税申报的方式

(1)直接申报,即纳税人、扣缴义务人直接到税务机关呈报纳税申报表或者报送代扣代缴、代收代缴税款报告表,办理纳税申报手续。

(2)邮寄申报,即将纳税申报表或者代扣代缴、代收代缴税款报告表等纳税资料通过邮局寄送主管税务机关,纳税人实际申报日期以寄出地的邮戳日期为准。

(3)数据电文申报是通过税务机关确定的电话语音、电子数据交换和网络传输等电子手段办理纳税申报的方式。由于互联网的普遍应用,网上申报已经成为最重要的申报方式。

(4)实行定期定额缴纳税款的纳税人,可以实行简易申报、简并征期等申报纳税方式。

(四)纳税申报期限

纳税人、扣缴义务人必须按照规定的期限办理纳税申报或者报送代扣代缴、代收代缴税款报告表,确有困难需要延期的,应当在规定的期限内向税务机关提出书面延期申请,经税务机关核准,在核准的期限内办理。

纳税人、扣缴义务人因不可抗力,不能按期办理纳税申报或者报送代扣代缴、代收代缴税款报告表的,可以延期办理;但是,应当在不可抗力情形消除后立即向税务机关报告。

二、税款缴纳

(一) 税款缴纳的方式和程序

1. 自核自缴

生产经营规模较大,财务制度健全,会计核算准确,一贯依法纳税的企业,经主管国家税务机关批准,企业依照税法规定,自行计算应纳税款,自行填写、审核纳税申报表,自行填写税收缴款书,到开户银行解缴应纳税款,并按规定向主管税务机关办理纳税申报,并报送纳税资料和财务会计报表。

2. 申报核实缴纳

生产经营正常,财务制度基本健全,账册、凭证完整,会计核算较准确的企业依照税法规定计算应纳税款,自行填写纳税申报表,按照规定向主管税务机关办理纳税申报,并报送纳税资料和财务会计报表。经主管税务机关审核并填开税收缴款书,纳税人按规定期限到开户银行缴纳税款。

3. 申报查定缴纳

财务制度不够健全、账簿凭证不完备的固定业户,应当如实向主管国家税务机关办理纳税申报,并提供其生产能力、原材料、能源消耗情况及生产经营情况等,经主管国家税务机关审查测定或实地查验后,填开税收缴款书或者完税凭证,纳税人按规定期限到开户银行或者税务机关缴纳税款。

4. 定额申报缴纳

生产经营规模较小、确无建账能力或者账证不健全、不能提供准确纳税资料的固定业户,按照税务机关核定的营业(销售)额和征收率,按规定期限向主管税务机关申报缴纳税款。

> **实战演练**
>
> 〖多选题〗根据税收征收管理法律制度的规定,下列纳税申报方式中,符合规定的有( )。
> A. 甲企业在规定的申报期限内,自行到主管税务机关指定的办税服务大厅申报
> B. 经税务机关批准,丙企业以网络传输方式申报
> C. 经税务机关批准,乙企业使用统一的纳税申报专用信封,通过邮局交寄
> D. 实行定期定额缴纳税款的丁个体工商户,采用简易申报方式申报

(二) 税款及时、足额征收的措施

1. 加收滞纳金

滞纳金是对不按纳税期限缴纳税款的纳税人,按滞纳天数加收滞纳税款一定比例的款项,它是税务机关对逾期缴纳税款的纳税人给予经济制裁的一种措施。根据《税收征收管理法》第三十二条的规定,纳税人未按照规定期限缴纳税款的,扣缴义务人未按照规定期限解缴税款的,税务机关除责令限期缴纳外,从滞纳税款之日起,按日加收滞

纳税款万分之五的滞纳金。其计算公式为：

$$应纳滞纳金＝滞纳税款×滞纳天数×0.5‰$$

2. 税收保全

税收保全是税务机关为保证税款及时足额入库，依照法定的程序，对有逃避纳税义务行为的纳税人事先采取限制其处理或转移商品、货物和其他财产的措施。

税收保全措施包括：

（1）书面通知纳税人开户银行或者其他金融机构冻结纳税人的金额相当于应纳税款的存款。

（2）扣押、查封纳税人的价值相当于应纳税款的商品、货物或者其他财产。其他财产可以包括纳税人的房地产、现金、有价证券等不动产和动产。

个人及其所抚养家属维持生活必需的住房和用品，不在税收保全措施的范围之内。

采取税收保全措施后，纳税人在规定的期限内缴纳税款的，税务机关必须立即解除税收保全措施。限期期满仍未缴纳税款的，经县以上税务局（分局）局长批准，可采取强制措施。

3. 纳税担保

当税务机关有理由认为从事生产、经营的纳税人有逃避纳税义务的行为时，可以在规定的纳税期之前，责令限期缴纳应纳税款。如果在限期内发现纳税人存在转移、隐匿其应纳税的商品、货物或其他财产的迹象，税务机关可以责成纳税人提供纳税担保。纳税担保是纳税人向税务机关提供一定的财产作为抵押或由第二人作为纳税保证人，以担保其依法及时、足额缴纳应纳税款的制度。

根据《税收征收管理法》的规定，纳税担保方式包括：

（1）保证金。纳税人向税务机关缴纳一定金额的保证金，作为履行纳税义务的担保。

（2）保证人。纳税人可以请第三方机构或个人为其提供担保，承担纳税人未能履行税务义务的责任。

（3）抵押。纳税人将自己的财产或资产抵押给税务机关，作为履行纳税义务的担保。

（4）质押。纳税人将自己的财产或资产质押给税务机关，作为履行纳税义务的担保。

（5）其他担保方式。纳税人可以选择其他的担保方式，如保险、信用证等方式。

4. 强制执行

税收强制执行措施是指纳税人在税务机关责令限期内缴纳税款，逾期仍不缴纳税款的，税务机关可通知银行或其他金融机构扣缴当事人的存款，或扣押、查封、拍卖部分财产以抵缴税款的一项措施。税收强制执行措施包括：书面通知其开户银行或者其他金融机构从其存款中扣缴税款；扣押、查封、依法拍卖或者变卖其价值相当于应纳税款的商品、货物或者其他财产，以拍卖或者变卖所得抵缴税款等。

5. 阻止出境

阻止出境是指当欠缴税款的纳税人需要出境而未结清税款，又不能提供纳税担保的,税务机关可以通知出境管理机构阻止其出境。

6. 其他

(1) 追征。纳税人、扣缴义务人因计算错误等失误,未缴或者少缴税款的,税务机关在三年内可以追征税款滞纳金。有特殊情况的,追征期可以延长到五年。

(2) 核定应纳税额。核定应纳税额是指税务机关根据纳税人的实际情况,依法对其应纳税款进行核定的过程。具体来说,核定应纳税额是税务机关在纳税人存在某些特定情形下(如未按规定设置账簿、拒不提供纳税资料等)采用合理的方法依法核定纳税人应纳税款的一种征收方式。

根据《税收征收管理法》第三十五条的规定,纳税人在以下情形下,税务机关有权核定其应纳税额:① 依照法律、行政法规的规定可以不设置账簿的。② 依照法律、行政法规的规定应当设置账簿但未设置的。③ 擅自销毁账簿或者拒不提供纳税资料的。④ 虽设置账簿,但账目混乱或者成本资料、收入凭证、费用凭证残缺不全,难以查账的。⑤ 发生纳税义务,未按照规定的期限办理纳税申报,经税务机关责令限期申报,逾期仍不申报的。⑥ 纳税人申报的计税依据明显偏低,又无正当理由的。

> **实战演练**
>
> 〖单选题〗欠缴税款的纳税人或者他的法定代表人需要出境的( )。
>
> A. 必须向税务机关提供纳税担保。
>
> B. 必须向税务机关结清应纳税款、滞纳金。
>
> C. 在出境前未按照规定结清应纳税款、滞纳金或者提供纳税担保的,由税务机关阻止其出境。
>
> D. 在出境前未按照规定结清应纳税款、滞纳金或者提供纳税担保的,税务机关可以通知出境管理机构阻止其出境。

三、纳税检查与纳税信用管理

(一) 纳税检查

纳税检查又称税务检查,是税务机关以国家税收法律、行政法规为依据,对纳税人、扣缴义务人履行纳税义务的情况进行审查监督活动的总称,是税收征管工作的重要环节。

纳税检查的内容主要包括两方面:一方面是检查纳税人遵守财务、会计制度,履行纳税义务的情况;另一方面是检查税务人员执行税收法律、法规和征管制度的情况。

根据《税收征收管理法》的规定,税务机关有权进行下列税务检查:

(1) 查纳税人的账簿、记账凭证、报表和有关资料,检查扣缴义务人代扣代缴、代收代缴税款账簿、记账凭证和有关资料。

(2) 到纳税人的生产、经营场所和货物存放地检查纳税人应纳税的商品、货物或者其他财产,检查扣缴义务人与代扣代缴、代收代缴税款有关的经营情况。

(3) 责成纳税人、扣缴义务人提供与纳税或者代扣代缴、代收代缴税款有关的文件、证明材料和有关资料。

(4) 询问纳税人、扣缴义务人与纳税或者代扣代缴、代收代缴税款有关的问题和情况。

(5) 到车站、码头、机场、邮政企业及其分支机构检查纳税人托运、邮寄应纳税商品、货物或者其他财产的有关单据、凭证和有关资料。

(6) 经县以上税务局(分局)局长批准,凭全国统一格式的检查存款账户许可证明,查询从事生产、经营的纳税人、扣缴义务人在银行或者其他金融机构的存款账户。税务机关在调查税收违法案件时,经设区的市、自治州以上税务局(分局)局长批准,可以查询案件涉嫌人员的储蓄存款。税务机关查询所获得的资料,不得用于税收以外的用途。

(二) 纳税信用管理

1. 纳税信用管理的概念和意义

8-3
参考资料
纳税信用等级
评定管理
试行办法

纳税信用管理是指通过建立一套纳税人行为评价和信用分级制度,对纳税人的纳税行为进行监督和评估,并根据纳税信用的好坏给予相应的奖惩措施。纳税信用管理的意义不仅仅体现在提高纳税人的诚信意识和税收合规水平,还对税收管理和国家治理有着重要的意义。

2. 纳税信用管理的主要内容

8-4
拓展阅读
纳税信用等级
评级标准

纳税信用管理的主要内容包括信息采集、级别评价、动态调整、结果应用、异议处理、信用修复等方面。

(1) 信息采集。税务机关对纳税人纳税信用信息的记录和收集,包括纳税人信用历史信息、税务内部信息、外部信息等。

(2) 级别评价。税务部门依据评价指标体系,对纳税人纳税信用状况进行评价,对不同信用级别的纳税人实施分类服务与管理。

(3) 动态调整。纳税信用级别不是固定的,会根据纳税人的实际行为进行动态调整,以反映其最新的纳税信用状况。

(4) 结果应用。纳税信用评价结果会被广泛应用于纳税人的各种业务中,如激励措施和惩戒措施等。

(5) 异议处理。纳税人对纳税信用评价结果有异议的,可以在一定时间内向主管税务机关申请复评或补评。

(6) 信用修复。为帮助纳税人积累信用资产,促进税法遵从,税务总局推出了相关完善措施,包括增加非独立核算分支机构自愿参与纳税信用评价、增加纳税信用评价前指标复核机制等。

3. 纳税信用管理的评估结果应用

纳税等级是税务机关根据纳税人履行纳税义务情况,依据《纳税信用等级评定管理试行办法》规定的标准进行评定的。纳税等级分为 A、B、C、D、M 五级,其中 A 级信用最高,D 级信用最差,M 级信用为新设立企业或评价年度内无生产经营业务收入且年度评价指标得分 70 分以上的企业。

对纳税信用评价为 A 级的纳税人,税务机关予以下列激励措施:

(1) 主动向社会公告年度 A 级纳税人名单。

(2) 一般纳税人可单次领取 3 个月的增值税发票用量,需要调整增值税发票用量时即时办理,普通发票按需领用。

(3) 连续 3 年被评为 A 级信用级别(简称 3 连 A)的纳税人,除享受以上措施外,还可以由税务机关提供绿色通道或专门人员帮助办理涉税事项。

对纳税信用评价为 B 级和 M 级的纳税人,税务机关实施正常管理,适时进行税收政策和管理规定的辅导。

对纳税信用评价为 C 级的纳税人,税务机关应依法从严管理。

对纳税信用评价为 D 级的纳税人,税务机关进行重点监控,提高监督检查频次。发现税收违法违规行为的,不得适用处罚幅度内的最低标准。

> **实战演练**
>
> 【多选题】下列关于税务机关对纳税人纳税信用评估结果应用的表述中,正确的有(　　)。
> A. 连续 3 年被评为 A 级信用级别的纳税人,可以由税务机关提供绿色通道或专门人员帮助办理涉税事项
> B. 对纳税信用评价为 B 级的纳税人,税务机关实施正常管理
> C. 对纳税信用评价为 C 级的纳税人,税务机关应依法从严管理,并视信用评价状态变化趋势选择性地采取纳税信用 D 级纳税人适用的管理措施
> D. D 级评价保留 3 年,第四年纳税信用不得评价为 A

任务三　初探税务行政复议和税务行政诉讼

思维启发

> 纳税人、扣缴义务人、纳税担保人因对税务机关的具体行政行为持不同看法或不服而产生纠纷该怎么办呢?首先,我们将纳税人、扣缴义务人、纳税担保人因对税务机关的具体行政行为持不同看法或不服而产生的一种纠纷,称为税务行政争议。税务行政复议及税务行政诉讼是解决税务行政争议的具体的途径。但是行政复议和行政诉讼之间存在先后顺序,即提出行政复议之后才能够提出行政诉讼。

纳税人、扣缴义务人、纳税担保人因对税务机关的具体行政行为持不同看法或不服而产生的一种纠纷,称为税务行政争议。正确解决税务行政争议,对维护和监督税务机关依法行使税收执法权,防止和纠正违法或不当的税务具体行政行为,保护纳税人和其他税务当事人的合法权益,具有重要意义。

我国目前主要有两条途径处理税务行政争议,即税务行政复议和税务行政诉讼。

一、税务行政复议

税务行政复议是指纳税人、扣缴义务人、纳税担保人对主管税务机关的具体行政处理决定有异议,依法向上级税务机关提出申诉;上级税务机关对此进行审议,并依法做出维持、变更或撤销原处理决定的裁决的一种行政司法行为。

(一)复议的范围

行政复议机关受理申请人对税务机关下列具体行政行为不服提出的行政复议申请:

(1) 征税行为包括确认纳税主体、征税对象、征税范围、减税、免税、退税、抵扣税款、适用税率、计税依据、纳税环节、纳税期限、纳税地点和税款征收方式等具体行政行为,征收税款、加收滞纳金,扣缴义务人、受税务机关委托的单位和个人做出的代扣代缴、代收代缴、代征行为等。

(2) 行政许可、行政审批行为。

(3) 发票管理行为,包括发售、收缴、代开发票等。

(4) 税收保全措施、强制执行措施。

(5) 行政处罚行为:① 罚款。② 没收财物和违法所得。③ 停止出口退税权。

(6) 不依法履行下列职责的行为:① 颁发税务登记。② 开具、出具完税凭证、外出经营活动税收管理证明。③ 行政赔偿。④ 行政奖励。⑤ 其他不依法履行职责的行为。

(7) 资格认定行为。

(8) 不依法确认纳税担保行为。

(9) 政府信息公开工作中的具体行政行为。

(10) 纳税信用等级评定行为。

(11) 通知出入境管理机关阻止出境行为。

(12) 其他具体行政行为。

(二)复议的管辖

税务行政复议的管辖是税务行政机关之间受理税务行政复议案件的职权划分,它是对受理范围的具体化,把受理范围内的争议案件落实到具体税务机关。对申请人来说,也就是向谁提出复议申请的问题。

(1) 对各级税务局的具体行政行为不服的,向其上一级税务局申请行政复议。对计划单列市税务局的具体行政行为不服的,向国家税务总局申请行政复议。

(2) 对税务所(分局)、各级税务局的稽查局的具体行政行为不服的,向所属税务局申请行政复议。

(3) 对国家税务总局做出的具体行政行为,申请人首先必须向国家税务总局申请复议。对复议决定不服,申请人既可以向法院提起行政诉讼,也可以向国务院申请裁决,国务院的裁决为终局裁决。

(三)复议的申请

税务行政复议申请,是指申请人认为税务机关的具体行政行为侵犯了其合法权益,依法请求上级税务机关对具体行政行为进行审查作出决议的活动。申请人申请行政复议,可以书面申请,也可以口头申请;口头申请的,复议机关应当当场记录申请人的基本情况、行政复议请求、申请行政复议的主要事实、理由和时间。

(四)复议的受理

复议机关收到行政复议申请后,应当在 5 日内进行审查,决定是否受理。对不符合规定的复议申请决定不予受理,并书面告知申请人。

对符合规定的行政复议申请,自复议机关收到之日起即为受理;受理行政复议申请,应当书面告知申请人。对选择复议范围的具体行政行为,复议机关决定不予受理或者受理后超过复议期限不作答复的,申请人可以自收到不予受理决定书之日起或者行政复议期满之日起 15 日内,向人民法院提起行政诉讼,若复议机关无正当理由而不予受理,且申请人没有向人民法院提起行政诉讼的,上级税务机关应当责令其受理;必要时,上级税务机关也可以直接受理。

复议机关自受理复议申请之日起 7 日内,将复议申请书副本或者复议申请笔录复印件发送被申请人。被申请人应自收到申请书副本或者申请笔录复印件之日起 10 日内,提出书面答复,并提交当初做出具体行政行为的证据、依据和其他有关材料。否则,视为该具体行政行为没有证据、依据,撤销该具体行政行为。

(五)复议决定及其执行

复议决定是复议机关通过对复议案件的审理所做的行政裁决。复议决定采用书面形式,一经送达即发生法律效力。申请人对复议决定不服的,可在接到复议决定之日起 15 日内向人民法院提起诉讼。申请人逾期不起诉又不履行复议决定的,或者不履行最终裁决的行政复议决定的,分别按以下情况处理:

(1)维持具体行政行为的行政复议决定,由做出具体行政行为的行政机关依法强制执行,或者申请人民法院强制执行。

(2)变更具体行政行为的行政复议决定,由复议机关依法强制执行,或者申请人民法院强制执行。

二、税务行政诉讼

税务行政诉讼,是指纳税人或者其他纳税当事人认为税务机关及其工作人员的具体行政行为违法或者不当,侵犯其合法权益,有权依照《中华人民共和国行政诉讼法》(以下简称《行政诉讼法》)向人民法院提起诉讼。

(一)诉讼的受案范围

根据《行政诉讼法》《税收征管法》和《税收行政复议规则》,税务行政诉讼的受案范围为:

(1)人民法院受理当事人因不服复议机关复议决定和裁决,或者复议机关逾期不做出复议决定,向人民法院提起行政诉讼的税务行政争议案件。

(2)人民法院受理当事人可以直接提起行政诉讼的税务行政争议案件。这类案件主要是指当事人对税务机关的处罚决定、限制执行措施或者税收保全措施不服的税务行政争议案件。

(二)提起诉讼的时限

原告须在法定的时限内提起诉讼,人民法院才予受理。起诉的时限具体有以下四种情形:

(1)对税务机关做出的征税行为不服的,须先经过复议;对复议决定不服,可在接到复议书之日起 15 日内提起诉讼。

(2) 对税务机关做出的除必经复议范围以外的其他具体行政行为不服的,也可以不经过税务复议,在收到税务机关的有关通知之日起 15 日内直接向法院提起诉讼;如税务机关没有通知的,可在知道具体行政行为之日起 3 个月内提起诉讼。

(3) 复议申请未被受理的,可在收到不予受理裁决书之日起 15 日内提起诉讼。

(4) 对复议机关逾期(复议机关收到复议申请之日起 60 日内)做出复议决定的,可在复议期届满之日起 15 日内向法院提起诉讼。

(三) 诉讼的审理和判决

诉讼的审理是法院对税务行政案件的实质性审查,除涉及国家秘密、个人隐私和法律另有规定的以外,一律公开审理。人民法院对受理的税务行政诉讼案件,经过调查取证、开庭审理后,依法做出判决。

税务行政诉讼案件经人民法院依法做出最后判决或裁决即发生法律效力。如税务机关胜诉,即维持税务机关的原决定。纳税人拒不履行的,税务机关可向第一审人民法院申请强制执行,或依法强制执行。如税务机关败诉并不履行判决、裁决,第一审人民法院亦可以对其采取强制和处罚措施。

实战演练

【单选题】行政复议机关负责法制工作的机构应当自受理复议申请之日起( )日内,将复议申请书副本或者复议申请笔录复印件发送被申请人。
A. 3　　　B. 5　　　C. 7　　　D. 10

【单选题】申请人申请行政复议( )。
A. 可以书面申请,也可以口头申请　　B. 应当书面申请
C. 必须书面申请　　D. 必须当面申请

【单选题】原告对税务机关做出的征税行为不服的,须先经过复议,对复议决定不服,可在接到复议书之日起( )日内提起诉讼。
A. 3　　　B. 5　　　C. 7　　　D. 15

任务四　明确纳税人的权利、义务和法律责任

● 思维启发 ●

在税收法律关系中,主要涉及的当事人有税务机关、纳税人、扣缴义务人、税务代理人等。我国宪法及有关的税收法律、法规,特别是《税收征收管理法》及其实施细则,分别赋予这些税收当事人各自应享有的权利及应承担的义务。那么就让我们一起来学习一下,纳税人有哪些权利、义务和法律责任吧。

一、纳税人的权利、义务

(一) 纳税人的权利

根据 2015 年 4 月修订的《税收征收管理法》,纳税人在税收征管中享有的权利主要有三个方面:

1. 申请税收管理服务的权利

如有权要求税务机关为其情况保密,依法取得税务登记证和外出经营活动税收管理证明,依法领购发票,申请减税、免税、退税,以及了解税收法律法规的规定和与纳税程序有关的情况等。

2. 维护自身合法权益的权利

当自身利益受到损害时,可行使这些权利来维护自身利益,如陈述权、申辩权、请求国家赔偿权、申请行政复议权、提起行政诉讼权等。

3. 监督的权利

对税务机关和税务人员的执法行为进行监督,如有权控告和检举税务机关和税务人员的违法违纪行为等。具体包括以下内容:

(1) 知情权。纳税人有权向税务机关或税务人员了解国家税收法律、行政法规的规定以及与纳税程序有关的情况。

(2) 保密权。纳税人有权要求税务机关或税务人员为纳税人情况保密,税务机关或税务人员依法为纳税人的商业秘密和个人隐私保密。但根据法律规定,税收违法行为信息不属于保密的范围。

(3) 税收监督权。纳税人对税务机关或税务人员违反税收法律、行政法规的行为,如税务人员索贿受贿、徇私舞弊、玩忽职守,不征或者少征应征税款,滥用职权多征税款或者故意刁难等,可以进行检举和控告。同时,纳税人对其他纳税人的税收违法行为也有权进行检举。

(4) 纳税申报方式选择权。纳税人可以直接到办税服务厅办理纳税申报或者报送代扣代缴、代收代缴税款报告表,也可以按照规定采取邮寄、数据电文或者其他方式办理上述申报、报送事项。但采取邮寄或数据电文方式办理上述申报、报送事项的,需经主管税务机关批准。

(5) 申请延期申报权。纳税人如不能按期办理纳税申报或者报送代扣代缴、代收代缴税款报告表,应当在规定的期限内向税务机关提出书面延期申请,经核准,可在核准的期限内办理。

(6) 申请延期缴纳税款权。如纳税人因有特殊困难不能按期缴纳税款的,经省、自治区、直辖市国家税务局批准,可以延期缴纳税款,但是最长不得超过 3 个月。计划单列市国家税务局可以参照省级税务机关的批准权限,审批纳税人的延期缴纳税款申请。

(7) 申请退还多缴税款权。纳税人超过应纳税额缴纳的税款,税务机关或税务人员发现后,自发现之日起 10 日内办理退还手续;如纳税人自结算缴纳税款之日起 3 年内发现的,可以向税务机关要求退还多缴的税款,并加算银行同期存款利息。

(8) 依法享受税收优惠权。纳税人可以依照法律、行政法规的规定书面申请减税、免税。减税、免税的申请须经法律、行政法规规定的减税、免税审查批准机关审批。

(9) 委托税务代理权。纳税人有权就以下事项委托税务代理人代为办理：办理、变更或者注销税务登记，除增值税专用发票外的发票领购手续，纳税申报或扣缴税款报告，税款缴纳和申请退税，制作纳税文书，审查纳税情况，建账建制，办理财务、税务咨询，申请税务行政复议，提起税务行政诉讼，以及国家税务总局规定的其他业务。

(10) 陈述与申辩权。纳税人对税务机关或税务人员做出的决定享有陈述权、申辩权。

(11) 对未出示税务检查证和税务检查通知书的拒绝检查权。税务机关或税务人员派出的人员进行税务检查时，应当向纳税人出示税务检查证和税务检查通知书。对未出示税务检查证和税务检查通知书的，纳税人有权拒绝检查。

(12) 税收法律救济权。纳税人对税务机关和税务人员做出的决定，依法享有申请行政复议、提起行政诉讼、请求国家赔偿等权利。

(13) 依法要求听证的权利。对纳税人作出规定金额以上罚款的行政处罚之前，税务机关或税务人员应向纳税人送达《税务行政处罚事项告知书》，告知纳税人已经查明的违法事实、证据、行政处罚的法律依据和拟将给予的行政处罚。对此，纳税人有权要求举行听证，税务机关应组织听证。

(14) 索取有关税收凭证的权利。税务人员征收税款时，必须给纳税人开具完税凭证。税务机关或税务人员扣押商品、货物或者其他财产时，必须开具收据；查封商品、货物或者其他财产时，必须开具清单。

（二）纳税人的义务

依照宪法、税收法律和行政法规的规定，纳税人在纳税过程中负有以下义务：

1. 依法进行税务登记的义务

纳税人应当自领取营业执照之日起 30 日内持有关证件向税务机关申报办理税务登记。在各类税务登记管理中，纳税人应该根据税务机关的规定分别提交相关资料，及时办理。同时，纳税人应当按照税务机关的规定使用税务登记证件。税务登记证件不得转借、涂改、损毁、买卖或者伪造。

2. 依法设置、保管账簿和有关资料，以及依法开具、使用、取得和保管发票的义务

纳税人应当按照有关法律、行政法规和国务院财政、税务主管部门的规定设置账簿，根据合法、有效凭证记账，进行核算；从事生产、经营的，必须按照国务院财政、税务主管部门规定的保管期限保管账簿、记账凭证、完税凭证及其他有关资料；账簿、记账凭证、完税凭证及其他有关资料不得伪造、变造或者擅自损毁。

3. 财务会计制度和会计核算软件备案的义务

纳税人的财务、会计制度或者财务、会计处理办法和会计核算软件应当报送税务机关备案。

4. 按照规定安装、使用税控装置的义务

纳税人应当按照规定安装、使用税控装置，不得损毁或者擅自改动税控装置。如纳税人未按规定安装、使用税控装置，损毁或者擅自改动税控装置的，税务机关将责令纳税人限期改正，并可根据情节轻重处以规定数额内的罚款。

5. 按时、如实申报的义务

纳税人必须依照法律、行政法规规定或者税务机关依照法律、行政法规的规定确定

的申报期限、申报内容如实办理纳税申报,报送纳税申报表、财务会计报表,以及税务机关根据实际需要要求纳税人报送的其他纳税资料。

6. 按时缴纳税款的义务

纳税人应当按照法律、行政法规规定或者税务机关依照法律、行政法规的规定确定的期限,缴纳或者解缴税款。

7. 代扣、代收税款的义务

如纳税人按照法律、行政法规规定负有代扣代缴、代收代缴税款义务,必须依照法律、行政法规的规定履行代扣、代收税款的义务。依法履行代扣、代收税款义务时,纳税人不得拒绝。纳税人拒绝的,应当及时报告税务机关处理。

8. 接受依法检查的义务

纳税人有接受税务机关依法进行税务检查的义务,应主动配合税务机关按法定程序进行税务检查,如实向税务机关反映自己的生产、经营情况和执行财务制度的情况,并按有关规定提供报表和资料,不得隐瞒和弄虚作假,不能阻挠、刁难税务机关或税务人员的检查和监督。

9. 及时提供信息的义务

纳税人除通过税务登记和纳税申报向税务机关或税务人员提供与纳税有关的信息外,还应及时提供其他信息。如纳税人有歇业、经营情况变化、遭受各种灾害等特殊情况的,应及时向税务机关说明,以便税务机关依法妥善处理。

10. 报告其他纳税信息的义务

税收法律还规定了纳税人有义务向税务机关报告如下纳税信息:

(1)纳税人有义务就纳税人与关联企业之间的业务往来向当地税务机关提供有关的价格、费用标准等资料。纳税人有欠税情形而以财产设定抵押、质押的,应当向抵押权人、质权人说明纳税人的欠税情况。

(2)企业合并、分立的报告义务。纳税人有合并、分立情形的,应当向税务机关或税务人员报告,并依法缴清税款。

(3)报告全部账号的义务。如纳税人从事生产、经营,应当按照国家有关规定,持税务登记证件在银行或者其他金融机构开立基本存款账户和其他存款账户,并自开立基本存款账户或者其他存款账户之日起15日内,向纳税人的主管税务机关书面报告全部账号;发生变化的,应当自变化之日起15日内,向纳税人的主管税务机关书面报告。

(4)处分大额财产报告的义务。如纳税人的欠缴税款数额在5万元以上,纳税人在处分不动产或者大额资产之前,应当向税务机关报告。

二、税收法律责任

税收法律责任,是指税收法律关系主体因其违反税法所应承担的法律后果,是税收法律规范的重要组成部分。违法主体所要承担的法律责任主要是行政责任和刑事责任。

(一)纳税人的法律责任

1. 违反税务登记管理法规的法律责任

办理税务登记是纳税人必须履行的义务,纳税人未按照规定的期限申报办理税务登记、变更或者注销登记的,税务机关必须责令限期改正,在责令改正的同时可以处2 000元以下的罚款。情节严重的,可以处2 000元以上1万元以下的罚款。逾期不改正的,经税务机关提请,由市场监督管理机关吊销其营业执照。

2. 违反账证管理及相关法规的法律责任

纳税人必须依法设置、保管账簿或者保管记账凭证和有关资料。对未按照规定设置、保管账簿或者保管记账凭证和有关资料的;未按照规定将财务、会计制度或者财务、会计处理办法和会计核算软件报送税务机关备查的;未按照规定将其全部银行账号向税务机关报告的;未按照规定安装、使用税控装置,或者损毁或者擅自改动税控装置的,由税务机关责令限期改正,在责令限期改正的同时,可以处2 000元以下的罚款;情节严重的,处2 000元以上1万元以下的罚款。

3. 违反发票管理法规的法律责任

（1）对有下列情形之一的单位和个人,由税务机关责令改正,可以处1万元以下的罚款;有违法所得的予以没收：① 应当开具而未开具发票,或者未按照规定的时限、顺序、栏目,全部联次一次性开具发票,或者未加盖发票专用章的。② 使用税控装置开具发票,未按期向主管税务机关报送开具发票的数据的。③ 使用非税控电子器具开具发票,未将非税控电子器具使用的软件程序说明资料报主管税务机关备案,或者未按照规定保存、报送开具发票的数据的。④ 拆本使用发票的。⑤ 扩大发票使用范围的。⑥ 以其他凭证代替发票使用的。⑦ 跨规定区域开具发票的。⑧ 未按照规定缴销发票的。⑨ 未按照规定存放和保管发票的。

（2）跨规定的使用区域携带、邮寄、运输空白发票,以及携带、邮寄或者运输空白发票出入境的,由税务机关责令改正,可以处1万元以下的罚款。情节严重的,处1万元以上3万元以下的罚款;有违法所得的予以没收。丢失发票或者擅自损毁发票的,依照前款规定处罚。

（3）违反规定虚开发票的,由税务机关没收违法所得;虚开金额在1万元以下的,可以并处5万元以下的罚款;虚开金额超过1万元的,并处5万元以上50万元以下的罚款;构成犯罪的,依法追究刑事责任。非法代开发票的,依照本规定处罚。

（4）私自印制、伪造、变造发票,非法制造发票防伪专用品,伪造发票监制章的,由税务机关没收违法所得,没收、销毁作案工具和非法物品,并处1万元以上5万元以下的罚款;情节严重的,并处5万元以上50万元以下的罚款;对印制发票的企业,可以并处吊销发票准印证;构成犯罪的,依法追究刑事责任。

（5）有下列情形之一的,由税务机关处1万元以上5万元以下的罚款;情节严重的,处5万元以上50万元以下的罚款;有违法所得的予以没收。具体包括：转借、转让、介绍他人转让发票、发票监制章和发票防伪专用品的;知道或者应当知道是私自印制、伪造、变造、非法取得或者废止的发票而受让、开具、存放、携带、邮寄、运输的。

（6）对违反发票管理规定2次以上或者情节严重的单位和个人,税务机关可以向社会公告。

（7）违反发票管理法规,导致其他单位或者个人未缴、少缴或者骗取税款的,由税务机关没收违法所得,可以并处未缴、少缴或者骗取的税款1倍以下的罚款。

4. 不按期申报的法律责任

纳税人必须按期办理纳税申报和报送有关资料，对未按照规定的期限办理纳税申报和报送纳税资料的，由税务机关责令限期改正，在责令限期改正的同时，可以处 2 000 元以下的罚款；情节严重的，可处 2 000 元以上 1 万元以下的罚款。

5. 欠税的法律责任

欠税是指纳税人逾期未缴纳税款的行为。纳税人在规定期限内不缴或者少缴应纳或者应解缴的税款，经税务机关责令限期缴纳，逾期仍未缴纳的，税务机关除依法采取强制执行措施追缴其不缴或者少缴的税款外，可以处不缴或者少缴税款 50% 以上 5 倍以下的罚款。构成犯罪的，依法追究刑事责任。

6. 偷税的法律责任

偷税是指纳税人采取伪造、变造、隐匿、擅自销毁账簿、记账凭证，或者在账簿上多列支出或者不列、少列收入，或者经税务机关通知申报而拒不申报或者进行虚假的纳税申报，不缴或者少缴应纳税款的行为。

对纳税人偷税的，由税务机关追缴其不缴或者必缴的税款、滞纳金，并处不缴或者少缴的税款 50% 以上 5 倍以下的罚款；构成犯罪的，依法追究刑事责任。

7. 抗税的法律责任

抗税是指以暴力、威胁方法拒不缴纳税款的行为。纳税人有抗税行为的，除由税务机关追缴其拒缴的税款、滞纳金外，依法追究刑事责任。无论判处哪一种刑，都可并处拒缴税款 1 倍以上 5 倍以下的罚金。

8. 骗税的法律责任

骗税是指以假报出口或其他欺骗手段骗取国家出口退税款或所缴纳的税款的行为。以假报出口或者其他欺骗手段骗取国家出口退税，由税务机关追缴其骗取的退税款，并处骗取税款 1 倍以上 5 倍以下的罚款；构成犯罪的，依法追究刑事责任。

9. 虚开、伪造和非法出售增值税专用发票的法律责任

这里包括虚开增值税专用发票或虚开用于骗取出口退税、抵扣税款的其他发票。虚开增值税专用发票是指有为他人虚开、为自己虚开、让他人为自己虚开、介绍他人虚开增值税专用发票行为之一的；虚开用于骗取出口退税、抵扣税款的其他发票，是指有为他人虚开、为自己虚开、让他人为自己虚开、介绍他人虚开用于骗取出口退税、抵扣税款的其他发票行为之一的。

虚开增值税专用发票的，虚开税款数额 1 万元以上的，或者虚开增值税专用发票致使国家税款被骗取 5 000 元以上的，应当依法定罪处罚，处 3 年以下有期徒刑或者拘役，并处 2 万元以上 20 万元以下罚金；虚开的税款数额巨大或者有其他严重情节的，处 3 年以上 10 年以下有期徒刑，并处 5 万元以上 50 万元以下罚金；虚开的税款数额特别巨大或者有其他特别严重情节的，处 10 年以上有期徒刑或者无期徒刑，并处没收财产。

伪造和非法出售增值税专用发票等将承担相应的法律责任。

(二) 税务机关和税务人员的法律责任

税务机关及其工作人员在履行行政职责时，如果存在违反法律、行政法规规定擅自作出减税、免税决定，违反法定程序为纳税人办理减税、免税手续，徇私舞弊或玩忽职守导致国家税收遭受重大损失，利用职务之便收受或索取纳税人财物，滥用职权故意刁难

纳税人,或未按规定为纳税人、扣缴义务人、检举人保密等行为,应承担相应的行政责任。

(三) 其他当事人的法律责任

纳税人的开户银行或者其他金融机构拒绝接受税务机关依法检查纳税人存款账户,或者拒绝执行税务机关做出的冻结存款或者扣缴税款的决定,或者在接到税务机关的书面通知后帮助纳税人转移存款,造成税款流失的,由税务机关处 10 万元以上 50 万元以下的罚款,对直接负责的主管人员和其他责任人员处 1 000 元以上 1 万元以下的罚款。

实战演练

〖多选题〗纳税人的权利主要有(　　　)。
A. 申请退还多缴税款权　　　　B. 延期纳税权
C. 申请减免税权　　　　　　　D. 申请复议和提起诉讼权

〖多选题〗纳税人的义务有(　　　)。
A. 依法纳税　　　　　　　　　B. 出境清税
C. 纳税人报告制度　　　　　　D. 检举他人逃税行为

〖多选题〗税法中的行政法律责任是行政违法引起的,用以调整和维护行政法律关系,具有一定的惩罚性。对于征税主体而言,税务机关工作人员承担的行政法律责任主要有(　　　)。
A. 撤销违法决定　　　　　　　B. 行政赔偿责任
C. 行政处罚　　　　　　　　　D. 行政处分

项目小结

企业的税务管理是一种很重要的经营活动,因此如何加强和提高税务管理的科学性和有效性,就显得尤为重要。企业的税务管理首先要按照有关法律、法规,及时、足额地完成税务工作,要防止某些行政人员在经营中因个人原因而造成的税务错误发生,从而可以降低企业的税务风险;其次要提高企业税务管理的科学性与高效性,降低企业的税费负担,从而提高企业的整体效益;最后还要加强企业内部的税务管理方面的教育学习,通过促进全体员工熟悉税务管理,促使员工更加严格地遵守税务相关法律法规,从而提升员工的自我职业能力和道德水平,从整体上提升企业的经营管理效益。

项 目 测 试

一、单选题(将答案填入括号内)

(　　) 1. 税务管理的核心职能是_____。
　　　　A. 税收征管　　B. 经济监管　　C. 社会管理　　D. 法律监察

(　　) 2. 税务管理的基本任务是_____。
    A. 稽查纳税人　　　　　　　　B. 征收税款
    C. 发放税务证件　　　　　　　D. 提供税收政策咨询

(　　) 3. 税务管理的目标是_____。
    A. 维护社会公平正义　　　　　B. 增加税收收入
    C. 促进经济发展　　　　　　　D. 减少企业负担

(　　) 4. 纳税人、扣缴义务人、纳税担保人同税务机关在纳税上发生争议时，必须先按税务机关的纳税决定缴纳税款及滞纳金或者提供相应的担保，然后可以在收到税务机关填发的缴款凭证或办妥担保手续之日起_____日内向上一级税务机关申请复议。
    A. 10　　　　　　　　　　　　B. 60
    C. 15　　　　　　　　　　　　D. 30

(　　) 5. 违反法律、行政法规的规定，擅自决定税收停征的，除撤销擅自作出的决定、补征应征未征税款外，还应_____。
    A. 由司法机关追究单位法定代表人的刑事责任
    B. 由上级机关追究单位法定代表人的行政责任
    C. 由上级机关追究直接责任人员的行政责任
    D. 由司法机关追究直接责任人员的刑事责任

(　　) 6. 纳税人、扣缴义务人、纳税担保人同税务机关在_____上发生争议时，必须先依法申请行政复议。
    A. 税收保全措施　　　　　　　B. 税收强制执行措施
    C. 税务行政处罚　　　　　　　D. 纳税

(　　) 7. 下列关于税务登记的说法，正确的是_____。
    A. 纳税人应在领取工商营业执照之日起30日内办理税务登记
    B. 纳税人办理税务登记后，如发生变更，应在变更之日起15日内向税务机关申报
    C. 纳税人停业、复业，应在停业前或复业后10日内向税务机关申报
    D. 纳税人办理注销税务登记，应在向工商行政管理机关办理注销登记后办理

(　　) 8. 税务机关在税务管理中，有权进行的活动是_____。
    A. 检查纳税人的生产经营场所和货物存放地
    B. 检查纳税人的住宅
    C. 查阅纳税人的银行账户信息
    D. 扣留纳税人的个人财产

(　　) 9. 下列关于税务行政处罚的说法，正确的是_____。
    A. 对未按时缴纳税款的纳税人，税务机关可以直接进行罚款
    B. 税务行政处罚必须由县级以上税务机关决定
    C. 税务行政处罚的罚款金额，最高不得超过应纳税款的5倍
    D. 纳税人对税务行政处罚决定不服的，可以直接向人民法院起诉

二、多选题（将答案填入括号内）

(　　) 1. 税务管理的职责有_____。
  A. 税收稽查　　　　　　　　B. 税收征收
  C. 优化税收结构　　　　　　D. 法律法规宣传

(　　) 2. 税务管理的基本原则有_____。
  A. 公平原则　　B. 效率原则　　C. 合法原则　　D. 诚信原则

(　　) 3. 下列关于税收保全措施的说法，正确的有_____。
  A. 税务机关有权责令纳税人限期缴纳税款
  B. 在限期缴纳期限内，纳税人有转移或隐匿财产行为的，税务机关可以实施税收保全措施
  C. 税收保全措施的实施应得到县级以上税务机关的批准
  D. 税收保全措施包括查封、扣押纳税人的财产

(　　) 4. 纳税人办理税务登记后，应当办理税务变更登记的情况有_____。
  A. 改变名称　　　　　　　　B. 增加注册资本
  C. 改变生产经营范围　　　　D. 经营地点迁出原登记的县（市）

(　　) 5. 纳税人办理税务登记后，需要办理注销税务登记的情形主要有_____。
  A. 纳税人发生解散、破产、撤销以及其他情形，依法终止纳税义务的
  B. 纳税人因住所或生产、经营场所变动而涉及改变税务登记机关的
  C. 纳税人被工商行政管理机关吊销营业执照的
  D. 纳税人因生产经营陷入困境需要停业整顿的

(　　) 6. 纳税人在办理注销税务登记前，应当向税务机关_____。
  A. 提交相关证明文件和资料
  B. 结清应纳税款和滞纳金
  C. 结清多退（免）税款和罚款
  D. 缴销发票、税务登记证件和其他税务证件

三、判断题

(　　) 1. 按税法规定，企业自领取营业执照之日起30日内，须持有关证件，向税务机关申报办理税务登记。

(　　) 2. 当纳税人信息采集表中的核算方式发生变更时，无须向税务机关提出变更信息申请。

(　　) 3. 纳税申报的方式有直接申报、邮寄申报和数据电文申报。

(　　) 4. 生产经营规模较小、无建账能力、不能提供准确纳税资料的固定业户，可以按照税务机关核定的营业（销售）额和征收率，按规定期限向主管税务机关申报缴纳税款。

(　　) 5. 在停、复业登记管理中，纳税人的停业期限不得超过1年。

(　　) 6. 纳税人应当按照国家有关规定，持税务登记证件，在银行或者其他金融机构开立基本存款账户和其他存款账户，并将其全部账号向税务机关报告。

(　　) 7. 我国目前处理税务行政争议主要有两条途径，即税务行政复议和税务行政诉讼。

( ) 8. 申请人申请税务行政复议,只能采用书面申请,不可以口头申请。
( ) 9. 纳税人有权要求税务机关为纳税人商业秘密、个人隐私和税收违法行为信息保密。
( ) 10. 税收法律关系主体违反税法所应承担的法律责任主要是行政责任和刑事责任。

四、简答题

1. 简述纳税登记的主要内容。

2. 简要说明税务争议解决的程序。

五、拓展题

为深入开展学习贯彻习近平新时代中国特色社会主义思想主题教育,全面贯彻党的二十大精神,认真落实中办、国办印发的《关于进一步深化税收征管改革的意见》和《关于进一步加强财会监督工作的意见》,持续深化拓展税收共治格局,促进涉税专业服务规范发展,助力优化税收营商环境,根据《税收征收管理法》及其实施细则和《涉税专业服务监管办法(试行)》,国家税务总局制定了《涉税专业服务基本准则(试行)》和《涉税专业服务职业道德守则(试行)》,现予以发布,自2023年10月1日起施行。

请扫描二维码8-5、8-6获取数字资源,了解国家税务总局发布的这两则公告,并查询税务代理岗位的招聘信息,以小组为单位梳理该岗位的职业能力要求,制作成PPT汇报交流。

8-5 参考资料
涉税专业服务基本准则(试行)

8-6 参考资料
涉税专业服务职业道德守则(试行)

项 目 评 价

根据本项目学习情况,在表 8-1 中进行评价,"A"为优良,"B"为一般,"C"为需要帮助。

表 8-1 项目八学习评价表

序号	学习重点	自我评价 (在方框内打勾)	教师反馈与评价
1	能进行纳税登记	A□ B□ C□	
2	选择适用的税款缴纳方式	A□ B□ C□	
3	区分税务行政复议和税务行政诉讼	A□ B□ C□	
4	辨析纳税人权利与义务	A□ B□ C□	
5	明确纳税人法律责任	A□ B□ C□	
	总体评价	A□ B□ C□	